Regulación financiera mundial

Paidós Comunicación

Colección dirigida por José Manuel Tornero y Josep Lluís Fecé

Últimos títulos publicados:

52. J. M. Floch - *Semiótica, marketing y comunicación*
54. J. C. Pearson y otros - *Comunicación y género*
55. R. Ellis y A. McClintock - *Teoría y práctica de la comunicación humana*
58. R. Debray - *Vida y muerte de la imagen*
59. C. Baylon y P. Fabre - *La semántica*
60. T. H. Qualter - *Publicidad y democracia en la sociedad de masas*
61. A. Pratkanis y E. Aronson - *La era de la propaganda*
62. E. Noelle-Neumann - *La espiral del silencio*
63. V. Price - *La opinión pública*
66. M. Keène - *Práctica de la fotografía de prensa*
69. G. Durandin - *La información, la desinfomación y la realidad*
71. J. Brée - *Los niños, el consumo y el marketing*
77. M. McLuhan - *Comprender los medios de comunicación*
79. J. Bryant y D. Zillroan - *Los efectos de los medios de comunicación*
82. T. A. van Dijk - *Racismo y análisis crítico de los medios*
83. A. Mucchielli - *Psicología de la comunicación*
88. P. J. Maarek - *Marketing político y comunicación*
90. J. Curran y otros (comps.) - *Estudios culturales y comunicación*
92. D. Tannen - *Género y discurso*
97. J. Lyons - *Semántica lingüística*
99. A. Mattelart - *La mundialización de la comunicación*
100. E. McLuhan y F. Zinrone (comps.) - *McLuhan escritos esenciales*
101. J. B. Thompson - *Los* media *y la modernidad*
105. V. Nightingale - *El estudio de las audiencias*
109. R. Whitaker - *El fin de la privacidad*
112. J. Langer - *La televisión sensacionalista*
120. J. Hartley - *Los usos de la televisión*
121. P. Pavis - *El análisis de los espectáculos*
122. N. Bou y X. Pérez - *El tiempo del héroe*
123. J. J. O'Donnell - *Avatares de la palabra*
124. R. Barthes - *La Torre Eiffel*
125. R. Debray - *Introducción a la mediología*
132. A. Mattelart - *Historia de la sociedad de la información*
136. R. Barthes - *Variaciones sobre la literatura*
137. R. Barthes - *Variaciones sobre la escritura*
138. I. Moreno - *Musas y nuevas tecnologías*
143. C. Barker - *Televisión, globalización e identidades culturales*
144. M. Joly - *La interpretación de la imagen*
145. A. De Baecque (comp.) - *La política de los autores*
146. H. A. Giroux - *Cine y entretenimiento*
147. J. Gilbert y E. Pearson - *Cultura y políticas de la música dance*
148. T. Puig - *La comunicación municipal cómplice con los ciudadanos*
153. A. Mattelart y E. Neveu - *Introducción a los estudios culturales*
157. D. Hebdige - *Subcultura*
158. D. Buckingham - *Educación en medios*
160. J. V. Pavlik - *El periodismo y los nuevos medios de comunicación*
163. L. Manovich - *El lenguaje de los nuevos medios de comunicación*
164. K. Negus - *Los géneros musicales y la cultura de las multinacionales*
165. A. Mattelart y M. Mattelart - *Historia de las teorías de la comunicación*
166. M. Rodrigo Alsina - *La construcción de la noticia*
168. A. Mattelart - *Diversidad cultural y mundialización*
170. M. McCombs - *Estableciendo la agenda*
171. J. Nachade - *El actor de cine*
172. F. Casetti y F. Di Chiro - *Cómo analizar un film*
173. A. Costa - *Saber ver el cine*
174. L. Tirard - *Más lecciones de cine*
175. H. Jenkins - *Convergence Culture. La cultura de la convergencia de los medios de comunicación*
176. H. Davis y D. Green - *Regulación financiera mundial. Guía básica*
177. P. O. Costa y otros - *Cómo ganar unas elecciones*
178. F. Pisani y D. Piotev - *La alquimia de las multitudes. Cómo Internet está cambiando el mundo*
179. G. Landow - *Hipertexto 3.0*

Howard Davies y David Green

Regulación financiera mundial

Guía básica

PAIDÓS
Barcelona · Buenos Aires · México

Título original: *Global Financial Regulation. The Essential Guide*, de Howard Davies y David Green
Originalmente publicado en inglés, en 2008, por Polity Press Ltd., Cambridge, Reino Unido

Traducción de Montserrat Asensio

Cubierta de Ideei

1ª edición, mayo 2009
3ª impresión, febrero 2018

ISBN: 978-84-493-2267-9
Depósito legal: B. 16.492-2009

Impreso en Book Print

El papel utilizado para la impresión de este libro es cien por cien libre de cloro y está calificado como papel ecológico

Impreso en España – *Printed in Spain*

Sumario

Agradecimientos

Esta modesta obra no es producto de una gran investigación original, sino que se basa en la experiencia personal y en el conocimiento que acumulamos durante el período que pasamos trabajando en bancos centrales y en organismos reguladores, primero en el Banco de Inglaterra, de gran tradición, y luego en la creación de la Autoridad de Servicios Financieros de Gran Bretaña (FSA). Las fuentes a las que hacemos referencia no son exhaustivas, sino que son las que hemos ido encontrando a lo largo de nuestro trabajo cotidiano y que nos parecen útiles y esclarecedoras. En cualquier caso, hemos accedido a la información sobre todo gracias a la estrecha colaboración y al debate con nuestros compañeros del Banco de Inglaterra y de la FSA, algunos de los cuales incluso accedieron a revisar lo que escribimos, ya fuera en su totalidad o parcialmente.

Nos gustaría expresar nuestra gratitud especialmente a Paul Boyle, a Alastair Clark y a Paul Wright (cada uno de ellos revisó un primer borrador completo), así como a Ged Fitzpatrick, a Piers Haben, a Alan Houmann, a Peter Parker y a John Sloan; este último diseñó los bocetos de las gráficas que ofrecemos para intentar desentrañar el complejo entramado de los comités internacionales. También estamos muy agradecidos a nuestro personal auxiliar por su paciencia inagotable a la hora de descifrar garabatos manuscritos o de corregir y volver a corregir una y otra vez este libro, que sin su ayuda nunca se habría terminado. Deseamos mencionar especialmente a Rachel Gibson, a Carol Liuzzi, a Clare Taylor Gold y a Tamlyn Whittock.

Finalmente, tal y como se acostumbra, además de ser necesario, debemos señalar que las opiniones que aparecen en el libro son nuestras y en ningún caso reflejan las de ninguna de las organizaciones con las que hemos estado asociados.

Lista de siglas*

ACAM	Autoridad de Control de Seguros y Mutuas (Francia)
AGCS	Acuerdo General sobre el Comercio de Servicios
AIA	Asociación Internacional de Actuarios
AMF	Autoridad de los Mercados Financieros (Francia)
APRA	Autoridad Australiana de Regulación Prudencial
ASIC	Comisión Australiana de Valores e Inversiones
AuRC	Comité Regulador de Auditoría (UE)
BaFin	Autoridad de Supervisión Financiera (Alemania)
BAKred	Oficina Federal de Control Bancario (Alemania)
BAV	Oficina Federal de Supervisión de Compañías Aseguradoras (Alemania)
BAWe	Oficina Federal de Supervisión de Mercados de Valores (Alemania)
BCCI	Banco de Crédito y de Comercio Internacional
BCE	Banco Central Europeo

* Estas siglas corresponden a distintos conceptos y organismos nacionales e internacionales. Se han conservado en su idioma original cuando se trata de entidades de ámbito nacional y en inglés en los casos en que no existe equivalente en español o éste es muy poco conocido. En los demás casos se utiliza la sigla correspondiente al término en español. *(N. del t.)*

BJ	Banco de Japón
BOBS	Comité de Supervisión Bancaria (Gran Bretaña)
BPI	Banco de Pagos Internacionales
BSC	Comisión de Cajas de Ahorro (Gran Bretaña)
Buba	Banco Central de Alemania
CBE	Comité Bancario Europeo
CBRC	Comisión Reguladora Bancaria de China
CCA	Comisión de Control de Seguros (Francia)
CCB	Comité Consultivo Bancario (UE)
CDIC	Corporación Canadiense de Seguros de Depósitos
CDO	Obligación de deuda garantizada
CEBS	Comité de Supervisores Bancarios Europeos
CECEI	Comité de Entidades de Crédito y de Inversión
CEF	Comité Económico y Financiero (UE)
CESSPJ	Comité Europeo de Supervisores de Seguros y de Pensiones de Jubilación
CERV	Comité Europeo de Reguladores de Valores
CEV	Comité Europeo de Valores
CFTC	Comisión del Mercado de Futuros de Materias Primas de Estados Unidos
CIRC	Comisión Reguladora de Seguros de China
CMF	Comité de Mercados Financieros (Francia)
CMFI	Comité Monetario y Financiero Internacional
COB	Comisión de Operaciones de Bolsa (Francia)
CONSOB	Comisión Nacional del Mercado de Valores (Italia)
CSB	Comité de Supervisión Bancaria (BCE)
CSBB	Comité de Supervisión Bancaria de Basilea
CSE	Entidad Consolidada Supervisada
CSF	Comité de Servicios Financieros (UE)
CSPL	Comité de Sistemas de Pago y Liquidación
CSRC	Comisión Reguladora de Valores de China
DBERR	Ministerio de Comercio, de Industria y de Reformas Reguladoras (Gran Bretaña)
DICJ	Corporación de Seguros de Depósitos de Japón
DRC	Directiva sobre Requisitos de Capital
DTI	Ministerio de Industria y de Comercio (Gran Bretaña)
EFR	Mesa Redonda Europea de Servicios Financieros
EFRAG	Grupo Consultivo Europeo en materia de Información Financiera
EGAOB	Grupo Europeo de Organismos de Supervisión de Auditores
EIOPC	Comité Europeo de Seguros y de Pensiones de Jubilación
FASB	Junta de Normas de Contabilidad Financiera

FDIC Corporación Federal de Seguros de Depósitos (EE.UU.)
FESCO Foro de Comisiones Europeas de Valores
FGD Directiva de Entidades Financieras
FIBV Federación Internacional de Bolsas de Valores
FMI Fondo Monetario Internacional
FRC Consejo de Emisión de Información Financiera (Gran Bretaña)
FSA Autoridad de Servicios Financieros (Gran Bretaña)
FSA Autoridad Japonesa de Servicios Financieros (también conocida como JFSA)
FSAP Programa de Evaluación del Sector Financiero (FMI)
FSCS Esquema de Compensación de Servicios Financieros (Gran Bretaña)
FSF Foro de Estabilidad Financiera
GAFI Grupo de Acción Financiera Internacional
GAO Oficina de Supervisión del Gobierno (EE.UU.)
IAASB Consejo de Normas Internacionales de Auditoría y Seguros
IADI Asociación Internacional de Aseguradores de Depósitos
IASC Comité de Normas Internacionales de Contabilidad
IAIS Asociación Internacional de Supervisores de Seguros
IFAC Federación Internacional de Contables
IFI Institución Financiera Internacional
IFIAR Foro Internacional de Reguladores Independientes de Auditoría
IFSB Comité de Servicios Financieros Islámicos
IIF Instituto de Finanzas Internacionales
IMRO Organismo Regulador de la Gestión de Inversiones (Gran Bretaña)
IORP Instituciones para la Provisión de Jubilación Ocupacional
IOPS Organización Internacional de Supervisores de Fondos de Pensiones
IS Internalizador Sistemático
ISAs Normas Internacionales de Auditoría
ISVAP Instituto para la Vigilancia de los Seguros Privados y de Interés Colectivo (Italia)
JFSA Autoridad Japonesa de Servicios Financieros
LIFFE Mercado Internacional de Futuros Financieros de Londres
LZB Landeszentralbanken (Alemania)
MiFID Directiva sobre Mercados de Instrumentos Financieros
NAIC Asociación Nacional de Agentes de Seguros (EE.UU.)
NASD Asociación Nacional de Intermediarios de Activos Financieros (EE.UU.)
NIC Norma Internacional de Contabilidad
NIIF Normas Internacionales de Información Financiera

NRSRO	Organizaciones de Calificación Crediticia Nacionalmente Reconocidas (EE.UU.)
OCC	Oficina del Controlador de la Moneda (EE.UU.)
OCDE	Organización de Cooperación y Desarrollo Económico
OICV	Organización Internacional de Comisiones de Valores
OICVM	Organismo de Inversión Colectiva en Valores Mobiliarios (UE)
OMC	Organización Mundial del Comercio
ONG	Organización No Gubernamental
OPI	Oferta Pública Inicial
OPRA	Autoridad Reguladora de Pensiones de Jubilación (Gran Bretaña)
OSFI	Oficina del Superintendente de Instituciones Financieras (Canadá)
OTS	Oficina de Supervisión de las Instituciones de Ahorro (EE.UU.)
PASF	Plan de Acción sobre Servicios Financieros (UE)
PBOC	Banco Popular de China
PCAOB	Comité de Supervisión Contable de Empresas Cotizadas (EE.UU.)
PCGA	Principios de Contabilidad Generalmente Aceptados
PE	Parlamento Europeo
PIA	Autoridad de Inversión Personal (Gran Bretaña)
PIOB	Consejo de Supervisión del Interés Público
PSD	Directiva de Servicios de Pago
PSS	Principios de Supervisión de Seguros
RFS	Registro de Mutuas (Gran Bretaña)
ROSC	Informes sobre el Cumplimiento de Normas y Códigos (FMI)
SEC	Comisión de Valores (EE.UU.)
SESC	Comisión de Valores de Japón
SEPA	Zona Única de Pagos en Euros
SIB	Comisión de Inversiones y Valores (Gran Bretaña)
SRO	Organización Autorregulada
TLC	Tratado de Libre Comercio
WFE	Federación Mundial de Bolsas

Prólogo a la edición española

Escribimos la mayor parte del libro durante el año 2007, aunque preparamos el epílogo a principios del año 2008.

Desde entonces, los mercados financieros han entrado en un período singular. Lo que empezó como un oscuro problema en el mercado estadounidense de hipotecas *subprime*, se ha transformado en una crisis financiera mundial y en recesión global. Gobiernos de todo el mundo se han visto obligados a intervenir para apoyar a sus bancos de maneras que, hace apenas un año, ni siquiera se presagiaban. Aún no podemos saber a cuánto ascenderán los rescates, pero es muy probable que el coste sea enorme. Por lo tanto, no es sorprendente que se hayan planteado preguntas punzantes sobre cómo es posible que se haya permitido que el sistema financiero llegue a este punto tan peligroso. ¿Por qué no se detectó antes el riesgo? ¿Por qué la regulación financiera no ha conseguido que los bancos sean más seguros? ¿Cómo es posible que se formaran esas burbujas tan peligrosas aparentemente ante las propias narices de los reguladores y de los bancos centrales?

Estas preguntas, que no se han planteado con el mismo comedimiento en gobiernos de todo el mundo, han puesto sobre la mesa la regulación financiera. Lo que en el pasado era un tema desconocido, que únicamente interesaba a los amantes de los acrónimos incomprensibles, se ha convertido en una de las cuestiones políticas más importantes del momento. Ya en los últimos días de la presidencia de George Bush, la Casa Blanca convocó una reunión del G20, con el objetivo específico de debatir el futuro de la regulación financiera internacional. En abril de 2009, se celebrará otra cumbre parecida. En todos los continentes, los gobiernos están analizando detalladamente sus estructuras reguladoras y en muchos lugares ya hay reformas en el aire. Sin embargo, hasta el momento, esta sucesión de reuniones internacionales no ha propiciado demasiados resultados en la práctica. Por lo tanto, ha cambiado todo, pero no ha cambiado nada.

El texto original ya avanzaba gran parte de lo que se está haciendo ahora. El capítulo 7 presenta un programa de las reformas que considerábamos necesarias para actualizar la arquitectura reguladora internacional. En general, los programas de las cumbres de 2008-2009 siguen nuestra propuesta con bastante fidelidad.

Quizás lo más importante sea que, ahora, es posible que el liderazgo político que reclamábamos se manifieste al fin. Hasta el momento, los jefes de gobierno sólo habían mostrado un interés intermitente por la regulación financiera internacional, que únicamente encontraba un lugar en los programas de las cumbres internacionales tras crisis mayúsculas. En nuestra opinión, el mejor legado duradero de todas estas cumbres sería la formación de un grupo coherente de ministros de Economía y Finanzas que se encargara de supervisar las reformas y de garantizar que los organismos existentes lleven a cabo su cometido con diligencia. Hasta ahora, la sensación de urgencia ha sido inexistente. Un claro ejemplo de ello es que se necesitaron diez años para elaborar el segundo acuerdo de Basilea sobre el capital y que, cuando finalmente se instauró, quedó obsoleto casi inmediatamente. Es obvio que, en lo que respecta a la regulación y a la supervisión, el Foro de Estabilidad Financiera (FSF) es el organismo con la mezcla correcta de gobiernos y de supervisores; los gobiernos deberían asumir el control político del mismo y utilizarlo como foro para la toma de decisiones sobre regulación. Es necesario que el FSF y el FMI lleguen a un acuerdo sobre sendas funciones de supervisión, que pueden llegar a solaparse; ahora, ese acuerdo está a su alcance.

La segunda cuestión que planteamos, y que ahora empieza a entenderse, concierne a la legitimidad. Señalamos que los principales organismos reguladores internacionales reflejan el poder económico tal y como era antes, pero no como es ahora. El Foro de Estabilidad Financiera, el Comité de Basilea y el resto de los organismos están muy dominados por América del Norte y por Europa (especialmente por esta última, en términos numéricos). La primera cumbre del G20 reconoció la situación y solicitó a los organismos reguladores que se reformaran y que admitieran a nuevos miembros, especialmente a los grandes mercados emergentes. No será fácil llegar a un acuerdo concreto sobre a quién admitir. No está claro que el propio G20, con países como Argentina, sea el organismo más adecuado para supervisar los mercados financieros. Creemos que el organismo en cuestión debería estar constituido por los países donde tienen su sede principal los bancos con actividad internacional y de escala sistémica.

Un segundo aspecto en el que se está avanzando actualmente es el de la regulación de la liquidez. Señalamos que los supervisores bancarios, en su búsqueda de un mejor enfoque para el capital, descuidaron bastante este aspecto, que ha resultado ser uno de los principales factores de la crisis de 2007-2008. El Comité de Basilea ha presentado ahora varias propuestas, aunque con poca fuerza hasta la fecha, para reformar la supervisión de la liquidez bancaria. La Autoridad de Servicios Financieros londinense ha planteado propuestas más concretas. Obviamente, aún queda mucho por hacer, pero al menos se están tratando los temas necesarios.

Las cumbres también han presionado a los supervisores bancarios sobre la cuestión de la prociclicidad, porque la estructura de los requisitos de capital puede hacer que los períodos de prosperidad sean mayores y las burbujas peores. ¿Sería posible diseñar unos requisitos de capital que obligaran a los bancos a mantener más capital en las épocas de bonanza, para que contaran con un buen colchón contra las pérdidas durante las épocas complicadas? Expresado así parece absolutamente lógico, pero no será fácil encontrar un mecanismo concreto para conseguirlo de un modo que parezca equitativo para todos los países. Los precios de los activos y el crecimiento del crédito se han comportado de maneras muy diferentes en distintas partes de Europa, por lo que no sería apropiado aplicar los mismos ajustes en, por ejemplo, España (donde el precio de la vivienda ha aumentado en un 130% en términos reales) que en Alemania (donde se ha mantenido estable, en general). Tratar con los bancos que son activos en gran cantidad de países también requerirá mucha reflexión.

También se avecinan más cambios en lo que respecta a los principios de contabilidad, a la transparencia del mercado, a los seguros de insolvencia y a la regulación del sector de la auditoría. Aún no se ha llegado a ninguna conclusión nueva en estos temas, pero la reforma ya es inevitable.

Asimismo, hay una gran actividad para reformar la regulación nacional de varios países. Tal y como explicamos, la efectividad del sistema mundial depende, en gran medida, de la de las disposiciones reguladoras nacionales, que son muy distintas en varias partes del mundo, lo que hace que la colaboración internacional sea más complicada de lo que sería si en todos los países hubiera organismos con capacidades y competencias parecidas. Estados Unidos representa un problema concreto en este aspecto. En el libro, describimos la enorme complejidad del sistema estadounidense, que no se parece a ningún otro, y argumentamos la necesidad de su reforma.

En los propios Estados Unidos, ya se acepta ampliamente la necesidad de reformar el sistema por completo. La percepción general es que la actuación de la SEC ha sido especialmente deficiente durante la crisis, y los argumentos que defienden la existencia de reguladores independientes para los mercados de productos al contado y para los mercados de derivados, que siempre fueron débiles, ahora son más tenues que nunca. La drástica conversión de los bancos de inversión estadounidenses en *holdings* bancarios tras la quiebra de Lehman Brothers ha modificado el escenario, con una Reserva Federal que ahora es la supervisora consolidada de las entidades más importantes, como Goldman Sachs y Morgan Stanley. Las tribulaciones de AIG, hasta ahora regulada por la Comisión de Seguros de Nueva York y por la Oficina de Supervisión de las Instituciones de Ahorro, y a la que las autoridades estadounidenses ya habían rescatado con un gran coste en septiembre de 2008, han puesto de manifiesto la ausencia de un regulador federal en el sector de los seguros, otro tema sobre el que llamamos la atención en el capítulo 5. La insuficiente regulación, tanto en lo que respecta a las agencias de calificación crediticia como a las compañías aseguradoras monolínea, ha contribuido de un modo desafortunado a la debacle de la titulización, pero esto no ha sido más que uno de los síntomas de la ausencia de un regulador transectorial integrado. El Tesoro estadounidense ha publicado sus propias propuesta que, aproximadamente, darían lugar a un régimen parecido al de doble vértice australiano, en el que la Reserva Federal actuaría como supervisora general de la estabilidad financiera. Las propuestas han obtenido cierto apoyo, aunque es evidente que la Reserva Federal teme dejar de ser la supervisora directa de algunos bancos y, además, aún no está claro de qué herramientas dispondría para supervisar la estabilidad económica. Por lo tanto, en el momento de escribir este texto, aún no es seguro que el sistema estadounidense vaya a reformarse.

En la Unión Europea, los políticos han reconocido los puntos débiles del mercado financiero único, así como la incoherencia intelectual del proyecto, sobre la que también llamamos la atención. Los jefes de Estado han invitado a un comité de sabios, bajo la dirección de Jacques de Larosière, a pensar cómo debería regularse el mercado único en el futuro. El problema específico que la crisis ha puesto de relieve consiste en que los bancos de cualquier nación perteneciente al área económica europea (AEE), una vez autorizados en su propio país, pueden desarrollar prácticas bancarias en otros países de dicha área, sin ningún tipo de supervisión prudencial local. Por lo tanto, dependen del apoyo de sus propias autoridades y, especialmente, de su banco central y de su gobierno. Sin embargo, en el caso de los dos grandes bancos islandeses, quedó claro que el Banco Central de Islandia no tenía capacidad para respaldarlos en la práctica. Hay quien afirma que este caso tan complicado demuestra la absoluta necesidad de contar con un regulador paneuropeo y con una entidad crediticia de último recurso paneuropea, para que supervisen, como mínimo, a las instituciones con importancia sistémica que operan en la AEE. Otros creen que el problema podría resolverse mediante colegios de supervisores que colaboraran entre ellos voluntariamente. Nosotros opinamos que la propuesta de los colegios no funcionaría a largo plazo, debido a los conflictos más que probables que aparecerían durante una crisis, aunque reconocemos la dificultad política que entraña traspasar a un nuevo organismo central unas competencias que hasta ahora han estado en manos de los estados miembro. De todos modos, la cuestión tendrá que afrontarse antes o después, al menos si se pretende que el mercado financiero único sobreviva de una forma remotamente parecida a la actual.

En Gran Bretaña, el gobierno ha presentado una nueva ley bancaria que impondrá al Banco de Inglaterra el deber legal de fomentar la estabilidad financiera y de reformar tanto el sistema de protección de los depósitos como el régimen de insolvencia de los bancos. Aún no está claro el impacto que tendrá la ley sobre el funcionamiento del Banco en la práctica, pero, con toda seguridad, afectará de un modo u otro a sus estructuras y a sus sistemas. Se verá con claridad durante el año 2009. En el resto de Europa, se están elaborando planes para reformar la regulación. En España, en Italia y en Francia, se han planteado propuestas serias para convertir sus bancos centrales en reguladores transectoriales, siguiendo el modelo holandés, aunque aún no se ha aplicado ninguna de ellas.

También se trabaja en otras cuestiones. La función de las agencias de calificación crediticia ha saltado a la palestra. En el capítulo 2, señalamos que, quizás «la crisis *subprime* haya alterado el equilibrio político, a favor de una regulación más intrusiva en el futuro». Esto ha sido exactamente así en Europa, donde se ha propuesto una nueva directiva para regular estas agencias. Hasta el momento, la propuesta se enfrenta a dificultades técnicas considerables y la falta de coherencia con lo que sucede en Estados Unidos resulta incómoda. Sin embargo, ahora está más claro que nunca que las agencias contarán con una nueva estructura antes de que pase demasiado tiempo. También aludimos a la importancia cada vez mayor de los fondos soberanos de inversión. El FMI dirigió un ejercicio para elaborar una serie de principios de buenas prácticas (los Principios de Santiago), con los que ya se han comprometido los fondos soberanos más importantes. Éstos se elaboraron para dar respuesta a la preocupación existente, especialmente en Estados Unidos, ante las posibles adquisiciones de los fondos soberanos de inversión. De todos modos, la actitud de las autoridades estadounidenses hacia los fondos soberanos ha cambiado en cierta medida desde que les ayudaron a recapitalizar entidades importantes, como Morgan Stanley.

Hay otras cuestiones importantes que planteamos en el texto original y que aún distan mucho de estar resueltas. Se ha aceptado la necesitad de que el análisis macroeconómico, especialmente el de posibles burbujas en los mercados de activos, y los aspectos prácticos de la regulación interactúen más intensamente; pero aún no se han presentado propuestas concretas para lograrlo. Tampoco se ha resuelto el debate, relacionado con el punto anterior, de si los excesos en el mercado crediticio deberían corregirse con un enfoque distinto al de la política monetaria, tal y como ya pedían algunos mucho antes de que la burbuja explotara.

Del mismo modo, tampoco se ha resuelto todavía la cuestión de cómo introducir los fondos de inversión libre y las entidades de inversión privada con mayor coherencia en el sistema regulador, aunque la índole del problema ha cambiado significativamente desde que escribimos el texto original. La conversión de los bancos de inversión en *holdings* bancarios ha desplazado la frontera reguladora. La Reserva Federal regula estos *holdings*, cosa que sin duda reducirá la escala del apalancamiento que los bancos de inversión pueden explotar. Por lo tanto, ahora existe un incentivo para trasladar a instituciones reguladas las actividades que antes llevaban a cabo los bancos de inversión. Si las autoridades, concretamente las estadounidenses, no pueden mantener algún tipo de supervisión reguladora sobre estas entidades, existe el riesgo de que el cambio de estatus sirva únicamente para trasladar más allá de las fronteras actividades con consecuencias potencialmente sistémicas. Esto podría alterar el equilibrio en la discusión sobre los fondos de inversión libre y su incorporación a la esfera reguladora de Estados Unidos.

Así pues, a pesar de la actividad frenética del último año, aún queda mucho por hacer para actualizar el sistema regulador y adecuarlo a los mercados financieros mundiales del siglo XXI. En el momento de escribir este prólogo, el enfoque transectorial, que nosotros consideramos obsoleto, sigue siendo el principio organizador básico. El alcance del cambio que se consiga dependerá, en parte, de la evolución de la economía mundial y, en parte también, del liderazgo que pueda ejercer la nueva administración Obama en Estados Unidos. Figuras importantes de la nueva administración, como Tim Geithner (el nuevo secretario del Tesoro), Larry Summers (presidente del Consejo Económico Nacional) y Mary Shapiro (directora de la SEC) entienden muy bien los retos a los que se han de enfrentar y se encuentran en una buena posición para liderar la reforma. Sin embargo, de momento, sigue vigente la arquitectura fundamental que se describe en el libro. Por lo tanto, es un buen punto de partida para los que deseen entender por qué el sistema actual es como es y quieran valorar la importancia del presente debate sobre el cambio.

Introducción

Este libro describe el sistema internacional de regulación financiera actual y propone algunas mejoras que se consideran necesarias. Asume que el lector dispone de conocimientos financieros básicos, pero no trata ningún tema con un gran detalle técnico; por lo tanto, no es un manual completo para corredores de bolsa, oficiales de cumplimiento o supervisores de operaciones. No dice todo lo que podría decirse acerca de los problemas actuales en las principales disciplinas financieras, como la banca, los mercados de valores o los seguros, ni tampoco acerca de las numerosas cuestiones que deben resolverse en la estructura de la regulación en la UE (y, de hecho, en todas partes); por el contrario, ofrece una visión general de los temas más importantes en el momento de ser escrito (septiembre de 2007) y ofrece las opiniones de los autores sobre qué direcciones generales podrían tomarse para llegar a posibles soluciones.

Pretendemos poner de manifiesto la gran cantidad de temas en materia de regulación financiera que se tratan en la actualidad en todo el mundo y describir los complejos organismos burocráticos donde se debaten y, en ocasiones, se resuelven. Estos organismos han mostrado una tendencia a multiplicarse.

GRÁFICA 1. FLUJO DE CAPITAL TRANSNACIONAL TOTAL, MILES DE MILLONES DE DÓLARES ESTADOUNIDENSES, DÓLARES ESTADOUNIDENSES CONSTANTES Y DIVISA CONSTANTE, 2005

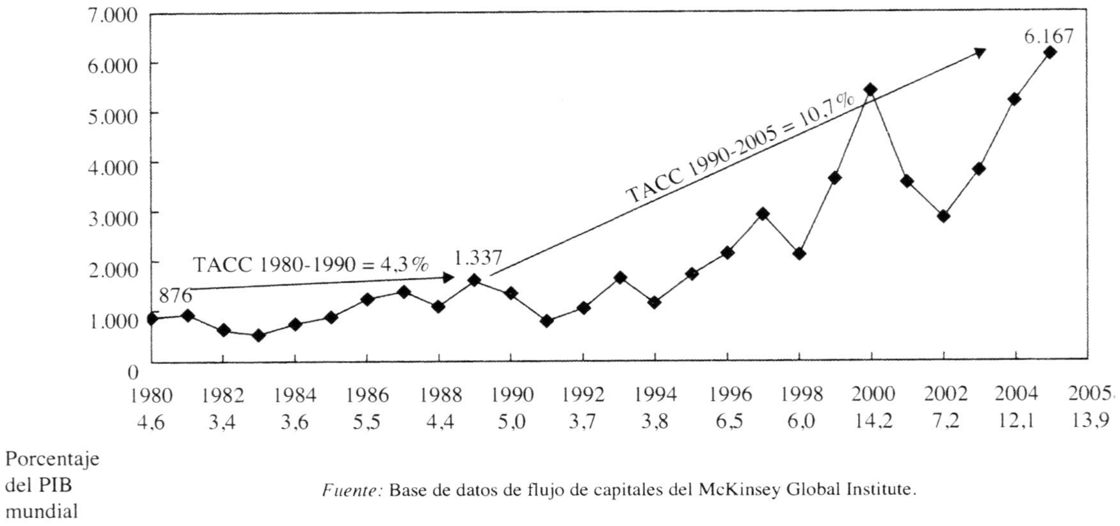

Fuente: Base de datos de flujo de capitales del McKinsey Global Institute.

GRÁFICA 2. ACTIVOS FINANCIEROS MUNDIALES

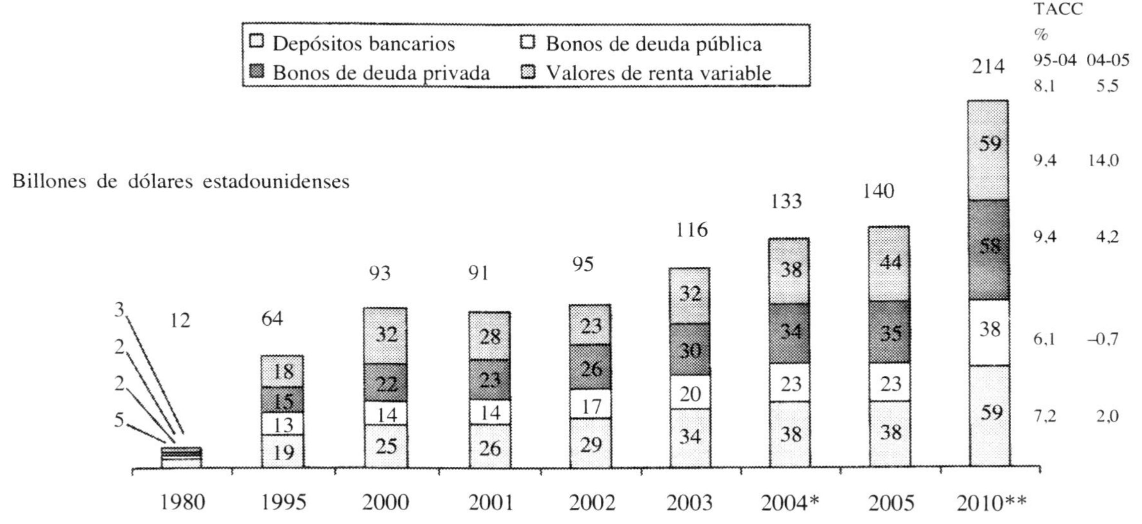

	1980	1995	2000	2001	2002	2003	2004*	2005	2010**	TACC 95-04	TACC 04-05
PIB nominal (billones de dólares)	10,1	29,4	31,7	31,6	32,8	36,9	41,4	44,5	63,3	4,2	7,5
Profundidad (SF/PIB),%	109	218	292	289	290	315	322	316	338		

* La cifra del año 2004 se redujo de los 136 billones de dólares a los 133 billones después de que algunos países revisaran los datos.
** Extrapolación a partir del año 2005. El crecimiento de los componentes es el de las TACC de los años 2000-2005.

Fuente: Base de datos de activos financieros mundiales del McKinsey Global Institute.

Durante la media docena de años en que los autores trabajaron activamente en este ámbito, en la FSA británica, el número de comités internacionales en que participaba la entidad aumentó de 76 a más de 150. Describir la función y la composición de cada uno de ellos superaría los límites que establece el libro; sin embargo sí que ofrece referencias que permitirán al lector ávido de conocimientos profundizar en la información. En cualquier caso, estos comités se dividen, se disuelven y se reconstituyen constantemente, por lo que ninguna descripción es fiable durante mucho tiempo.

En el capítulo 1, recordamos al lector la base lógica en que se fundamentan los distintos tipos de regulación financiera y también el porqué de la dimensión internacional de este tipo de actividad. El sistema financiero está en evolución constante, por lo que existe un debate igualmente constante sobre qué debería regularse y qué no.

En el capítulo 2, pasamos a presentar las principales disposiciones institucionales para la cooperación internacional, separadas por disciplinas: sistema bancario, mercados de valores, seguros e informes financieros. También se ofrece una explicación general de cómo han ido evolucionando los acuerdos. El capítulo 3 explica la función de las instituciones financieras internacionales, centrándose en el FMI y en el Banco Mundial. A continuación, en el capítulo 4, hablamos de las estructuras mucho más desarrolladas que ha creado la UE para regular las operaciones financieras transnacionales.

El capítulo 5 analiza la gran variedad de disposiciones que estructuran la supervisión de los países del G7 y describe las distintas filosofías que subyacen a esa estructura. En la actualidad, se debate intensamente sobre cuál es el mejor modo de responder a los cambios en los mercados financieros. El capítulo 6 ofrece una breve guía sobre dicho debate. Finalmente, en el capítulo 7 examinamos los principales temas que, en la actualidad, suponen un reto para las disposiciones existentes y proponemos varias reformas importantes.

El principal argumento que presentamos es que el sistema regulador internacional se ha ido desarrollando de un modo poco sistemático. Hasta ahora, ha conseguido mantener con relativo éxito la estabilidad financiera en un mundo que cambia a gran velocidad. Sin embargo, ahora está totalmente desfasado y es posible que no pueda superar los desafíos que conllevarán los cambios. Los comités mundiales, cuyas estructuras se basan en una clasificación anticuada de la actividad financiera, según la cual hay tres «sectores» (banca, seguros y mercados de valores), necesitan una reforma radical para poder seguir el ritmo de la rápida evolución de los mercados financieros. La inestabilidad financiera del verano de 2007, que se originó en el mercado hipotecario *subprime* de los Estados Unidos, puso de manifiesto que la tecnología de la transferencia del crédito se ha desarrollado de tal modo que, en ocasiones, resulta complicado saber dónde se encuentra realmente el riesgo; y a los reguladores de un único sector, les resulta prácticamente imposible.

La escala de las actividades de los mercados financieros ha aumentado drásticamente durante los últimos años. McKinsey and Company estiman que los activos financieros mundiales se han duplicado con creces durante los últimos diez años y calculan que, al final de esta década, habrán aumentado en otro 50% (gráfica 1). Por lo tanto, no resulta sorprendente que el sistema regulador, diseñado hace ya algún tiempo, empiece a fallar. Es más: el crecimiento de la actividad financiera transnacional es aún más veloz: el flujo de capital internacional ha aumentado a un ritmo superior al 10% anual durante los últimos quince años (gráfica 2). Por lo tanto, la dimensión internacional de la regulación financiera ya no es un mero complemento del régimen nacional, tal y como se ha considerado en los Estados Unidos, sino que es la cuestión fundamental de los mercados financieros actuales.

1. Objetivos de la regulación financiera internacional

Ahora, a principios del siglo XXI, los mercados financieros son más internacionales de lo que nunca antes lo habían sido. Después de la Primera Guerra Mundial, los mercados de capital estaban muy integrados y los flujos de capital de los países desarrollados a los países en vías de desarrollo eran enormes, pero este grado de integración se redujo drásticamente durante los cincuenta años siguientes y empezaron a controlarse mucho los movimientos de capital. Sin embargo, ahora, «los mercados de capital globalizados vuelven a la carga, pero con una diferencia: las transacciones de capital parecen ser sobre todo una cuestión de rico a rico, más un proceso de diversificación financiera que de finanzas de desarrollo».[1] Aunque no es exacto decir que vivimos en un mundo sin fronteras, a pesar de lo que afirmen algunos, lo cierto es que las finanzas sobrepasan dichas fronteras con mucha mayor facilidad que los bienes o los servicios.

1. Maurice Obstfeld y Alan Taylor, «Globalization and Capital Markets», National Bureau of Economic Research, documento de trabajo n.° 8.846, marzo de 2002.

También han cambiado los canales de intermediación financiera. Hace tan sólo veinte años, la mayoría de las transacciones pasaban por los balances generales de los bancos o de las compañías de seguros, o por un abanico limitado de fondos de inversión, que solían consistir en productos intercambiados en mercados regulados; por el contrario, ahora, el explosivo aumento de la riqueza privada (en parte, como consecuencia de la mayor dispersión de los ingresos) ha conducido a la aparición de una amplia gama de vehículos de inversión, siendo los fondos de inversión libre y el capital privado los más importantes, que reciben fondos de grandes inversores y cuya organización es informal y, en gran medida, no está regulada.

Han aparecido nuevos instrumentos que hacen posible transferir riesgos de todo tipo a una escala mucho mayor y de maneras más complejas, no sólo mediante derivados financieros estandarizados de mercados organizados, sino también mediante una cantidad casi infinita de productos hechos a medida, derivados OTC, CDO, CDO sintéticas, etc. En algunos casos, los bancos los depositan en vehículos que no aparecen en los balances generales. Estos instrumentos permiten repartir el riesgo entre muchos más participantes, lo que probablemente refuerza la resistencia del sistema, pero su uso también implica que si los riesgos se materializan, pueden tener impacto en lugares que no se habían visto afectados hasta ahora y en cualquier parte del mundo. Es posible que esto permita superar con mayor facilidad las pequeñas crisis, pero las grandes crisis tendrán dimensiones mucho mayores de lo que ahora somos conscientes. Y esto es importante, porque, aproximadamente los últimos diez años, durante los que estos mercados han ido evolucionando, han sido significativamente benignos en términos financieros, pero se han caracterizado por una disponibilidad inmediata de crédito a una escala sin precedentes y, por lo tanto, suponen niveles de endeudamiento sin precedentes en algunos sectores. Los cambios estructurales que se han producido provocarán que la manera en que reaccionen tanto las entidades de crédito como los prestatarios ante un colapso importante o ante dificultades prolongadas ponga a prueba la arquitectura financiera de un modo para el que, quizás, no esté preparada con la estructura actual.

Los mercados de capital mundiales cuentan con más características novedosas. La más importante es el poder cada vez mayor que ostenta un pequeño grupo de instituciones enormes. Un puñado de bancos de inversión prominentes dominan los principales mercados de deuda y de bonos públicos y privados y la mayoría de ellos tienen su sede central en Estados Unidos. Algunos bancos comerciales, como Citigroup y HSBC, han adquirido cuotas de mercado importantes en los mercados nacionales de varios países. En algunos estados importantes, como Polonia y México, la mayoría de las operaciones bancarias nacionales corresponden a filiales de instituciones extranjeras. La aparición de las adquisiciones hostiles de bancos transnacionales, desconocidas hasta la fecha, no hará más que acelerar esta tendencia. Actualmente, incluso los mercados de valores nacionales, que solían considerarse el símbolo de la virilidad nacional, al igual que las líneas aéreas nacionales, pertenecen a intereses extranjeros. Euronext, que integra a los mercados de valores nacionales de Francia, Bélgica, Holanda, Portugal y Gran Bretaña, es ahora propiedad de la Bolsa de Nueva York.

Un pequeño número de mercados, especialmente los de Nueva York y Londres, ejercen un dominio cada vez mayor sobre las transacciones, tanto en efectivo como en mercados de derivados. La tecnología les ha permitido asumir operaciones adicionales de cualquier parte del mundo a un coste muy bajo. Eso, combinado con la búsqueda de velocidad y de liquidez y un fenómeno parecido al de «el ganador se lo queda todo», está llevando a una concentración geográfica cada vez mayor.

Sin embargo, a medida que la concentración de la industria financiera ha ido aumentando, la propia economía mundial se ha vuelto multipolar. Estados Unidos y Europa ya no dominan la actividad económica, que ahora está mucho más repartida e incluye países que antes se consideraban emergentes. Por lo tanto, se han dado cambios fundamentales tanto en la arquitectura financiera como en la economía real, aunque no ha habido coordinación entre ambas. Este libro no pretende poner en duda los beneficios para el estado del bienestar que puedan (o no) derivarse de estos cambios, ni defender o criticar la libertad de movimiento del capital o el tipo de cambio flotante. Lo que nos interesa son los retos que todos estos cambios suponen para la regulación financiera y saber si el sistema de regulación financiera mundial, en caso de que se le pueda considerar un sistema, está preparado para asumir las consecuencias de estas interdependencias cada vez mayores. Por regulación financiera entendemos, sobre todo, los procesos de autorización, regulación y supervisión de las propias instituciones financieras y de los mercados de valores en que éstas operan. Comentamos por encima las dimensiones macroeconómicas de la supervisión de los mercados y las implicaciones que tienen para estos últimos y las economías distintos regímenes fiscales. Y tratamos relativamente poco la interacción entre la regulación financiera y el resto del sistema legal (tema al que se podría dedicar un libro entero), aunque sí comentamos algunas conexiones importantes, como los regímenes de insolvencia.

A pesar de estas exclusiones, que son importantes, el campo sigue siendo muy amplio, y la diversidad, significativa. La regulación financiera comprende una gran cantidad de actividades, desde el establecimiento de normas contables hasta la legislación sobre información privilegiada, el control del blanqueo de dinero o las normas para proteger al inversor, pasando por los requisitos de capital mínimo bancario. Tradicionalmente, subdividimos el sector financiero en tres subsectores: sistema bancario, mercado de valores y seguros; sin embargo, tal y como demostrará nuestro análisis, estos sectores están cada vez más interrelacionados y los límites entre ellos son cada vez más difusos.

Éstos son los principales interrogantes que tenemos la pretensión de resolver:

- ¿Cuál es el nivel de adecuación del sistema de regulación financiera a los mercados de capital actuales?
- ¿Ha podido seguir el ritmo del gran aumento de la actividad transnacional y del cambio en las pautas de intermediación?
- ¿Se necesitan cambios para reforzar las defensas ante la inestabilidad financiera y el abuso de los mercados?

Muchos afirmarían que la respuesta a todas estas preguntas es evidente y que es obvio que el sistema es inadecuado. El colapso de Long Term Capital Management (un fondo de inversión libre estadounidense) en 1998 y la crisis financiera asiática de finales de la década de 1990 intensificaron la preocupación sobre si el sistema regulador, que se había ido construyendo sobre la marcha durante las dos décadas precedentes, sería capaz de afrontar los retos planteados por la globalización. Algunos defendían la creación de una autoridad financiera mundial con amplios poderes para resolver las cuestiones de regulación transfronteriza.[2] Tras debatirlo, los ministros de Economía del G7 rechazaron estas peticiones a favor de cambios más modestos, como la fundación del Foro sobre Estabilidad Financiera, que ejercería de mecanismo coordinador entre las estructuras existentes, y la mayor atención del FMI y del Banco Mundial a la calidad de la regulación financiera de los países miembro.

Desde entonces, se han llevado a cabo más cambios modestos, pero los recientes acontecimientos en los mercados han vuelto a plantear dudas sobre la idoneidad de los mismos. ¿Cómo se supervisarán los mercados de valores transnacionales que están apareciendo?¿Los reguladores pueden colaborar y ser eficaces a la hora de supervisar un sistema consolidado de mercados de valores?¿Los fondos de inversión libre, y más recientemente los fondos de capital privado, suponen para la estabilidad y la integridad de los mercados de valores una amenaza de una envergadura tal que el sistema no puede afrontar?¿Cómo puede adaptarse el rápido crecimiento del sistema financiero islámico, que rechaza el concepto tradicional de interés, a un sistema que se diseñó mucho antes de que empezara a emerger como un fenómeno significativo en el mercado? Hay quienes defienden, sobre todo en la Unión Europea, que un único mercado financiero integrado, especialmente para las zonas que comparten la misma moneda, requiere necesariamente la creación de un ente regulador único.

¿Son sólidos estos argumentos? ¿La regulación del sistema financiero mundial sigue siendo adecuada para su objetivo, si es que lo ha sido alguna vez? Si el sistema está bajo presión, ¿qué cambios podrían llevarse a cabo, siendo realistas, para reforzarlo?

El objetivo del libro es responder a todas estas preguntas. Sin embargo, antes de hacerlo, hay que explicar por qué es necesario regular los mercados financieros y las instituciones financieras. ¿Qué pretenden conseguir los reguladores y realmente qué podemos esperar de ellos?

2. John Eatwell y Lance Taylor, *Global Finance at Risk: The Case for International Regulation*, Polity Press, mayo de 2000.

¿Por qué regular los mercados financieros?

Podría esperarse que la respuesta a esta pregunta fuera sencilla, pero lo cierto es que es objeto de un debate enardecido en el ámbito intelectual. La lógica económica básica es sencilla. La actividad del mercado financiero puede dar lugar a efectos colaterales que los participantes del sector privado no pueden corregir con facilidad. Sin embargo, la definición principal de esos efectos colaterales y la naturaleza de la intervención que justifican son objeto de debate constante. Aunque excluyéramos las posturas extremas (por un lado las que defienden un control rígido del sector financiero por parte del Estado y, por otro, las que prefieren que no haya ninguna intervención reguladora), seguiría habiendo muchas diferencias de opinión respecto al nivel de regulación necesario. Cuando la Ley sobre los mercados y los servicios financieros del año 2000 renovó el sistema británico de regulación financiera, se debatió largo y tendido sobre la intensidad de la intervención que debería permitirse y, por supuesto, sobre el límite entre la autorregulación y la regulación estatal de los mercados. Del mismo modo, desde la aprobación de la Ley Sarbanes-Oxley en Estados Unidos, que aumentó en gran medida el alcance de la regulación en el campo de la contabilidad y de la auditoría, se ha generado un intenso debate acerca de si la regulación ha llegado «demasiado lejos» en algunos sentidos y debería volver a controlarse. Por primera vez, hay tres voces poderosas en Estados Unidos, entre ellas las del secretario del Tesoro, Hank Paulson, que afirman que la regulación es excesivamente detallada e intrusiva y que perjudica a los mercados de capital estadounidenses.[3] En sus memorias, *La era de las turbulencias*, Alan Greenspan recomienda que «la regulación aprobada en tiempos de crisis debe volver a revisarse más adelante», e identifica la Ley Sarbanes-Oxley como «la primera candidata a la revisión en la actualidad».[4]

Las idas y venidas de este debate son bien conocidas. Después de cualquier crisis financiera siempre se reclama una mayor regulación. Al cabo de unos años, empieza a aparecer una reacción contraria, a medida que los costes se hacen más evidentes y los beneficios pierden rele-

3. Informe provisional del Comité sobre la regulación de los mercados de capital, <http://www.capmkts.org>, noviembre de 2006.

4. Alan Greenspan, *The Age of Turbulence*, Nueva York y Londres, Penguin, 2007 (trad. cast.: *La era de las turbulencias*, Barcelona, Ediciones B, 2008).

vancia. En la actualidad, el péndulo se agita con violencia. Las empresas y los mercados regulados creen que se les controla en exceso, mientras que, por el contrario, muchos políticos opinan que gozan de un margen excesivo que les permite evitar la regulación y que hay demasiadas pruebas de perjuicios a inversores y del enriquecimiento injustificado de algunos profesionales del sector financiero. La reciente crisis de las hipotecas *subprime* de Estados Unidos, que se ha extendido a otros mercados, fue una de las pruebas para demostrar estos argumentos.

No cabe duda de que la regulación supone un gran coste para las instituciones y los mercados financieros, coste que, en última instancia, acaba revirtiendo en el cliente final. También es evidente que la regulación «excesiva» puede perjudicar el funcionamiento de los mercados financieros y reducir su utilidad económica. En cualquier sistema regulador, hay que encontrar el equilibrio entre la seguridad y la solidez, por un lado, y la asunción de riesgos por otro. Las exigencias de capital mínimo pueden reducir significativamente la incidencia de las bancarrotas de entidades bancarias o aseguradoras, pero los beneficios disponibles para los ahorradores y los titulares de los seguros también se reducen en la misma medida. Pueden restringirse los términos en que las inversiones pueden ofrecerse al público, pero las oportunidades de diversificarse en activos más rentables también resultan limitadas. En los últimos años, el rendimiento de los fondos de inversión libre, como grupo, ha superado al de los esquemas regulados de inversión colectiva, pero los inversores minoristas no han podido acceder a ellos directamente.

Ante esta situación, es importante entender bien la base lógica de la regulación, para poder contrastarla con las propuestas de expansión (o, con menos frecuencia, de contracción) del régimen. En principio, la intervención reguladora sólo se justifica cuando los beneficios superan con creces a los costes que suponen. Sin embargo, la valoración de los costes y de los beneficios de la regulación aún está en pañales, a pesar del gran esfuerzo de la FSA británica y de otros organismos. Suele ser mucho más fácil cuantificar los costes que los beneficios, pero estos últimos resultan mucho más atractivos para los políticos. (En Llewellyn puede consultarse un útil debate ampliado sobre la lógica económica de la regulación.)[5]

5. David Llewellyn, «The Economic Rationale for Financial Regulation», documento ocasional de la FSA, 1 de abril de 1999.

Regulación prudencial

La lógica de la necesidad de regular ciertos mercados, empresas y transacciones financieras descansa en dos argumentos principales.

El *primero* tiene que ver con el problema del riesgo sistémico. Hay pruebas convincentes de que los sistemas financieros estables proporcionan un entorno favorable para una asignación de recursos eficiente y, por lo tanto, favorecen el crecimiento económico. Sin embargo, la experiencia demuestra que, dejados a su libre albedrío, los sistemas financieros tienden a presentar períodos de inestabilidad y de contagio. Un estudio del Banco Mundial demuestra que, entre finales de la década de 1970 y finales del siglo XX, se dieron 112 crisis sistémicas en 93 países.[6] Otro estudio de Eichengreen y Bordo afirma que «en relación con la era anterior a 1914 y con la globalización financiera, la prevalencia actual de las crisis se ha duplicado».[7] Y la incidencia de las crisis financieras ha tendido a aumentar a medida que los mercados financieros han ido liberalizándose e internacionalizándose.

El coste de las crisis no recae únicamente en los propios bancos, o en sus accionistas y depositantes. Durante las tres últimas décadas del siglo XX, hubo diez países, de México a Israel, donde el coste fiscal de rescatar el sistema bancario superó el 10 % del PIB, coste que asumieron los contribuyentes. Por lo tanto, si pudiéramos encontrar el modo de reducir la incidencia de las crisis sistémicas sin restringir demasiado la funcionalidad de los mercados, encontraríamos un potente argumento a favor de la regulación.

El argumento tradicional del riesgo sistémico para defender una regulación prudencial del sistema bancario parte de la premisa de que los bancos ocupan una posición privilegiada en el sistema financiero, gracias al papel que desempeñan en la modificación de los vencimientos y en la provisión de liquidez. Éstos se encuentran en el centro de la red de pagos y la caída de un banco puede dar lugar a un efecto dominó sobre los demás. No es fácil asumir las consecuen-

6. *Finance for Growth: Policy Choices in a Volatile World*, Publicaciones del Banco Mundial, mayo de 2001.

7. Barry Eichengreen y Bordo Michael, «Crisis Now and Then: What Lessons from the Last Era of Globalization», National Bureau of Economic Research, documento de trabajo n.° 8.716, enero de 2002.

cias potenciales de una caída de este tipo. *Lombard Street*, el libro de Walter Bagehot,[8] sigue proporcionando la explicación clásica de este argumento. Por lo tanto, hay determinadas circunstancias que justifican que se rescate una institución en crisis, para minimizar los costes para terceros, no para proteger los intereses de los accionistas y depositantes del propio banco.

Decidir si la crisis de un banco concreto puede ser sistémica o no puede ser muy complicado. La opinión del Banco de Inglaterra respecto a Barings, por ejemplo, fue que no lo sería y, por lo tanto, se negó a ayudarle. Al final, otro banco (ING) compró Barings por una libra esterlina. La mayoría de gente cree ahora que la decisión del Banco de Inglaterra fue acertada. También es complicado decidir si el argumento sistémico puede aplicarse ahora a instituciones no bancarias. El caso de Long Term Capital Management, cuya caída en 1998 parecía amenazar con consecuencias sistémicas, resulta sugerente en este contexto. En ese caso concreto, la Reserva Federal de Nueva York no proporcionó apoyo financiero, pero reunió a un grupo de bancos de inversión que sí lo hicieron. (El entonces presidente de la Reserva Federal, Bill McDonough, siempre ha mantenido que el único coste para la institución fue una bandeja de dónuts.)

De todos modos, es evidente que la bancarrota de un banco de inversiones importante o de una gran compañía de seguros tendría ramificaciones que se extenderían por todo el sistema financiero en su conjunto. El Protocolo Multilateral de Intenciones británico, entre el Banco de Inglaterra, el Tesoro y la Autoridad de Servicios Financieros,[9] proporciona una estructura en la que pueden valorarse las posibles consecuencias sistémicas de las bancarrotas de entidades no bancarias, pero lo cierto es que, desde la implantación de este nuevo régimen hasta la fecha, aún no se ha justificado el rescate de una entidad no bancaria en Gran Bretaña y tampoco es fácil encontrar ejemplos en otros países.

Sin embargo, todo esto justifica la existencia de una entidad crediticia de último recurso, que suele ser el banco central, que pueda proporcionar liquidez y apoyo a la solvencia, pero no necesariamen-

8. Walter Bagehot, *Lombard Street: A Description of the Money Market*, Londres, 1873.

9. «Memorandum of Understanding between the Bank of England, HM Treasury and the FSA», 1997, <http://www.fsa.gov.uk>.

te que una autoridad reguladora, ya sea un banco central u otro organismo, ejerza una supervisión permanente. Se podría operar con una política de no intervención de un año para otro y reunirse con los bancos sólo cuando tuvieran problemas. Entonces, ¿por qué supervisar continuamente?

Hay dos argumentos fundamentales. El primero se refiere a las consecuencias colaterales. Podemos asumir que durante la gestión de sus entidades, los directores de banco y los accionistas son conscientes del riesgo que asumen si el banco entra en crisis, en términos de empleos y reputación perdidos y descenso de valor de las acciones (que nunca debería ser asumida por la entidad crediticia de último recurso). El Banco de Inglaterra ha afirmado explícitamente que, en Gran Bretaña, el precio del respaldo gubernamental será que los accionistas perderán sus inversiones y los directivos superiores, sus empleos. Sin embargo, los bancos no tienen en cuenta necesariamente el posible coste externo que puede suponer su crisis para la economía. Por lo tanto, tienden a asumir mayores riesgos de los que asumirían de otro modo. La supervisión pretende contrarrestar un riesgo potencialmente excesivo, exigiendo a los bancos que mantengan reservas mayores de las que mantendrían y que lleven a cabo las operaciones prestando mayor atención al riesgo.

El segundo argumento es que hay que reconocer que la existencia de una entidad de crédito de último recurso tiene un coste, aunque en cada caso concreto, sería menor que el coste de dejar que el banco en cuestión entrara en bancarrota. (Hay que recordar que debería distinguirse claramente entre el apoyo a la liquidez de un banco fundamentalmente sólido, lo que es competencia exclusiva de los bancos centrales, y el apoyo a la solvencia, que debería implicar a los ministerios de Economía. En la práctica, el uno y el otro suelen confundirse.) La supervisión profiláctica constante, controlando la situación de la reserva de capital y las medidas que toma la institución para controlar el riesgo, está diseñada para reducir el coste esperado de la entidad crediticia de último recurso. Esto debería reducir las probabilidades de que los bancos tuvieran dificultades y, en caso de que las tengan, debería facilitar que se actúe rápidamente para resolver la situación.

La existencia de programas de protección de depósitos también da lugar a otra cuestión. Si aceptamos que debe protegerse de las crisis bancarias a los particulares que depositan fondos en los bancos, ya sea cubriendo la totalidad o una parte importante de los depósitos, también deberíamos aceptar que la supervisión debería proteger de los posibles costes de dichas crisis al Tesoro Público, o a los contribuyentes privados al fondo de protección de depósitos, si los hubiera. Asegurar a los depositantes permite a los bancos asumir riesgos excesivos, porque la mayoría de sus clientes no sufrirían las posibles consecuencias y, por lo tanto, tampoco analizarán tan de cerca la solvencia de la entidad. De nuevo, encontramos un argumento a favor de que la supervisión compense los incentivos que generan este tipo de seguros para asumir riesgos adicionales.

Sin embargo, ¿qué tipo de intervención justifican estos argumentos? Puede defenderse la necesidad de exigir un capital mínimo que proporcione un colchón contra las pérdidas y aumente la confianza de los mercados, aunque hay que ser cuidadoso y garantizar que los requisitos no sean excesivos y que no favorezcan una conducta procíclica exagerada. También pueden defenderse las exigencias de liquidez mínima, que reducen la vulnerabilidad de las instituciones ante las crisis. Estas dos condiciones generan muy poca controversia. Pero, además, puede defenderse la necesidad de exigir a las instituciones que mantengan estructuras de gestión y de control adecuadas. A su vez, esto requiere que los supervisores lleven a cabo valoraciones informadas a partir de un diálogo continuo con la entidad. Si se aceptan los argumentos a favor de la gestión y del control, no es posible considerar la supervisión prudencial de las entidades bancarias desde una base meramente objetiva y estadística.

En general, todos los países que permiten el funcionamiento de bancos privados independientes aceptan estos argumentos, aunque son rechazados por algunos académicos y por los economistas del Banco Mundial, quienes afirman que se debería poder usar la disciplina del mercado con mayor efectividad, quizás exigiendo a todos los bancos que emitieran tramos de deuda subordinada, cuyo precio reflejaría la percepción del mercado en cuanto a la gestión del riesgo del banco y en cuanto a su solvencia y que, por lo tanto, llevaría al banco a modificar su conducta.[10] Un argumento a favor de un sistema de este tipo es que podría eliminar la necesidad de supervisión continua. Sin embargo, hasta el momento, ningún país se ha mostra-

10. James Barth, Gerald Caprio y Ross Levine, *Rethinking Bank Regulation: Till Angels Govern*, Cambridge University Press, 2005.

do dispuesto a «desarmarse» en cuestión de términos reguladores y a confiar en un mecanismo de este tipo.

Existen dudas entre los propios reguladores. En el libro que ha publicado recientemente, Alan Greenspan describe su creciente escepticismo acerca de la efectividad de la regulación prudencial. Afirma rotundamente que «aunque los reguladores todavía pueden hacer como si supervisaran, lo cierto es que sus capacidades se han reducido en gran medida y siguen haciéndolo». Y afirma también que tanto él como sus colegas en la Reserva Federal «cada vez estábamos más convencidos de que tendríamos que confiar en la supervisión de la contraparte para que hiciera la mayoría del trabajo».

¿Cómo se aplican estos argumentos sobre la naturaleza y la efectividad de la supervisión prudencial a la regulación financiera internacional, que es nuestro principal interés? Si los bancos operaran únicamente en el país en el que se constituyen, donde se encuentra su supervisor principal, los estados podrían contar con un nivel de discreción considerable a la hora de regular sus propias instituciones. Podrían marcar los capitales mínimos que desearan y ser tan (o tan poco) intervencionistas como quisieran a la hora de determinar el funcionamiento de la supervisión prudencial. Por contra, si permitimos las operaciones bancarias transfronterizas y, especialmente, si permitimos que los bancos operen mediante sucursales, valiéndose de la seguridad que ofrece el balance general de la sede central, en lugar de mediante filiales capitalizadas individualmente, es esencial que se establezca algún nivel de supervisión bancaria mundial para poder generar un nivel mínimo de confianza mutua. La competencia leal en un campo de juego equitativo implica la existencia de normas comunes. Cada país necesitará saber que el resto adopta definiciones similares de lo que entienden por capital, por ejemplo, y que las exigencias de capitales mínimos que se establecen reducen el riesgo de crisis a un mínimo aceptable y comparable. La seguridad y la solidez de una red de sucursales en un país B suele depender de la posición del capital en un país matriz A. Incluso las filiales extranjeras capitalizadas independientemente pueden no sobrevivir a la crisis del banco matriz.

Dicho esto, la posición financiera de una empresa que funciona bien puede ser muy distinta a la de su valor tras una crisis. Las normativas sobre insolvencia se marcan en un contexto nacional y varían especialmente en lo que respecta al tratamiento de las sucursales bancarias. Algunos territorios permiten que los acreedores de su jurisdicción obtengan su parte del banco en quiebra en su conjunto, lo que se conoce como enfoque de entidad única. Otros, que siguen un enfoque de separación de entidades, congelan los activos dentro de su jurisdicción, en beneficio de los acreedores locales. Han quebrado muy pocos bancos multinacionales, pero el conflicto entre las exigencias de insolvencia nacionales que emergieron cuando el BCCI se hundió atrajo gran atención sobre esta cuestión. De todos modos, los esfuerzos por diseñar un enfoque uniforme siempre han fracasado. De hecho, podría argumentarse que la ausencia de claridad legal sobre quién debe qué y a quién en caso de insolvencia constituye el mayor obstáculo para poder gestionar con fluidez cualquier crisis internacional en el futuro. El temor a la incertidumbre sobre quién obtiene qué cuando una entidad transnacional quiebra subyace a muchas de las cuestiones que trataremos más adelante.

Código de conducta

El *segundo pilar* que justifica la regulación financiera es el argumento según el cual existen asimetrías de información en el mercado, que podrían corregirse con un sistema regulador.

Es inevitable que los accionistas sepan menos acerca de las circunstancias económicas de las empresas en que han invertido que los directivos de dichas empresas. Los motivos de los directivos para no dar a conocer malas noticias, o para hacerlo únicamente una vez han vendido sus propias acciones o han dejado la empresa, son evidentes. Por lo tanto, existe una justificación poderosa a favor de las normas contra el abuso de la información privilegiada, así como a favor de especificar la naturaleza y el marco temporal de la información que se proporciona. En Gran Bretaña, las empresas están sometidas a una continua obligación de dar a conocer cualquier información que pueda afectar al valor de sus acciones. Otros países exigen que la información se presente de un modo periódico, pero el principio es el mismo. Las normas son aplicables tanto al mercado minorista como al mayorista.

Incluso pueden presentarse argumentos adicionales, cuando se trata de inversores particulares y, especialmente, cuando invierten a través de intermediarios. En el mercado minorista, la naturaleza del contrato que se propone entre la empresa y la persona puede ser difícil de entender, tanto en lo que respecta a lo que se pretende conseguir como en relación con los costes inherentes. Además, el rendimiento en función de los términos del contrato dependerá de la solidez financiera del intermediario o de la empresa de inversiones, y el consumidor particular no dispone del conocimiento necesario para valorar dicha solidez, ni tampoco puede adquirir la información para lograrlo, a no ser a un coste exagerado. Éste es uno de los problemas específicos de los productos a largo plazo, porque el cliente confía en la solvencia y en la conducta de la empresa mucho después de haber adquirido las acciones. De hecho, con el tiempo, el valor que esa solvencia tiene para el cliente aumenta, pero su capacidad para controlarla disminuye.

En principio, el sector privado podría aportar una solución al problema, con las agencias de calificación crediticia, cuyo objetivo es ofrecer una valoración independiente del riesgo de una inversión concreta. Sin embargo, estas agencias no suelen proporcionar servicios a los consumidores privados y, además, tienen dificultades para recuperar de los clientes privados el coste de los servicios que proporcionan. Cobran de las instituciones cuya solidez valoran. En consecuencia, en beneficio de todos hay un único recopilador y supervisor de la información sobre solidez financiera. Así pues, podemos concluir que los beneficios de regular la información y la transparencia de los mercados de ahorro y de inversión y, por supuesto, de supervisar de forma prudencial las empresas que ofrecen su propia deuda como activos en esos mercados son evidentes.

Volviendo a la dimensión internacional, podemos ver de nuevo que hay argumentos a favor de cierta estandarización de los mercados, aunque no son tan potentes como en lo que concierne a la supervisión prudencial. Los inversores y los accionistas se beneficiarían de la protección transfronteriza y, de hecho, podrían esperarla. En caso contrario, las empresas podrían saltarse los códigos de conducta de su país operando mediante una filial en un tercer país que volviera a vender productos en su mercado nacional. Por ejemplo, sería conveniente establecer una definición común de información privilegiada o de inversor privado, ya que en este caso se suelen establecer protecciones distintas. Cuando se comercia con las mismas acciones en mercados con jurisdicciones diferentes, la necesidad de contar con un código común para regular las transacciones se hace aún más evidente. Y todavía lo es más cuando se trata de un mercado financiero único, como el que se está construyendo en la Unión Europea, aunque en este caso podría encontrarse un equilibrio político distinto al que se aplica en la supervisión prudencial.

Estos argumentos apuntalan los intentos de alcanzar acuerdos comunes sobre varios aspectos de la regulación de los mercados de valores, los cuales se describen a continuación.

Estabilidad financiera

En la actualidad, muchas de las justificaciones a favor de la regulación se basan en mantener o en fomentar la estabilidad financiera. Efectivamente, la industria de la estabilidad financiera ha crecido tan rápidamente durante los últimos años que resulta sorprendente que el término se haya acuñado hace relativamente poco. En un artículo sobre el tema, publicado en el año 2005, Allen y Wood[11] afirman que el Banco de Inglaterra fue el primero en usar el término, en 1994. Y el Banco de Inglaterra fue la primera institución en promover una revisión de la estabilidad financiera (en la que trabajaron los dos autores de este libro), en 1996. (Ahora se le ha dado otro nombre, Informe de Estabilidad Financiera.)[12] Desde entonces, el término ha pasado a usarse de un modo general y omnipresente. El FMI publica con regularidad un informe sobre estabilidad financiera mundial, y hay muchos países, como Francia y China, que elaboran sus propios informes de estabilidad financiera nacional. Y, tal y como ya hemos mencionado, en el mismo centro de las redes reguladoras mundiales existe un Foro de Estabilidad Financiera (FSF).

Por lo tanto, quizás resulte sorprendente que, según Charles Goodhart,[13] «no hay un buen modo de definir ni, ciertamente, de ofrecer una medida cuantitativa de estabilidad financiera». Y en una revisión reciente de las prácticas en todo el mundo, llevada a cabo por

11. Bill Allen y Geoffrey Wood, «Defining and Achieving Financial Stability», LSE Financial Market Group, documento n.° 160, abril de 2005.

12. Financial Stability Review, 1996, <http://www.bankofengland.co.uk>.

13. Charles Goodhart, «Some New Directions for Financial Stability», conferencia de Jacobsson, 2004, <http://www.bis.org>.

Oosterloo y De Haan,[14] se concluyó que «no existe una definición sin ambigüedades de qué son la estabilidad financiera o el riesgo sistémico y, en general, la responsabilidad no se formula explícitamente en las leyes, por lo que hay una heterogeneidad considerable en el modo en que los bancos centrales persiguen sus objetivos de estabilidad».

Hay quien ha intentado ofrecer una definición del concepto. Mishkin dice que se trata de «la prevalencia de un sistema financiero capaz de garantizar a largo plazo, y sin alteraciones importantes, una asignación eficiente de los ahorros a oportunidades de inversión».[15] Aunque parezca que queda claro, es extraordinariamente difícil de medir, ya sea *ex ante* o *ex post*. Por lo tanto, hay muchos otros que han decidido que es mucho más fácil llegar a una definición de estabilidad financiera definiendo qué queremos decir cuando hablamos de inestabilidad o de crisis financiera.

En este aspecto, el trabajo de Allen y Wood resulta muy útil. Definen los períodos de inestabilidad financiera como «episodios durante los que una gran cantidad de partes, ya se trate de hogares, de empresas o de gobiernos, experimentan crisis financieras que no se explican por su conducta pasada». Sugieren que «una de las características principales de los episodios de inestabilidad financiera es que salen perjudicadas personas inocentes». Durante la inestabilidad económica del verano de 2007, quienes tenían depósitos en Northern Rock percibieron claramente ese riesgo.

Tal y como sucede con todas las definiciones de esta área, se dan por supuestas varias cuestiones y, en la práctica, dependen de la opinión de cada uno. Sin embargo, en nuestra experiencia, los reguladores usan esta concepción en la vida real. Se preguntan si las consecuencias de la quiebra o de la clausura de una institución concreta serían de una envergadura tal que llegarían a perjudicar la confianza en el sector en general, lo que tendría consecuencias adversas para los depositantes, los inversores o los asegurados. En nuestra opinión, es preferible contar con una definición de este tipo a las definiciones más generales de estabilidad económica que han adoptado algunos bancos centrales y que pueden usarse para justificar una

14. Sander Oosterloo y Jakob de Haan, «Central Banks and Financial Stability: A Survey», *Journal of Financial Stability*, n.° 1, 2004.

15. Rick Mishkin, «Anatomy of Financial Crisis», National Bureau of Economics Research, documento de trabajo n.° 3.934, 1991.

gran cantidad de intervenciones en los mercados. Tener como objetivo la estabilidad financiera no es lo mismo que tener como objetivo la estabilidad de precios, situación en la que una inflación baja constante es una virtud positiva. En los mercados, no se puede, ni se debe, restringir todos los movimientos extravagantes, y no todas las quiebras deben considerarse un fallo del sistema regulador. Por lo tanto, existe el peligro de considerar que la estabilidad financiera y la estabilidad monetaria son las dos caras de una misma moneda.

Sin embargo, es importante que los supervisores financieros tengan en cuenta los intereses del mercado financiero en su conjunto, o podrían llegar a tomar decisiones concretas para la protección de los consumidores, que podrían perjudicar al sistema y, por lo tanto, a los mismos consumidores a los que pretenden proteger. Y además, deberían tener la precaución de no pensar, o de no dar a entender, que los supervisores pueden controlar el precio de los activos o garantizar indefinidamente la existencia de un grupo de instituciones financieras. Deberían ser conscientes de los beneficios a largo plazo de la destrucción creativa.

También deberían ser precavidos a la hora de describir los límites de sus objetivos, tanto en términos del grado de seguridad que pueden ofrecer a quienes realizan transacciones con instituciones financieras, como en términos de la escala o el alcance de la supervisión que llevan a cabo. Los reguladores que reivindican demasiado debilitan la disciplina del mercado, que, con frecuencia, puede ser una herramienta mucho más efectiva que la propia intervención de los reguladores.

Estos argumentos no gozan de aceptación universal. Distintos países en momentos diferentes pueden tolerar en distinta medida la inestabilidad de los mercados y las quiebras institucionales. Los países también pueden creer que pueden atraer más transacciones internacionales móviles si mantienen un entorno más permisivo o menos regulado. Por lo tanto, pueden mostrarse reticentes a suscribir normas internacionales que limiten su flexibilidad. Éstas son las dificultades subyacentes a la hora de alcanzar acuerdos internacionales sobre regulación financiera. A continuación, nos centraremos en esos acuerdos. (Para una explicación más extensa acerca de los diferentes enfoques de estabilidad financiera, véase Davies, 2006.)[16]

16. Howard Davies, «Two Cheers for Financial Stability», Washington, Grupo de los Treinta, 2006.

Regulación y competencia

De vez en cuando, los gobiernos cambian de opinión acerca del nivel de regulación que desean. Normalmente, la opinión pública informada fluctúa cíclicamente. Sucede algo perjudicial que hace que se exija una regulación más estricta. Inevitablemente, se necesita tiempo para llegar a acuerdos y aplicarlos. Cuando llega el momento de la implementación, las circunstancias que habían conducido al cambio de sistema ya no están tan presentes en la memoria colectiva y es muy posible que la nueva normativa se considere excesivamente burocrática y perjudicial para la eficiencia económica. Entonces, se produce una liberalización reguladora que, muy posiblemente, empezará a aplicarse justo en el momento de la siguiente crisis. Como norma general, la asincronía entre la regulación y la opinión pública es permanente.

Las historias recientes de Estados Unidos y de Gran Bretaña ofrecen varios ejemplos de este fenómeno. La serie de escándalos contables que se iniciaron con la quiebra de Enron en octubre de 2001 condujo a que se exigiera un aumento significativo de la supervisión pública, lo cual se plasmó legislativamente en la Ley Sarbanes-Oxley. Cinco años después, se considera que esta ley ha perjudicado la eficiencia empresarial de Estados Unidos y la competitividad de los mercados de capitales estadounidenses.[17] En Gran Bretaña, los escándalos del BCCI y de Barings desacreditaron la actitud informal y demasiado amistosa del Banco de Inglaterra, al que se le criticó su excesiva sensibilidad hacia las necesidades de sus clientes. Se exigió una entidad más parecida a un policía que se encargara del cumplimiento de las normas; una década después, se presiona a la FSA para que se aparte de las normas y se rija por principios que los supervisores puedan aplicar según su propio criterio y para que se base más en los códigos elaborados por la industria. En Estados Unidos, se oyen voces similares.

Pero antes de pasar a los detalles, es importante mencionar que, como las regulaciones se aplican a escala nacional y su aplicación limita la libertad de los mercados, también pueden constituir una barrera para las transacciones de servicios financieros transfronterizas.

17. McKinsey and Co., para la ciudad de Nueva York, «Sustaining New York's and the US's Global Financial Services Leadership», enero de 2007.

En efecto, no cabe duda de que, en muchas ocasiones, se ha usado deliberadamente la regulación como herramienta para proteger los mercados nacionales de las incursiones foráneas. Por ese motivo, a lo largo de los años, dentro de esfuerzos más generales para eliminar las barreras al comercio, se han hecho esfuerzos para incluir los servicios financieros en las negociaciones. Normalmente, estos últimos han consistido en iniciativas para que se incluyeran derechos de acceso a instituciones extranjeras como parte de las negociaciones comerciales, tanto si eran multilaterales como bilaterales. Sin embargo, estos esfuerzos pueden pasar por alto la necesidad obvia de proteger a los usuarios de los servicios financieros. Ha llegado a aceptarse la legitimidad de limitar el libre acceso mediante «exclusiones prudenciales», es decir, negar el acceso a las entidades internacionales, tras un análisis individual, si no cumplen normas prudenciales razonables. Aún no se ha llegado a un acuerdo para definir qué es razonable en el Acuerdo General sobre el Comercio de Servicios (AGCS) de la Organización Mundial del Comercio (OMC),[18] por lo que se sigue negociando caso a caso la apertura de los mercados a la competencia, mediante tratados de libre comercio bilaterales (TLC). Pero, con los años, se ha ido alcanzando un consenso cada vez mayor sobre lo que constituye una normativa razonable, y el uso de la misma proporciona cierta base objetiva para aceptar o rechazar entidades financieras extranjeras, en función de la regulación de sus países de origen.

Siempre habrá tensiones entre la regulación y la competencia, al igual que entre la seguridad y el riesgo, y normalmente éstas tienen que ver con el aumento de los beneficios. Estas tensiones nunca se resolverán por completo, pero en la actualidad deberíamos preguntarnos si las disposiciones internacionales existentes conseguirán alcanzar el equilibrio adecuado.

Una mejor regulación

A pesar de que no resulta sorprendente que la escala y el ámbito de la regulación financiera sigan expandiéndose, en un esfuerzo por evitar que crisis pasadas vuelvan a reproducirse, o por afrontar

18. <http://www.wto.org>.

los efectos secundarios inesperados y poco gratos de la innovación, el efecto acumulativo de libros de normas cada vez más voluminosos y complejos ha conducido a que se lleven a cabo intentos cada vez más importantes de aplicar las disciplinas de lo que en la UE se conoce como «mejor regulación». Estas disciplinas tienden a ser algo confusas, pero tienen el objetivo de eliminar las normas que no sirvan para alcanzar los objetivos para los que se elaboraron o que, aunque los alcancen, lo consigan a un coste inaceptable; así mismo se impide que éstas se aprueben desde un principio, mediante una valoración previa de su posible impacto.

Los procesos de mejor regulación, que suelen consistir en varios análisis del impacto regulador basados en la evidencia y que pueden incluir, además de un análisis de costes y beneficios económicos, cuestiones sociales y medioambientales, se han ido introduciendo de diferentes maneras con distintos niveles de rigor en varias jurisdicciones nacionales. Por ejemplo, en Gran Bretaña, la FSA intenta intervenir únicamente en respuesta a crisis relacionadas con sus objetivos legales que se hayan identificado en el mercado nacional, y sólo cuando la intervención esté justificada por un análisis de costes y beneficios. Otras jurisdicciones, como la estadounidense, tienen la obligación legal de acompañar las propuestas normativas con estudios de su impacto. El énfasis sobre la conveniencia de usar estas disciplinas en la UE ha ido aumentando a la par que la preocupación por si algunas de las partes del Plan de Acción sobre Servicios Financieros no han conseguido lo que se esperaba de ellas o, si lo han hecho, ha sido a un coste desproporcionado. Mather y Vibert han plasmado estas cuestiones en un artículo muy útil, «Evaluating Better Regulation: Building the System»[19] («Evaluar la mejor regulación: construir el sistema»). Las disciplinas implicadas incluyen la consulta a los accionistas, la posibilidad de emplear siempre que sea posible herramientas no legislativas, como la competencia o los códigos de conducta, la valoración del posible impacto de las opciones propuestas y la revisión posterior de las medidas para gestionar su impacto real.

En la actualidad, la Comisión Europea está comprometida con una mejor regulación, pero, tal y como comentaremos más adelante,

19. Graham Mather y Frank Vibert, «Evaluating Better Regulation: Building the System», European Policy Forum, City of London Research Series, septiembre de 2006.

es muy difícil aplicar esta serie de disciplinas, especialmente cuando no existe ni consenso ni claridad en lo que se refiere a los objetivos que ha de alcanzar la legislación, como, por ejemplo, en el caso del eslogan de la «convergencia supervisora».

Se está empezando a avanzar en el desarrollo de enfoques que estén más basados en el riesgo durante el proceso de la toma de decisiones de los organismos normativos internacionales (véase el capítulo 2).

2. El sistema de regulación internacional actual: teoría y práctica

Se puede capturar la esencia del sistema internacional de regulación financiera en una sola página si se seleccionan únicamente las instituciones y los comités más importantes. Es lo que pretende la gráfica 3. Incluso este árbol simplificado resulta de una complejidad intimidante. En este capítulo intentaremos explicar por qué las cosas son como son, antes de proponer reformas, más adelante.

A pesar de que los mercados financieros cada vez están más interrelacionados, el sistema regulador internacional opera de un modo sectorial. Esto supone un problema cada vez mayor, tal y como explicaremos. Sin embargo, para poder entender cómo funcionan las cosas en la actualidad, sigue siendo necesario analizar por separado los distintos subgrupos de instituciones financieras.

Sector bancario

El Comité de Basilea

Los supervisores del sector bancario, ya se trate de organismos designados formalmente como tales, ya estén presentes en forma de

GRÁFICA 3. ESTRUCTURA DE LOS COMITÉS MUNDIALES - LA PERSPECTIVA DE UN REGULADOR

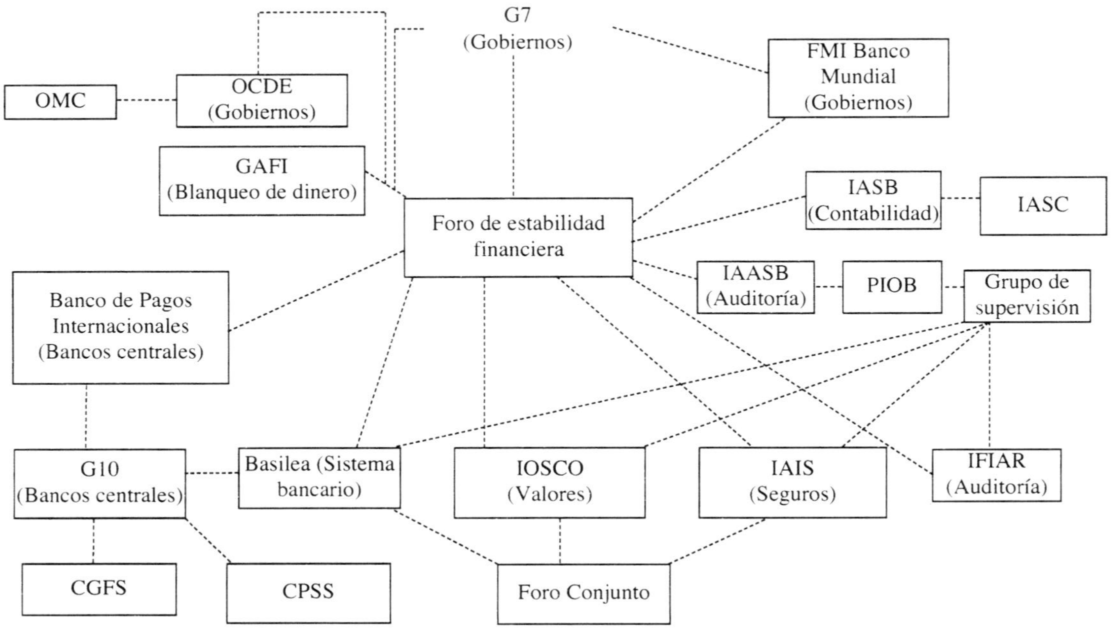

Fuente: adaptado con autorización de Sloan y Fitzpatrick, «The Structure of International Market Regulation», en *Financial Markets and Exchanges Law*, Oxford University Press, marzo de 2007, capítulo 13.

bancos centrales preocupados por la solvencia de sus homólogos o por la estabilidad financiera en general, siempre han mostrado interés por las cuestiones internacionales. Los bancos han contado con sucursales internacionales al menos desde el siglo XIV y los riesgos transfronterizos siempre han tenido un gran impacto sobre la solvencia de los bancos. Los gobernadores de los bancos centrales han hablado de la salud de sus respectivos sistemas bancarios en las reuniones periódicas en Basilea desde que se fundara el Banco de Pagos Internacionales (BPI) entre las dos guerras mundiales. La creación de departamentos específicos para la supervisión bancaria, o la fundación de organismos de supervisión bancaria independientes, provocó que fuera natural que sus representantes también se reunieran en Basilea. Inevitablemente, estas reuniones en un principio eran informales, pero en respuesta a los acontecimientos, las relaciones entre supervisores se fueron formalizando gradualmente.

En 1974, tras los graves trastornos de las divisas internacionales y de los mercados bancarios y, especialmente, tras la quiebra del Bankhaus Herstatt en la República Federal Alemana, los gobernadores de los bancos centrales del G10 decidieron establecer un comité sobre regulaciones bancarias y prácticas de supervisión, que más adelante recibió el nombre de Comité de Supervisión Bancaria de Basilea.[1]

El factor que precipitó estos acuerdos más formales fue la incertidumbre que el caso Herstatt reveló acerca de qué supervisor, si es que había alguno, era responsable de las operaciones internacionales de los bancos y qué responsabilidades conllevaba el cargo. El colapso del Herstatt hizo evidente que no había un entendimiento común y dio lugar a un debate sobre qué supervisor debía ser responsable si aparecían problemas de liquidez y, por lo tanto, posiblemente de solvencia, en las operaciones internacionales. No sabían si la responsabilidad de la supervisión debía recaer en el supervisor nacional o en el del país anfitrión. A su vez, esta inseguridad condujo a la incertidumbre de saber a quién le correspondía proporcionar apoyo financiero en caso de colapso. ¿En qué medida afectaba a la responsabilidad del supervisor que las operaciones se llevaran a cabo a través de sucursales, en lugar de mediante una filial constituida independientemente?

1. <http://www.bis.org/bcbs>.

Se fundó el Comité bajo la responsabilidad de los gobernadores del G10, cuyos bancos centrales eran en su mayor parte, en aquel momento, los supervisores del sistema bancario bajo su jurisdicción. Por lo tanto, la mayoría numérica correspondió a los países europeos, y aún sigue siendo así, a pesar de los cambios que ha ido sufriendo el sistema bancario mundial. (La estructura del Comité, así como su representatividad y su responsabilidad, se explican en el capítulo 7.)

Este nuevo comité se propuso cerrar las brechas en la red de supervisión, para que ninguna entidad bancaria extranjera pudiera escapar a la supervisión y para que dicha supervisión fuera la adecuada. Esto condujo a establecer los primeros acuerdos de Basilea entre supervisores bancarios, conocidos como el «Concordato de Basilea» de 1975, y que por primera vez en la historia establecía acuerdos sobre las responsabilidades respectivas de los supervisores nacionales y de los de los países anfitriones. A partir de ese momento, las actividades del Comité han consistido en el intercambio de información sobre las disposiciones nacionales de supervisión; en la mejora de la efectividad de las técnicas de supervisión del sistema bancario internacional y, sobre todo, en el establecimiento de estándares mínimos de supervisión en las áreas donde se consideran deseables. Posteriormente, el Comité desarrolló el trabajo que se había llevado a cabo en el Concordato y, en concreto, articuló el principio de supervisión consolidada de grupos bancarios. Este tipo de supervisión consolidada debía resolver los problemas que obstaculizaban el flujo de información entre supervisores, especialmente los que se debían a la regulación bancaria sobre confidencialidad.

Sin embargo, la cuestión a la que el Comité ha dedicado más tiempo durante los últimos años es la de la adecuación del capital. El crecimiento ininterrumpido del comercio y de las inversiones internacionales hizo que la escala de las operaciones internacionales de los bancos también aumentara rápidamente, y las entidades extranjeras empezaron a copar cuotas de mercado significativas en los centros financieros más importantes. Esta «inmigración» condujo a que la competencia en esos mercados clave aumentara y a que, especialmente cuando algunos grupos bancarios empezaron a bajar los precios, se pusiera de manifiesto que las normas de supervisión y, en particular, los capitales mínimos variaban extraordinariamente de una jurisdicción a otra. A su vez, eso reforzó la preocupación ya existente sobre las conductas predadoras y trajo consigo el temor a que el colapso de bancos extranjeros infracapitalizados pudiera desestabilizar el mercado. Este miedo se intensificó cuando pareció que los coeficientes de capital empezaban a deteriorarse justo en el momento en que aumentaban los riesgos internacionales, especialmente en relación con países muy endeudados.

Estas preocupaciones dieron lugar a debates sobre cómo garantizar que la capitalización de los bancos extranjeros fuera adecuada y cómo eliminar la desigualdad competitiva fruto de las diferencias en los capitales mínimos que exigía cada país. Algunos afirmaban que el regulador del país anfitrión de las sucursales extranjeras era quien debía supervisar la solvencia de las mismas y hubo algunas jurisdicciones que lo intentaron, sin demasiado éxito. A largo plazo, la única opción factible fue que el supervisor del país de origen marcara los capitales mínimos para el banco en su conjunto.

Los tres países más afectados por la cuestión de las sucursales extranjeras, Estados Unidos, Gran Bretaña y Japón, empezaron a negociar a mediados de la década de 1980 con el objetivo de establecer una base común para medir y marcar el capital mínimo, que podría usarse también como base para el reconocimiento mutuo y permitir que los bancos extranjeros entraran en el mercado nacional sin supervisar su capital por separado. Era necesario acordar un proceso para medir el capital y fijar cuál sería el coeficiente mínimo aceptable.

Las partes tenían objetivos opuestos en la negociación (una característica habitual en la mayoría de negociaciones internacionales que pretenden establecer regulaciones normativas internacionales). Algunos querían conservar en la medida de lo posible su sistema nacional, o bien para minimizar los costes potenciales del cambio, o bien para conservar características concretas que consideraban atractivas. Otros reconocían la necesidad de reformar sus disposiciones nacionales, pero les resultaba más sencillo alegar presiones externas para superar la oposición que encontraban dentro de sus propias fronteras.

La comparación de los sistemas de supervisión resultó ser un proceso complejo. Aparecieron tensiones entre la búsqueda de una base teórica para valorar el capital y la utilización de los sistemas de que ya disponían algunos de los centros más importantes y sofisticados. A mediados de la década de 1980, Gran Bretaña introdujo un nuevo método para medir el capital, que consistía en asignar coeficientes de riesgo a los activos, en lugar de limitarse a usar coeficientes de endeudamiento financiero que relacionaban el capital con el balance general. En Estados Unidos, varios bancos importantes contaban con sistemas propios a los que estaban especialmente apegados. Los japoneses tenían sus estructuras tradicionales, que permitían que el capital se contabilizara por duplicado cuando los bancos tenían acciones los unos de los otros, además de un complejo sistema de «guía administrativa» discrecional. Etcétera.

Finalmente, se alcanzaron acuerdos que implicaron cambios para todas las partes. Se fijó un coeficiente como el mínimo aceptable. No podía haber una base objetiva para determinar el nivel «correcto» de capital, lo que dificultó en gran medida las negociaciones. Al final, acabaron decidiéndose por el 8%, que a pesar de carecer de una base objetiva rigurosa, se consideró un nivel que permitiría a los bancos evitar las dificultades la mayor parte del tiempo.

Otra característica que reaparecería en negociaciones posteriores fue la necesidad de negociar un acuerdo entre los mayores mercados mundiales, que, además, luego debía ser aceptado, tanto a nivel técnico como político, en la UE, con su amplio abanico de estructuras bancarias nacionales distintas, que van desde complejos bancos internacionales hasta pequeñas cajas rurales. Esto era importante, porque aunque el acuerdo que al final se logró únicamente se aplicaba de manera formal a los bancos activos internacionalmente, en la UE existía como mínimo la suposición de que todas las normas debían aplicarse a todos los bancos, independientemente de que operaran internacionalmente o no.

El acuerdo que se alcanzó en 1988 no era vinculante, porque, al igual que otros acuerdos de este tipo, ningún regulador estaba en posición de comprometer a su parlamento nacional para que aceptara lo que se había acordado. Los sucesivos acuerdos de Basilea no han consistido más que en un compromiso de las partes implicadas para esforzarse al máximo en conseguir que sus jurisdicciones nacionales acepten los mismos términos. Esto también ha sido fuente de tensiones continuas, la más reciente cuando los reguladores estadounidenses, que habían sido muy activos durante todo el proceso de negociación, posteriormente fueron incapaces de obtener la ratificación de los acuerdos que habían logrado en Basilea por parte del Congreso.

Desde el primer Acuerdo de Basilea (Basilea I), ha habido un proceso de revisión periódica y continua para tener en cuenta la evolución de los mercados, incluyendo sobre todo el significativo aumento de la escala de las actividades comerciales, los grandes desarrollos en el campo de la titulización de activos y los avances radicales en la sofisticación de la gestión del riesgo de los propios bancos, entre otras cosas para gestionar la creación y el subsiguiente desarrollo de un abanico cada vez más complejo de actividades con instrumentos derivados.

En 1996, el Comité de Basilea emitió una Enmienda sobre el Capital, con el objetivo de incorporar al acuerdo un requerimiento de capital mínimo relacionado con los riesgos del mercado que asumían los bancos a causa de sus posiciones abiertas en el mercado de divisas, la renta fija, la renta variable, las materias primas y las opciones. Un aspecto importante de la enmienda era que, como alternativa al método estandarizado de medida, se permitía a los bancos, sujetos siempre a estrictas directrices cuantitativas y cualitativas, que usaran modelos internos de valor en riesgo, para medir sus requisitos de capital de riesgo de mercado. Gran parte de esta labor de preparación para el paquete de riesgo del mercado se llevó a cabo conjuntamente con supervisores de los mercados de valores, con la intención de que instituciones financieras no bancarias, especialmente las grandes operadoras en el mercado de valores, también pudieran emplear la misma metodología.

A pesar de estas útiles revisiones, a finales de la década de 1990 se acentuó la sensación de que la estructura original del acuerdo se adecuaba cada vez menos a su objetivo. Se dudaba de que, debido a su simplicidad, reflejara adecuadamente los riesgos subyacentes, hasta el punto de dar lugar a resultados definitivamente perversos y de ser inadecuada para gestionar técnicas innovadoras, como la titulización. El resultado fue que los bancos más sofisticados, que usaban sus propios modelos para tomar decisiones empresariales, se sentían frustrados porque los reguladores no les prestaban atención alguna. Cada vez era más obvio que el capital económico (las reservas que los bancos creían necesitar para sostenerse) y el capital regulatorio eran cada vez más distintos.

Se necesitaban cambios en tres áreas fundamentales. En primer lugar, el método para el cálculo básico del capital que se usó en el primer acuerdo se consideraba excesivamente sencillo en relación con las diferencias en el riesgo que conllevaban distintos tipos de instrumentos, porque, por ejemplo, por diferente que fuera la calidad de dos riesgos, ambos recibían la misma carga de capital. Sin embargo, decidir el nuevo peso que debía otorgarse a diferentes riesgos era todo un reto y las opiniones entre los propios bancos eran muy diversas. En segundo lugar, se creyó que era importante poder supervisar el funcionamiento de los sistemas internos de gestión del riesgo de los bancos, especialmente si se iban a emplear las cifras generadas por los propios bancos para calcular el capital regulatorio. Pero esto requería que se usaran valoraciones e indicadores cualitativos, los cuales resultaban conocidos para algunas jurisdicciones, pero otras los consideraban poco fiables. Por último, había una sensación creciente de que se lograrían resultados más fiables si se reforzaba la actitud disciplinaria de los reguladores, exponiendo a la directiva de los bancos a la disciplina de los mercados y haciendo posible que los mercados la ejercieran mediante una mayor divulgación de la posición de riesgo subyacente de los bancos. Se produjeron debates enconados acerca de cuál sería el mejor modo para que las medidas se entendieran rápidamente y no produjeran resultados desestabilizadores.

Cuando, en 1998, el Comité decidió reformar las primeras disposiciones, aparecieron inmediatamente algunas dificultades fundamentales. En primer lugar, se hizo evidente que analizar y sopesar por separado todos los tipos de riesgo conduciría rápidamente a sistemas de una complejidad extraordinaria. Y, aunque quizás la docena de bancos más sofisticados del mundo hubieran podido construir y aplicar modelos complejos, era obvio que esta tarea hubiera resultado imposible para la gran mayoría de los bancos a los que los reguladores de todo el mundo querían aplicar el nuevo régimen.

En segundo lugar, se planteó la cuestión de si se debía permitir que los bancos que disponían de sistemas de gestión del riesgo más sofisticados pudieran funcionar con niveles inferiores de capital. ¿Era razonable incentivar a los bancos para que introdujeran sistemas más sofisticados permitiéndoles mantener una reserva de capital inferior a las de otros bancos con balances generales idénticos, pero con sistemas menos sofisticados?

En tercer lugar, se debatía la importancia del nivel total de capital en el sistema, además de su distribución. Una escuela de pensamiento sostenía que, dado que el nivel de capital existente en el sistema en general parecía ser el adecuado, permitir que éste se redujera sólo por la introducción de un nuevo sistema de valoración sería arriesgado. Otros afirmaban que si el nuevo sistema era más sensible al riesgo económico, los reguladores debían estar dispuestos a aceptar la lógica de los cálculos resultantes, por mucho que el capital agregado disminuyera.

En cuarto lugar, estaba claro que cuanto más sensibles al riesgo fueran los requisitos de capital mínimo, más sensibles serían también a la posición en el ciclo económico y, por lo tanto, los bancos tendrían más probabilidades de actuar de manera que reforzaran el propio ciclo. Así pues, se planteó la cuestión de cómo debían adaptarse los reguladores a la «prociclicidad» resultante.

Por último, había aumentado el número de partes interesadas que exigían dividendos. Los legisladores de Estados Unidos y de la UE se acababan de dar cuenta de que quienes negociaban los acuerdos que esperaban traspasar a las legislaciones nacionales eran funcionarios no electos. Esto se daba especialmente en Estados Unidos y en Alemania. Los políticos alemanes estaban muy preocupados por las implicaciones de un nuevo acuerdo sobre los créditos bancarios a pequeñas empresas, porque temían que pareciera más arriesgado y que, por lo tanto, necesitara de más respaldo de capital que en el pasado.

Además de los países del G10 que estaban directamente implicados en la negociación, había un mundo más amplio ahí fuera que había ido adoptando progresivamente la normativa establecida por el Comité de Basilea, a la que tomaban como punto de referencia en la medida de lo posible, aunque con algunos ajustes en función de las circunstancias locales.

Como el trabajo que se hacía en Basilea parecía marcar el camino a seguir para el resto del mundo, el Comité de Basilea tuvo que establecer estructuras nuevas. No obstante, los gobernadores del G10 se mostraban reticentes a admitir nuevos miembros en el Comité.

La revisión del primer Acuerdo de Basilea conllevó un extenso proceso consultivo que se prolongó durante más de seis años. La incertidumbre respecto a las repercusiones que tendrían los cambios propuestos condujo a varias series de valoraciones del impacto previsto y a revisiones subsiguientes del borrador que contenía las propuestas. El objetivo de las nuevas disposiciones era reforzar la solidez y la estabilidad del sistema bancario internacional, pero manteniendo un nivel de coherencia suficiente para que la regulación sobre la adecuación de capital no fuera una fuente significativa de desigualdad competitiva entre los bancos activos en un contexto internacional. Finalmente, se acordó un paquete final de propuestas, conocido como Basilea II (año 2004).

El enfoque se basa en tres elementos complementarios, conocidos como «pilares». Son los siguientes:

Pilar I: requisitos de capital mínimo, basados en el examen de los riesgos y de los activos del banco. Los requisitos del pilar I comprenden capital suficiente para respaldar los riesgos de crédito, de mercado y operacionales.

Pilar II: revisión por parte de los supervisores. Comprende una valoración de la calidad de los sistemas, de los controles y de la gestión del riesgo de los bancos y puede dar como resultado un reajuste de los requisitos del pilar I, ya sea para aumentarlos o para reducirlos.

Pilar III: disciplina del mercado, que comprende normas más estrictas y detalladas sobre la divulgación de la información financiera y sobre la transparencia.

La revisión ha cumplido con el requisito básico de mantener el capital total en un nivel equivalente, como mínimo, al 8 % de los activos sopesados con el riesgo, con la estructura básica de la Enmienda sobre el Capital de 1996 y con la primera definición de capital necesario.

La principal innovación consiste en que se usan en mayor medida los sistemas internos de valoración de riesgos de los propios bancos a la hora de calcular el capital. Se ha introducido una serie detallada de requisitos mínimos, diseñada para garantizar la integridad de estas valoraciones internas de riesgo. Esto deja a los supervisores la tarea de decidir cómo se determina que un banco está preparado para usar sistemas internos como parte del sistema regulador.

Los bancos disponen de una serie de opciones para alcanzar los requisitos de capital para el riesgo de crédito y el riesgo operacional, lo que permite que tanto entidades bancarias como supervisores seleccionen la técnica más adecuada en función de sus operaciones y de su infraestructura para el mercado financiero. Los bancos pueden escoger lo que se conoce como «enfoque estándar» (que se considera más apropiado para los bancos que no disponen de modelos propios de riesgo sofisticados) o uno de dos enfoques que se basan en la utilización de clasificaciones internas: el sistema de *rating* básico y el sistema de *rating* avanzado. Lamentablemente, como estos tres enfoques se consideran indicadores del nivel de sofisticación, hay países que han impuesto el sistema avanzado, a pesar de que su sistema bancario no está preparado para ello.

Se fundó un Grupo de Aplicación del Acuerdo para favorecer la coherencia en la aplicación de la estructura y facilitar que los supervisores intercambiaran información sobre los métodos de aplicación. Se otorgó a los supervisores nacionales la gran responsabilidad de liderar una mayor cooperación entre los supervisores del país de origen del banco y los de los países anfitriones, indispensable para que la aplicación fuera efectiva. El Grupo de Aplicación del Acuerdo ha desarrollado disposiciones prácticas para la cooperación y la coordinación, que pretenden reducir la carga que supone la aplicación para los bancos y conservar los recursos supervisores.

La estructura establece requisitos de capital *mínimo* para bancos activos internacionalmente. Las autoridades nacionales son libres de adoptar normas que marquen niveles más elevados de capital mínimo o de aplicar otras medidas de capital suplementario, como el coeficiente de apalancamiento o límites amplios de exposición al riesgo. Así se pretende afrontar, por ejemplo, la posible incertidumbre en la medida de la exposición de riesgo inherente a cualquier norma sobre capital o limitar el alcance del endeudamiento en que puede incurrir una organización.

Al menos cien países tienen la intención de aplicar Basilea II, en fechas distintas.[2] En la Unión Europea, ya está incorporada en la Directiva sobre Requisitos de Capital. Sin embargo, a pesar de que el Comité llegó a un acuerdo tras largas negociaciones, que incluyeron a la UE, el hecho de que las partes interesadas estadounidenses no se implicaran a tiempo ha dificultado que el acuerdo se aplique allí sin tropiezos, ya que se han reabierto muchos puntos de debate. Esto es consecuencia, en parte, del amplio abanico de modelos empresariales que el acuerdo pretende incluir, aunque esto puede decirse, por lo general, de todas las jurisdicciones. Algunas de las cuestiones que

2. <http://www.Basel2implementation.com>.

han reaparecido y que se han intensificado debido a la rivalidad entre los reguladores son, entre otras, el deseo de algunos reguladores de impedir que el capital se reduzca por debajo de los niveles actuales, o bien marcando unos mínimos, o bien usando coeficientes de apalancamiento, a pesar de que no son sensibles al riesgo. Se ha producido un intenso debate sobre si se debería permitir a los bancos estadounidenses escoger entre todo el abanico de enfoques que se ofrecerán en otras jurisdicciones o si, por el contrario, deberían usar una versión de Basilea I, conocida como Basilea IA, hecha a medida y más sensible al riesgo.

Al mismo tiempo, y como era de esperar, los bancos internacionales que operan tanto en Estados Unidos como en otros países se han opuesto a que los estadounidenses siguieran una normativa diferente, porque eso elevaría los costes de aplicación, al igual que lo hacen las distintas escalas temporales. Los cuatro reguladores bancarios de Estados Unidos no alcanzaron un acuerdo para aplicar Basilea II en el país hasta julio del año 2007. Acordaron que las normas para la aplicación del enfoque avanzado debían mantener la mayor coherencia posible con los enfoques internacionales y también que se aplicarían en fases progresivas, que reducirían los límites de capital sucesivamente, basándose en procesos de revisión. También acordaron ofrecer a los bancos menores la posibilidad de adoptar un enfoque estandarizado bajo el Acuerdo de Basilea II y abandonar el tan debatido Basilea IA.

Además del proyecto específico para establecer requisitos de capital, el Comité trabajó para fomentar una normativa de supervisión sólida en todo el mundo, mediante la elaboración de unos «Principios Fundamentales de Supervisión Bancaria». Se adoptaron por primera vez en 1997 y pretendían proporcionar un modelo completo de sistema regulador efectivo. Las sucesivas crisis financieras latinoamericanas, rusas y asiáticas revelaron los puntos débiles de la estructura de supervisión bancaria general, que fue una de las causas principales de dichas crisis. Algunos de estos puntos débiles fueron las faltas de independencia, de autoridad y de recursos por parte de los supervisores. En parte, todo ello era el resultado de usar herramientas de supervisión inadecuadas. Se organizó un Grupo de Enlace para fomentar que los países aplicaran los Principios Fundamentales y se desarrolló una metodología que permitía valorar el nivel de cumplimiento de cada país.

En la actualidad, se vuelve a discutir la posibilidad de establecer una normativa para la gestión de los riesgos de liquidez, un área en la que, durante mucho tiempo, ha sido muy difícil alcanzar un acuerdo sobre un enfoque único y que sigue siendo una parte olvidada de la estructura. Es posible que contar con capital suficiente no baste para mitigar una crisis de liquidez y, quizás, puede llegar a proporcionar una sensación de falsa seguridad. Históricamente, siempre ha habido un desajuste entre la gestión global de la liquidez por parte de los grupos financieros y la pauta dictada por la regulación local. De hecho, las regulaciones locales pueden llegar a aumentar la probabilidad de que aparezcan problemas en entidades concretas o problemas sistémicos transnacionales y pueden reducir la eficiencia de la gestión consolidada del riesgo de la liquidez. Es necesario que los reguladores de los países de origen de los bancos y los de los países anfitriones se coordinen y que las disposiciones de los distintos bancos centrales también coordinen sus enfoques a la hora de establecer garantías para los créditos. Simultáneamente, esos acuerdos deben prever lo que pasaría, o podría pasar, en caso de insolvencia.

La propia industria se esfuerza para contribuir a encontrar respuestas a estos interrogantes y el Instituto de Finanzas Internacionales (IIF)[3] ha desarrollado los Principios para la Gestión del Riesgo de Liquidez, con el objetivo de permitir que se desarrollen prácticas individuales de gestión del riesgo y de evitar que los requisitos de capital cuantitativos y prescriptivos o de mayor envergadura compensen un mayor riesgo de liquidez. El Foro Conjunto (véanse las págs. 90-93) ha detectado grandes diferencias entre los requisitos nacionales, que no pueden atribuirse a ningún modelo de operaciones concreto; el Comité de Basilea, la Comisión Europea y el BCE estudian la manera de corregir esta situación.

Seguro de garantía para los depósitos bancarios

El riesgo de que los bancos quiebren y no sean rescatados ha llevado a los gobiernos a establecer programas para reembolsar las pérdidas de los depositantes particulares. El mundo de los seguros para depósitos bancarios está sorprendentemente dividido. Hay cuatro

3. <http://www.iif.com>.

cuestiones distintas, aunque solapadas, sobre las que distintos países han adoptado posturas significativamente diferentes.

La primera cuestión es si, para empezar, se deben instaurar o no programas de protección para los pequeños depositantes. Estados Unidos ha contado con la Corporación Federal de Seguros de Depósitos (FDIC), que tiene una función destacada desde las quiebras bancarias que tuvieron lugar durante los años de la Depresión. Se fundó en 1933 y afirma con orgullo que, desde entonces, «ningún depositante ha perdido un solo centavo de los fondos asegurados como consecuencia de una quiebra».[4] La mayoría de los demás países desarrollados también cuenta con programas de seguros de depósitos bancarios de un tipo u otro. La Unión Europea ha establecido un seguro de garantía para los depósitos bancarios de, aproximadamente, 36.750 euros por depositante individual. Sin embargo, hay países como Australia y Singapur que se han opuesto desde siempre a la existencia de programas de seguros de depósitos, basándose en los argumentos del libre mercado según los cuales estos programas fomentan que los bancos no gestionen bien sus riesgos y suponen un peligro moral. También hay varios países en vías de desarrollo donde se considera que el sistema bancario aún no está lo suficientemente maduro para permitir que se instaure un nivel significativo de protección para los depósitos bancarios de los pequeños depositantes.

A pesar de que la tendencia internacional se dirige cada vez más hacia la creación de programas de seguros para los depósitos bancarios, los países siguen divididos en lo que respecta a tres cuestiones más. La primera de ellas es si debería incluirse en el esquema algún elemento de coaseguro, es decir, si el programa de depósitos debería garantizar el 100 % de los depósitos hasta un nivel determinado, o si se debería exigir a los depositantes que asumieran parte del riesgo para fomentar la disciplina del mercado e impedir que los depositantes dividan sus ahorros en bloques y así poder tenerlos completamente asegurados. Estados Unidos se posiciona claramente en este debate: la FDIC asegura íntegramente los primeros 100.000 dólares de todos los depositantes. Gran Bretaña se sitúa en el otro extremo y asegura íntegramente el 100 % de las primeras 2.000 libras de los depósitos, mientras que sólo garantiza el 90 % de las 33.000 libras restantes. Después de los problemas sufridos por

4. <http://www.fdic.gov>.

Northern Rock en el año 2007, se está revisando el sistema. La diversidad de las prácticas de los distintos países sobre esta cuestión es enorme. Teóricamente, contar con un elemento de disciplina para los depositantes resulta atractivo, pero la tolerancia política ante las pérdidas de los mismos es muy baja.

La segunda cuestión es si los depósitos deben estar garantizados por un fondo o, sencillamente, por un regulador con la potestad de imponer una cuota a los demás bancos en caso de quiebra.[5] En general, se representa mediante la diferencia entre contar con los fondos *a priori* o *a posteriori*. De nuevo, Estados Unidos y Gran Bretaña han llegado a conclusiones distintas. La FDIC cuenta con un fondo que, en la actualidad, suma unos 50.000 millones de dólares, que respaldan a más de 3 billones de dólares depositados en bancos estadounidenses. La FDIC invierte estos fondos principalmente en instrumentos de deuda pública estadounidense. En el caso de Gran Bretaña, no hay fondo alguno, y no lo ha habido nunca. Por supuesto, la existencia de un seguro de garantía para los depósitos es, en principio, de conocimiento público, pero no se publicita de la misma manera que en Estados Unidos, donde todas las cuñas radiofónicas de los bancos incluyen una referencia a que están cubiertos por la FDIC. El regulador británico tiene la capacidad de imponer una tasa a otros bancos para pagar las pérdidas de los depositantes en caso de quiebra. En los últimos años, estas quiebras han sido tan pequeñas que no han supuesto una gran carga para el sistema en general pero, aunque exista la posibilidad de obtener una gran recaudación de bancos potentes, se sigue prefiriendo un programa que obtenga los fondos *a posteriori* y se justifica diciendo que obtenerlos *a priori* ata el capital de maneras poco productivas. La práctica de esta cuestión en otros países es muy diversa y es imposible identificar un consenso, ni siquiera incipiente.

Por último, está la cuestión de si, además de la existencia de un seguro de garantía para los depósitos bancarios, se necesita una entidad independiente para mantenerlo y para supervisar a los bancos, con el objetivo específico de proteger el fondo del seguro. Los países que fundan *a priori* el seguro de garantía para los depósitos bancarios también suelen nombrar a un regulador para protegerlo, mientras que

5. Foro sobre Estabilidad Financiera, «Guidelines for Developing Effective Deposit Insurance Systems», septiembre de 2001, <http://www.fsforum.org>.

los países que lo fundan *a posteriori* afirman que no necesitan una supervisión específica para el seguro de los depósitos y que el régimen normal de supervisión prudencial ya es suficiente. De nuevo, Estados Unidos y Gran Bretaña siguen caminos distintos. La FDIC cuenta con unos 4.500 empleados, en Washington y en todo el país. Examina y supervisa directamente a más de 5.000 bancos y cajas de ahorros, sin depender formalmente de ningún otro supervisor, como el Comité de la Reserva Federal, la Oficina del Controlador de la Moneda o los supervisores bancarios estatales. La existencia de un supervisor independiente para el programa de protección de los depósitos puede generar tensiones entre los distintos organismos. Una entidad que se preocupe únicamente de la gestión de un fondo para la protección de depósitos intentará que los bancos vulnerables se cierren pronto, mientras que un supervisor con un objetivo más amplio puede inclinarse por favorecer la tolerancia reguladora, con la esperanza de que la entidad recupere la estabilidad y se recapitalice. Estas tensiones ya se han observado en Estados Unidos.

El contraste con el régimen del Banco de Inglaterra anterior a la FSA no podría ser mayor. El Banco de Inglaterra ostentaba la responsabilidad del seguro de garantía para los depósitos bancarios británicos, pero el Programa de Protección de Depósitos existía sólo de manera virtual, excepto por un comité constituido por un par de banqueros comerciales. Contaba con medio funcionario y con una pequeña porción de una secretaria. El Banco de Inglaterra no veía la necesidad de establecer una supervisión independiente y confió en la labor de su departamento de supervisión y vigilancia habitual. Cuando se fundó la FSA, el gobierno decidió que la responsabilidad de administrar el seguro de los depósitos debía pasar al recién creado Esquema de Compensación de Servicios Financieros (FSCS), que también incluía los acuerdos previos para la protección de los asegurados en el sector de los seguros y el programa de compensación a los inversores en los mercados de valores. (En los ámbitos de la protección a los asegurados y de la compensación a los inversores aún quedan cuestiones parecidas por resolver, pero de momento no existen organizaciones internacionales en estas áreas.) Sin embargo, a pesar de que ahora existe una entidad independiente (aunque en calidad de filial íntegramente propiedad de la FSA, con independencia opcional), el FSCS depende exclusivamente de la supervisión de la FSA y no tiene ningún tipo de relación continua con los bancos.

Únicamente trataría directamente con ellos si se diera una quiebra, porque les impondría una cuota para obtener fondos *a posteriori*. El mantenimiento de este sistema es mucho más barato, pero se duda de que proporcione a los consumidores el nivel de seguridad necesario en momentos de crisis.

En este sentido, tampoco se ha llegado a un consenso internacional. En nuestra opinión, los regímenes con fundación a priori y con un regulador específico suponen pocos beneficios y un coste considerable a los países desarrollados con sistemas bancarios estables. En cambio, la fuerza de este argumento es distinta para algunos países en vías de desarrollo, donde la confianza en los bancos nacionales es escasa.

En 1999, el Foro de Estabilidad Financiera instauró un grupo de trabajo sobre los seguros para los depósitos bancarios. El grupo de trabajo entregó un informe en septiembre del año 2001 y propuso que se creara la Asociación Internacional de Aseguradores de Depósitos (IADI).[6] Dicha asociación se fundó en mayo de 2002 y, aunque se trata de una entidad legal autónoma, tiene su sede en el Banco de Pagos Internacionales en Basilea. La «visión» de la asociación consiste en «compartir con el mundo las experiencias con los seguros de depósitos bancarios». La entidad intenta conseguir este objetivo ofreciendo directrices para la organización de sistemas de seguros de depósitos y fomentando la cooperación internacional.

La organización está dominada por países partidarios de lo que podría denominarse el modelo norteamericano, lo que quizás es inevitable, dado que la creación de una asociación de aseguradoras de depósitos presupone la existencia de aseguradoras de depósitos independientes. Actualmente, consta de cuarenta y cuatro miembros, incluyendo a la FDIC estadounidense y las aseguradoras de depósitos canadiense, francesa y japonesa. Por el contrario, el FSCS de Gran Bretaña, los alemanes, los italianos y los españoles, por ejemplo, no son miembros. Hasta la fecha no han encontrado un beneficio que justifique adherirse a una organización que presupone un modelo del que no son partidarios. Como los miembros se decantan por los países en vías de desarrollo, la estructura organizacional de la IADI refleja ese predominio. Hasta el momento, la asociación se ha centrado en proporcionar orientación técnica a los países que de-

6. <http://www.iadi.org>.

sean implantar programas de seguros para depósitos bancarios y ha preparado un estudio muy útil sobre la práctica internacional, que pone de manifiesto la actual diversidad de opiniones.

En enero de 2006, un estudio titulado «Guías generales para fomentar interrelaciones efectivas entre los participantes en la red de seguridad financiera» hizo poco más que exhortar a los países a que valoraran la necesidad de una estrecha cooperación y coordinación transfronteriza, al tiempo que admitía la «posibilidad de que se den resoluciones conflictivas» y las dificultades de la interfaz generada por la existencia de disposiciones legales e institucionales diferentes en los distintos países.

La IADI no se ha enfrentado a las cuestiones prácticas de cómo gestionaría la quiebra de un banco importante que operara a gran escala en varias jurisdicciones. No está en posición de hacerlo, dada su parcial cobertura del globo y la diversidad de los países miembro. Pero se trata de un asunto que genera cada vez más preocupación en la UE, especialmente en los países donde los bancos extranjeros constituyen una parte importante del sistema bancario.

Sistemas de pago y de liquidación

Los sistemas de pago y de liquidación son la estructura fundamental de los mercados financieros mundiales. Son necesariamente complejos y sofisticados, al igual que los mecanismos que los supervisan.

Tal y como sugiere el propio nombre del BPI, en el núcleo de la colaboración bancaria internacional se encuentran los acuerdos técnicos básicos que establecen los pagos entre bancos y la compensación y liquidación de transacciones con divisas y con valores. Si los mecanismos no fueran sólidos, o fallaran, aunque fuera por un brevísimo espacio de tiempo, los mercados financieros transfronterizos podrían desestabilizarse inmediatamente, lo que transformaría el perfil de riesgo de los participantes y ejercería un efecto adverso instantáneo en el sector no financiero.

Desde 1980, se ha trabajado para corregir los posibles problemas internacionales en lo que respecta a la solidez y la eficiencia de estos sistemas. El Comité de Sistemas de Pago y Liquidación (CSPL) es un foro de bancos centrales bajo los auspicios del BPI y se ha transformado en un organismo normativo de ámbito mundial. En 2001, emitió los «Principios fundamentales para sistemas de pago de importancia sistémica»,[7] que marcan el modo en que estos sistemas, que gestionan pagos interbancarios de gran valor, pueden protegerse del riesgo a sí mismos y, por lo tanto, también a los mercados financieros de perturbaciones sistémicas subsiguientes.

El CSPL y la OICV publicaron, también en 2001, las «Recomendaciones para el sistema de liquidación de valores», que cubren el diseño, el funcionamiento y la supervisión de los sistemas de liquidación de valores y fomentan la aplicación de medidas para mejorar la seguridad y la eficiencia de los sistemas, tanto en un ámbito nacional como internacional. En el año 2004, publicaron sus «Recomendaciones para homólogos internacionales», para abordar los principales tipos de riesgo a que se enfrentan los homólogos centrales, es decir, las entidades que se interponen entre las partes de una transacción financiera, convirtiéndose en el comprador del vendedor y en el vendedor del comprador.

Todas estas normas pretenden reducir el riesgo de fallo en la estructura básica del sistema financiero, que otros aspectos de la regulación tienden a dar por sentado. Aunque se trata de normativas complejas, no suelen dar lugar a las controversias políticas y de distribución que aparecen en otras áreas, lo que facilita en cierta medida la consecución de acuerdos internacionales.

BLANQUEO DE DINERO: EL GRUPO DE ACCIÓN FINANCIERA INTERNACIONAL (GAFI)

Sin ser conscientes de ello (o siéndolo), las instituciones financieras son utilizadas como intermediarias para la transferencia de depósitos o de fondos obtenidos mediante actividades delictivas. Los delincuentes y sus socios se valen del sistema financiero para efectuar pagos y transferir fondos de una cuenta a otra; para esconder el origen y la propiedad del dinero; y para almacenar papel moneda o valores en cajas de seguridad. Estas actividades, asociadas a grandes males sociales, como el tráfico de drogas, la corrupción, el tráfico de armas o la financiación de grupos terroristas, se conocen

7. <http://www.bis.org/cpss>.

con el nombre de blanqueo de dinero. Los bancos son los conductos más habituales, aunque también se han realizado malversaciones mediante otros tipos de entidades financieras.

Las autoridades se esfuerzan desde hace mucho tiempo en impedir que se use a los intermediarios financieros con este propósito. En un principio, los esfuerzos venían de manos de los agentes del orden y de las autoridades judiciales nacionales.

Las entidades financieras argumentan con frecuencia que no son más que agentes pasivos en el blanqueo de dinero y que no se puede esperar que conozcan los motivos subyacentes a la miríada de transacciones que llevan a cabo sus clientes. Incluso los propios supervisores bancarios afirman que su función principal consiste en garantizar la solidez general del sistema bancario y no en asegurarse de la legitimidad de las transacciones concretas de los clientes de los bancos.

Sin embargo, la dimensión cada vez más internacional del crimen organizado y de los esfuerzos por ocultar las ganancias de la corrupción ha generado una gran presión política para que se afronte el problema internacionalmente. También se ha hecho evidente que sería mucho más fácil conseguir resultados si los bancos y otros intermediarios financieros buscaran activamente minimizar la posibilidad de que el sistema financiero se use de este modo. Los propios bancos empezaron a preocuparse por la posible pérdida de la confianza del público debido a la publicidad negativa resultante de la asociación involuntaria con delincuentes. Como resultado de ello, el Comité de Basilea decidió promulgar en 1988 algunos principios para ayudar en la lucha contra el blanqueo de dinero.

Esos principios eran bastante generales y alentaban a las direcciones de los bancos a poner en marcha procesos efectivos que garantizaran la adecuada identificación de todas las personas que realizaran transacciones con ellos; que no se completaran las operaciones que no parecieran legítimas; y a que se colaborara con los organismos de orden público.

La preocupación por el blanqueo de dinero siguió aumentando y la cumbre del G7 de 1989 instauró el Grupo de Acción Financiera Internacional (GAFI), que incluía al G7 y a ocho países más, además de la Comisión Europea.[8] Se otorgó al GAFI la responsabilidad

8. <http://www.fatf-gafi.org>.

de estudiar las técnicas y las tendencias de blanqueo de dinero, de revisar las actuaciones que ya se habían emprendido en los ámbitos nacional e internacional y de establecer qué medidas había que emprender para combatir el blanqueo de dinero. En 1989, el GAFI presentó un informe que contenía Cuarenta Recomendaciones, que pretendían proporcionar el plan de acción exhaustivo que se necesitaba para luchar contra el blanqueo de dinero. Desde entonces, la participación ha aumentado hasta los treinta y tres miembros actuales. El GAFI ha actualizado las Cuarenta Recomendaciones para adaptarse a los cambios que se han ido introduciendo en las técnicas de blanqueo de dinero y de financiación terrorista, y ha llevado a cabo varias rondas de evaluación mutua en las jurisdicciones de los países miembro.

Las normas del GAFI comprenden los siguientes aspectos: identificación de los clientes, control continuo de las cuentas y de las transacciones, registros actualizados y comunicación de transacciones sospechosas, controles y autorías internas, principios de integridad, y cooperación entre los supervisores y otras autoridades competentes.

En paralelo al trabajo del GAFI, el Foro Conjunto (véanse las págs. 90-93) coordina el trabajo de los supervisores de bancos, seguros y valores en este ámbito.[9] Esta coordinación transectorial es necesaria, porque, teniendo en cuenta que las instituciones de cada sector ofrecen los mismos servicios, las medidas contra el blanqueo de dinero y la financiación del terrorismo también han de ser razonablemente coherentes; de no ser así, los fondos de los delincuentes tenderían («arbitraje delictivo») a fluir hacia instituciones pertenecientes a sectores con normativas menos estrictas. Al mismo tiempo, las variaciones en la pauta de las relaciones entre las instituciones y los clientes requieren que cada sector adapte la normativa a sus características.

Estas medidas se han incorporado de manera general a las legislaciones y las normativas nacionales cuentan con requisitos cada vez más específicos y exigentes, según ha ido aumentando la preocupación del público por las actividades delictivas y terroristas. Especialmente desde el 11 de septiembre de 2001, se ha producido un

9. Foro Conjunto, «Initiatives by the BCBS, IAIS and IOSCO to combat money laundering and the financing of terrorism», junio de 2003, <http://www.vis.org/bcbs/jointforum.htm>.

malestar creciente en cuanto a si los resultados en términos de actos delictivos frustrados o de ataques terroristas impedidos justifican el coste y la burocracia que deben soportar tanto los bancos como sus clientes. En concreto, hay dudas considerables acerca de si las autoridades del orden público disponen de la capacidad de analizar la gran cantidad de informes que reciben acerca de transacciones sospechosas y de poder actuar en consecuencia. Los clientes particulares también se sienten frustrados por la gran cantidad de requisitos asociados a la apertura de cuentas y a las nuevas inversiones. De todos modos, mientras la amenaza terrorista siga siendo tan intensa y siga siendo evidente que se pueden financiar actos terroristas con cantidades de dinero relativamente pequeñas, lo más probable es que estas obligaciones (al igual que la intrusiva seguridad de los aeropuertos) sigan vigentes. Su efectividad sigue siendo dudosa: se han llevado a cabo pocos juicios por las actividades delictivas detectadas gracias a los informes de actividades sospechosas presentados por los bancos.

Mercados de valores

Organización Internacional de Comisiones de Valores (OICV)

El organismo equivalente al Comité de Basilea en los mercados de valores es la Organización Internacional de Comisiones de Valores (OICV).[10] Hasta ahora, la OICV ha tenido un perfil menos destacado que el Comité de Basilea. En parte, porque las cuestiones transfronterizas a que se enfrentan los reguladores de valores no han sido tan fundamentales como las que se han tenido que resolver en el sector bancario y, también, porque tratan con aspectos de las transacciones no tan omnipresentes, como la gestión del riesgo general o los coeficientes de capital que dicta Basilea. Es posible que también se deba a que los reguladores de los mercados de valores consideraron, en un principio, que tenían la obligación de proteger aquellas características de sus mercados nacionales que creían que ofrecían alguna ventaja competitiva concreta, y no descubrieron hasta más

10. <http://www.iosco.org>.

adelante que se necesitaban los unos a los otros para conseguir que las normas se cumplieran más allá de las propias fronteras y para diseñar enfoques que les permitieran enfrentarse a los retos inherentes a todos los mercados. (Sloan y Fitzpatrick lo explican más detalladamente en su artículo sobre la estructura de la regulación de los mercados internacionales y la Ley de Mercados Financieros y de Valores Internacionales.)[11] Esto está cambiando en la actualidad, porque los mercados de valores están dominados por un pequeño número de intermediarios globales y las propias bolsas forman parte de grupos internacionales más amplios. La adquisición de Euronext, que ya comprendía los mercados nacionales de Francia, Holanda, Bélgica y Portugal y el mercado de futuros de Gran Bretaña, por parte de la Bolsa de Nueva York en 2007 acentúa la importancia de los acuerdos internacionales acerca de la naturaleza de la regulación del mercado de valores y derivados. Posteriormente, NASDAQ pujó por OMX, el operador escandinavo y báltico, mientras que la Bolsa de Londres adquirió la Bolsa italiana. Es muy probable que el proceso de consolidación del mercado de valores prosiga.

La propia OICV creció a partir de una asociación de las comisiones de los mercados de valores de América, establecida en 1974. En una conferencia celebrada en Quito en 1983, se acordó que otros países pudieran unirse a la organización y que ésta se convirtiera en un organismo mundial. Al año siguiente, Gran Bretaña, Francia, Indonesia y Corea del Sur fueron los nuevos países que se unieron. Desde entonces, prácticamente todos los reguladores de mercados de valores se han ido uniendo a la OICV. Los paraísos fiscales, los reguladores secundarios en el mismo país que los miembros de pleno derecho, como, por ejemplo, la Comisión del Mercado de Futuros de Materias Primas (CFTC), y otros afiliados, como las propias bolsas, tienen el estatus de miembro asociado.

La organización de la OICV es más democrática y representativa que la del Comité de Basilea. Todos los miembros forman parte del Comité de Presidencia, que debe ratificar los acuerdos y los códigos, mientras que el Comité Ejecutivo, que supervisa la Secretaría General y las finanzas de la organización, es elegido por votación y sus miembros cambian cada cierto tiempo. Por el contrario, el grupo

11. «The Structure of International Markets Regulation», capítulo 13, pág. 455, en *Financial Markets and Exchange Law*, Oxford University Press, marzo de 2007.

GRÁFICA 4. ESTRUCTURA DE LA OICV

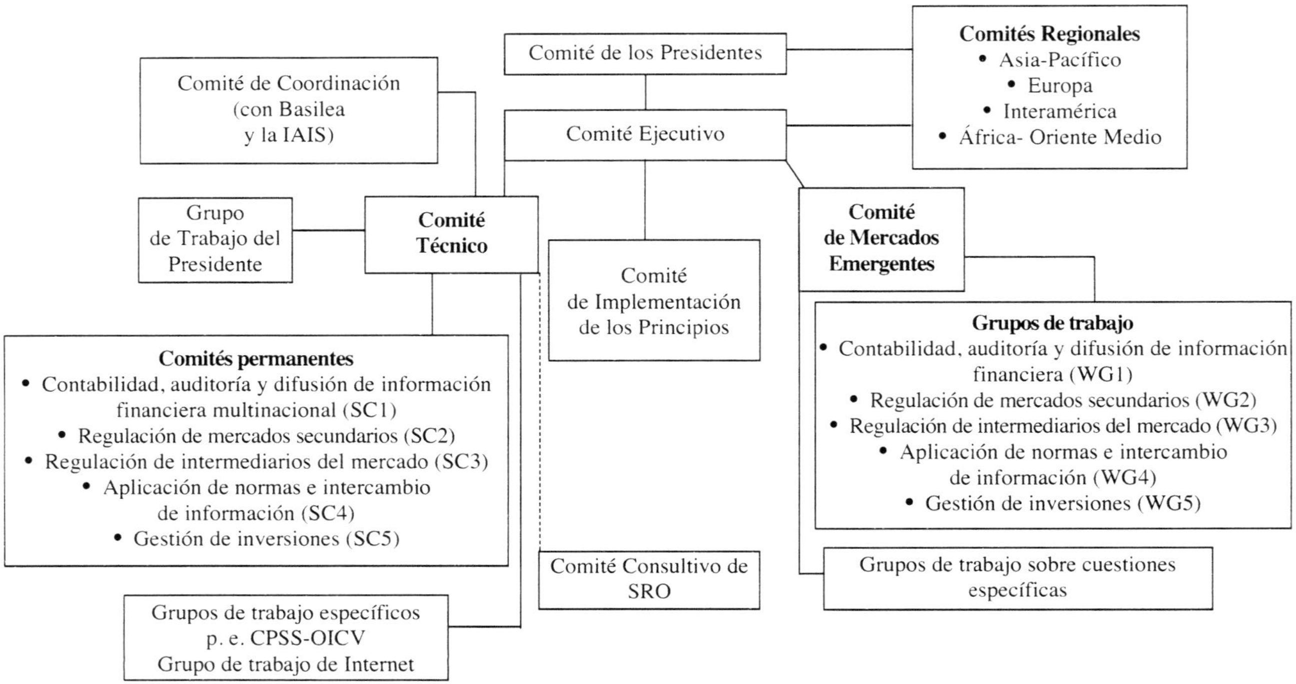

Fuente: adaptado con autorización de Sloan y Fitzpatrick, «The Structure of International Market Regulation», en *Financial Markets and Exchanges Law*, Oxford University Press, marzo de 2007, capítulo 13.

de la OICV que más se parece al Comité de Basilea, el Comité Técnico, es un grupo permanente cuya organización y cuyos miembros recuerdan los orígenes americanos de la organización. Estados Unidos cuenta con dos miembros, la SEC y la CFTC, al igual que Canadá, cuyas comisiones de Ontario y de Québec ocupan dos asientos distintos. De todos modos, el Comité de la OICV ofrece una representación algo más amplia que el de Basilea. Hong Kong y México son miembros del Comité y el presidente del Comité de los Mercados Emergentes de la OICV asiste como miembro de pleno derecho. Bajo estos comités de jerarquía superior hay una compleja red de subgrupos (véase la gráfica 4).

El Comité Técnico ha desarrollado la mayoría de las políticas reguladoras de la OICV a lo largo de los años, gracias a la intensa y detallada labor de los comités permanentes que trabajan para él. En la actualidad, son cinco: Contabilidad, auditoría y difusión de información financiera multinacional, Regulación de mercados secundarios, Regulación de Intermediarios del mercado, Aplicación de normas e intercambio de información y Gestión de inversiones.

La gran diversidad de los miembros que la integran, además del hecho de que los presidentes de los reguladores de los mercados de valores suelan ostentar el cargo durante menos tiempo que los gobernadores o los jefes de supervisión de los bancos centrales, ha dificultado que la OICV pueda alcanzar consensos, incluso en materias mucho menos complejas que los acuerdos de Basilea y, en consecuencia, acordar normativas que mejoren la calidad de la regulación internacional de los mercados de valores. En ocasiones, se han dado tensiones entre los representantes de los países emergentes y los de otros países. Un ejemplo de ello se produjo cuando la organización intentó analizar qué sucedió en la crisis financiera asiática y, en especial, qué función habían desempeñado los fondos de inversión libre. A pesar de todo, durante los últimos años la organización ha alcanzado logros significativos.

La OICV describe del siguiente modo los objetivos de sus miembros:

- Cooperar para promover modelos normativos de alta calidad, con el fin de mantener mercados justos, eficaces y sólidos.
- Intercambiar información acerca de sus experiencias respecti-

vas, con el fin de promover el desarrollo de los mercados nacionales.

- Aunar esfuerzos con el fin de establecer modelos normativos para una supervisión efectiva de las transacciones internacionales en los mercados de valores.
- Proporcionar apoyo mutuo para fomentar la integridad de los mercados mediante una aplicación rigurosa de la normativa y mediante su ejecución efectiva frente a las infracciones.

Este tipo de afirmaciones genéricas dan lugar a muchos interrogantes. ¿Qué quiere decir «mercados justos, eficaces y sólidos»? ¿Qué es la «supervisión efectiva»? ¿Cómo definimos la integridad de los mercados?

En un intento de responder a estas preguntas con mayor precisión, la OICV acordó en 1998 un exhaustivo conjunto de objetivos y de principios de la regulación de los mercados de valores, que se conocen como los Principios de la OICV y que ahora se aceptan como los puntos de referencia de la regulación internacional de los mercados de valores. El FMI los ha usado desde 1999 a la hora de llevar a cabo sus programas de valoración del sector financiero, a pesar de que la propia OICV no estableció una metodología de valoración para evaluar la aplicación de los principios en países concretos hasta 2003, cuando se revisaron también dichos principios.

El segundo pilar del universo de la OICV es el protocolo multilateral de intenciones (MOU, por sus siglas en inglés) adoptado en el año 2002. A pesar de que hay muchas circunstancias en las que los mercados de valores compiten entre ellos para obtener transacciones móviles, por lo que los reguladores no siempre desean estandarizar la normativa internacional, la creciente preocupación a causa del fraude internacional en los mercados de valores u otros tipos de mala conducta ha proporcionado a los reguladores un gran incentivo para colaborar entre ellos. Muchos pares de países ya habían acordado en el pasado MOU bilaterales sobre el intercambio de información, pero entonces no disponían de una estructura estandarizada en la que incluirlos, por lo que se llegó a un mosaico de MOU confuso, con protocolos que eran muy difíciles de aplicar con eficacia y rapidez en caso de que se tuviera que llevar a cabo una investigación de transacciones dudosas. En muchos casos, lo único que sigue a la firma del MOU es una copa de champán, y el documento pasa a ser archivado rápidamente bajo llave, pero además, durante los últimos años, ha habido ocasiones en que la falta de una estructura sólida para el intercambio de información ha dificultado que se ejecutaran efectivamente. En algunos países, la ley exige a los reguladores que impongan una obligación de confidencialidad a otros organismos a los que pasan información. En muchos casos, las diferencias nacionales en cuanto a libertad de información, protección de datos y regímenes de difusión de información financiera no encajan bien. Y esto constituye una debilidad considerable en un momento en que los mercados de valores son cada vez más internacionales.

El MOU multilateral de la OICV fue un intento audaz de crear una estructura estandarizada que facilitara el flujo de información. Sin embargo, la inclusión de nuevos signatarios en este MOU ha sido muy lenta. Los miembros de la OICV no se comprometieron a alcanzar una cobertura más amplia hasta el año 2005, y fijaron el año 2010 como fecha para ello. A finales del año 2006, sólo treinta y cuatro de los ciento ocho miembros de pleno derecho de la OICV habían firmado el MOU. La dirección de la OICV empezó a dar muestras de frustración por la lentitud del progreso. La presidenta del Comité Ejecutivo, la neozelandesa Jane Diplock, declaró lo siguiente en octubre de 2006: «Francamente, es imperativo que los reguladores dispongan de mayor alcance internacional si pretendemos seguir siendo efectivos en los mercados de valores globalizados».[12] Éste fue otro ejemplo de la dificultad que entraña lograr acuerdos en una organización que se basa en el consenso y que sólo depende de los esfuerzos de sus miembros individuales para que los principios y los códigos de la OICV se apliquen en el ámbito nacional.

En conclusión, a pesar de que la OICV ha llevado a cabo una tarea muy útil de naturaleza comparativa, por ejemplo sobre la regulación (o falta de la misma) de los fondos de inversión libre en las distintas jurisdicciones, sobre las agencias de calificación crediticia o sobre las normas existentes para promover la independencia de los analistas de valores y de los auditores, la mayor parte del trabajo resultante es de carácter meramente descriptivo. Ha habido pocas oca-

12. Jane Diplock, «Securities Regulation: An International Perspective», Comisión de Valores de Nueva Zelanda, presidencia, 17 de octubre de 2006, <http://www.sec.com.gov.nz>.

siones en que la propia OICV haya logrado una mejora de la normativa reguladora internacional. El compromiso poco entusiasta de la SEC (la Comisión de Valores estadounidense) con la OICV no siempre ha sido muy útil. Lo más habitual es que los presidentes de la SEC no hayan asistido personalmente al Comité Técnico, a pesar de que los organismos reguladores del resto de países suelen estar representados por sus presidentes. Indudablemente, esto ha restado prestigio al Comité. Por otro lado, el compromiso de la SEC ha tendido a depender del entusiasmo del representante concreto asignado a la reunión internacional.

También es justo decir que, durante los últimos años, los reguladores de los mercados de valores europeos han dado un mayor énfasis, y han contribuido con mayor entusiasmo, al desarrollo de acuerdos reguladores de alcance europeo en el Comité Europeo de Reguladores de Valores (CERV) [véase más adelante]. Sin embargo, ahora que la Bolsa de Nueva York posee cuatro mercados de valores y de derivados europeos, además del Mercado Internacional de Futuros Financieros de Londres (LIFFE), sin contar con otras fusiones internacionales que se están negociando, es posible que la OICV recobre vitalidad. Los acuerdos internacionales sobre el intercambio de información y modelos normativos tendrán más importancia práctica en el futuro, y la OICV podría proporcionar el foro donde alcanzar esos acuerdos, si los participantes principales lo permiten. La preocupación por que la regulación de los mercados estadounidenses esté perjudicando su propia competitividad también ha conducido a que Estados Unidos esté más abierto al diálogo sobre cuestiones internacionales.

Mercados de valores

Los mercados de valores también pueden ser miembros afiliados de la OICV y, de hecho, muchos de ellos lo son. También suelen unirse a su propia organización, la Federación Mundial de Bolsas (WFE), la antigua Federation Internationale des Bourses de Valeurs (FIBV). El nombre se cambió en el año 2001, para reflejar la expansión de los miembros, que ahora incluían los mercados de derivados.

La WFE no puede considerarse un organismo regulador propiamente dicho. No está representada en el Foro de Estabilidad Financiera. Los mercados miembro tienen responsabilidades reguladoras distintas. La mayoría de ellos llevan a cabo algún tipo de supervisión de primera línea de las pautas de las transacciones, pero algunos pasan la información sobre transacciones poco habituales a los organismos reguladores de valores para que emprendan acciones, mientras que otros cuentan con potestad investigadora y disciplinaria propia. La mayoría sigue teniendo responsabilidades en lo que concierne a las cotizaciones bursátiles, aunque cada vez se pasan más a manos de reguladores independientes.

Por lo tanto, la WFE es más una asociación comercial que un organismo regulador, aunque parte de su declaración de objetivos explica que su labor:

> Mejora la relación de cooperación con las autoridades supervisoras, con el fin de defender los beneficios de la autorregulación de primera línea de los mercados de valores dentro de una estructura reguladora total y del proceso de reconocimiento internacional mutuo.[13]

La WFE tiene cincuenta y siete miembros, entre los que ahora se incluye el NASDAQ, que no se adhirió hasta el año 2006. Se exige a los miembros que cumplan unas normas mínimas para ser considerados como un mercado de valores organizado, pero se trata de normas que suelen estar por debajo de lo que se les exigiría para ser reconocidos legalmente en la mayoría de países desarrollados. De todos modos, la WFE ha desempeñado, y sigue desempeñando, una función importante a la hora de mejorar los modelos normativos operacionales y reguladores en los mercados de valores de países en vías de desarrollo.

Agencias de calificación crediticia

Las agencias de calificación crediticia desempeñan un papel fundamental en los mercados de capital internacionales y proporcionan, potencialmente, la primera línea de defensa para los inversores. Casi todos los prestatarios importantes, ya sean corporativos o públicos, cuentan con una calificación de crédito, emitida por una de

13. <http://www.world-exchanges.org>.

las dos agencias más importantes, Moody's y Standard and Poor's. Las mismas agencias califican también instrumentos de deuda concretos, lo que incluye muchos derivados. Los reguladores usan a su vez las calificaciones para valorar la calidad de las carteras de los bancos o de las entidades de valores y determinar la reserva necesaria de capital asociado. Bajo Basilea II aumentará la importancia de estas calificaciones, especialmente en sus versiones más sofisticadas.

Las propias agencias no han sido objeto de la atención reguladora que se ha prestado a las entidades de valores o a los bancos. Únicamente han contado con cierta forma de reconocimiento oficial en Estados Unidos. En 1975, la SEC empezó a designar a algunas agencias como «organizaciones de calificación crediticia nacionalmente reconocidas» (NRSRO, por sus siglas en inglés). Había cinco NRSRO: AM Best (que cubre principalmente el mercado de los seguros), Dominion Bond (una entidad canadiense de calificación de bonos y obligaciones), y Fitch IBCA, además de las dos más importantes que ya hemos mencionado. Sin embargo, el estatus de agencia nacionalmente reconocida no trajo consigo la aprobación por parte de la SEC de las metodologías de calificación o una supervisión regular sobre el funcionamiento de las agencias. Y en otros países no había un registro comparable, aunque en algunos casos los reguladores han usado el estatus de reconocimiento concedido por la SEC para considerar que las agencias de calificación de crédito son adecuadas para proporcionar las calificaciones que usan en los requisitos de capital.

La quiebra de Enron en octubre de 2001 puso en el candelero a las agencias de calificación de riesgos y su trabajo. Hasta poco antes de quebrar, Enron tenía una calificación muy elevada. Se celebraron vistas en el Congreso y se presionó a las agencias para que explicaran por qué motivo no habían reducido antes la calificación de la empresa. Las agencias defendieron su postura, afirmando que la información que Enron les había proporcionado era insuficiente y, en algunos casos, fraudulenta. Pero esto no eliminó por completo la presión política. Se empezó a prestar atención al grado en que el mercado es un cómodo duopolio, a las elevadas barreras para la entrada y la falta de competencia efectiva, a la integridad de un proceso por el cual las empresas pagan por su propia calificación y a otras prácticas del mercado, como la descalificación de los derivados si los valores subyacentes no están calificados, lo que algunos consideran anticompetitivo. (La crisis *subprime* añadió más preocupaciones: respecto al grado de implicación de las agencias a la hora de asesorar a las entidades sobre cómo estructurar los créditos para lograr calificaciones más elevadas y respecto a la tardanza con que redujeron la calificación de esos créditos.)

Ante esta situación, los políticos estadounidenses argumentaron que las agencias debían estar bajo la supervisión directa de la SEC y que sus procesos internos debían controlarse de algún modo. Otros, incluyendo la propia SEC, eran reticentes a seguir esa vía, porque estaban preocupados por las implicaciones que podía tener la aprobación oficial de las calificaciones y la posible responsabilidad de los reguladores y del gobierno en caso de quiebra. Se produjeron tensiones entre quienes exigían más supervisión oficial y quienes creían que el sector público debía apartarse de ese tipo de supervisión, y que el verdadero problema era la existencia del estatus de NRSRO en Estados Unidos, que daba a entender la existencia de cierto grado de regulación oficial de las agencias sin proporcionarla realmente. Éste fue el incómodo dilema al que se enfrentaron los reguladores internacionales, especialmente en un momento en que los supervisores bancarios proponían, bajo Basilea II, que se confiara más que antes en la labor de las agencias de calificación de crédito.

Durante el período entre 2002 y 2006 se llevaron a cabo varios intentos de resolver este dilema, tanto en Estados Unidos como en el contexto internacional. Una de las cláusulas de la Ley Sarbanes-Oxley exigía que la SEC revisara el papel y las funciones de las agencias de calificación de créditos, así como el funcionamiento del mercado de capitales. Sin embargo, el primer informe de la SEC no aportaba ninguna conclusión clara respecto a una regulación futura. Las revisiones sobre la regulación de las agencias de calificación de riesgos en Europa ofrecieron parecidos veredictos poco concluyentes. La opinión mayoritaria entre los reguladores era que las propias agencias debían ser responsables de dirimir los conflictos de interés y de garantizar la integridad de sus análisis. La OICV publicó un código de conducta para las agencias de calificación de riesgos, en el que se establecían algunos principios útiles, pero no propuso ninguna actividad nueva a los reguladores.

Esto no satisfizo al Congreso de Estados Unidos y, tras un debate considerable, el presidente Bush ratificó la Ley de Reforma de las Agencias de Calificación de Riesgos en octubre de 2006, antes de las elecciones legislativas. La ley abolió el estatus de NRSRO, pero creó otro nuevo, el de organización de calificación estadística, otorgando a la SEC la autoridad de imponer requisitos a las agencias que desearan obtenerlo. Sin embargo, no le otorgaba autoridad reguladora sobre las metodologías de calificación de crédito que usaban las agencias. Cuando se aprobó, el senador Richard Shelby, el presidente saliente del Comité Bancario del Senado, afirmó que la ley resolvería los conflictos de intereses y la falta de competencia que habían imperado en el pasado en el sector de las agencias de calificación de crédito.

Aún no está claro en qué medida alterará esta ley el entorno en que operan las agencias. Standard and Poor's se opuso especialmente a la ley, pero ni ellos ni Moody's han parecido preocuparse en exceso por su aprobación. En cualquier caso, la SEC aún no ha explicado cómo piensa aplicar esta disposición legislativa, por lo que podrían aparecer tensiones en el futuro. Y las quiebras que aún no se han comunicado en el sector *subprime* aumentarán la presión para que la Comisión y otros reguladores adopten un enfoque más intrusivo en el futuro. Mientras tanto, en la UE prosigue el debate sobre los criterios para aceptar las valoraciones de las agencias de calificación como parte de la aplicación de Basilea II, y esto ha reavivado la preocupación sobre el posible conflicto que supone el hecho de que las agencias puedan ofrecer asesoramiento sobre cómo estructurar un instrumento que luego tendrán que calificar. En Europa también existe preocupación por la función que las agencias de calificación de créditos ejercen en el mercado de derivados: a instancias de Francia, el Foro de Estabilidad Financiera llevó a cabo una revisión de las prácticas del mercado en 2007. En agosto del mismo año, la Comisión efectuó otra revisión. Ciertamente, no podemos estar seguros de que la regulación de las agencias de calificación de créditos haya alcanzado un punto de reposo estable. Es muy probable que las consecuencias de la crisis de las *subprime* hayan alterado el equilibrio político a favor de una regulación más intrusiva en el futuro.

Regulación en el sector de los seguros

IAIS

Mientras que el Comité de Basilea se fundó en 1974 y la OICV en 1983, la Asociación Internacional de Supervisores de Seguros (IAIS) no se fundó hasta 1994.[14]

Los mercados de seguros siguieron conservando su carácter nacional durante más tiempo que los mercados de valores, y la exigencia de proteger los fondos que respaldan las pólizas de seguros de vida, que con frecuencia reciben el apoyo de condiciones fiscales especiales, reducía la probabilidad de que la quiebra de un fondo en un país concreto se contagiara más allá de sus fronteras. Por otro lado, la mayoría de los organismos supervisores de seguros formaban parte, históricamente, del Ministerio de Economía o, como en el caso de Gran Bretaña, del Ministerio de Comercio e Industria. Muchos de ellos no se habían constituido como autoridades autónomas e independientes, con capacidad para llevar a cabo su propia «política exterior», por decirlo de algún modo. En Estados Unidos, la regulación de los seguros sigue siendo competencia del Estado. La Asociación Nacional de Agentes de Seguros (NAIC) de Estados Unidos es una federación voluntaria de cincuenta comisiones, o superintendencias distintas, por lo que no está muy preparada para ejercer un liderazgo mundial (véanse las págs. 162-163).

En 1994, una masa crítica de países ya estaba dispuesta a reconocer que las interdependencias iban en aumento y que se necesitaba una asociación que tuviera capacidad para desarrollar principios y una orientación y para fomentar las buenas prácticas. Los objetivos son muy sucintos:

- Contribuir al proceso de mejora de la supervisión de los seguros, para proteger a los titulares de las pólizas.
- Fomentar que los mercados de seguros estén bien considerados.
- Contribuir a la estabilidad financiera mundial.

14. <http://www.iaisweb.org>.

Este último objetivo se añadió tras la creación del Foro de Estabilidad Financiera en 1999, que por primera vez incluyó a la IAIS en los debates que identificaron el impacto que posibles problemas en los mercados de seguros y de reaseguros podrían tener sobre la estabilidad financiera. Los reaseguros son los seguros de las aseguradoras. Mientras que todos los países regulan directamente las compañías de seguros que venden pólizas a los clientes, ya sean privados o corporativos, en el caso de los reaseguros hay países que regulan directamente y otros lo hacen indirectamente, mediante la regulación de los contratos de retrocesión entre las empresas de seguros y las de reaseguros. Y aún hay otros que no regulan en absoluto. (Véase «Mercados financieros y de reaseguros: informe del Grupo de los Treinta»,[15] publicado en 2006, para consultar un extenso debate sobre la regulación de los reaseguros. El Grupo de los Treinta es un organismo internacional sin ánimo de lucro que se estableció en 1978 y que está compuesto por altos cargos del sector de los seguros, tanto del ámbito privado como del público, y por académicos, que forman un grupo consultivo sobre cuestiones económicas y monetarias.)

La llegada del Foro de Estabilidad Financiera también ejerció un impacto más general sobre la IAIS, que se sintió estimulada para trabajar con mayor rapidez y energía en la elaboración de principios normativos y de códigos, los cuales empezó a usar el FMI en sus FSAP (véanse las págs. 122-128) a partir del año 2000. En la actualidad, la IAIS cuenta con un grupo de principios fundamentales, con una «hoja de ruta» para aplicarlos, con una «estructura» y con una serie de «convenciones» para su aplicación. Todas estas metáforas describen una gran cantidad de trabajo útil. No cabe duda de que el estatus de la IAIS ha mejorado recientemente y de que ha ampliado la cobertura de sus miembros. A finales del año 2006, la asociación representaba a ciento ochenta jurisdicciones en ciento treinta países (la diferencia refleja las cincuenta jurisdicciones independientes de Estados Unidos, una anomalía persistente), lo que supone una cobertura del 97 % de los ingresos mundiales por primas de seguros. Sin embargo, los reguladores de seguros aún no han adquirido totalmente el hábito de cooperar. Muchos regulado-

15. Grupo de los Treinta, «Reinsurance and International Financial Markets», Washington, 2006, <http://www.group30.org>.

res nacionales formaban (o forman todavía, en algunos casos) parte de ministerios gubernamentales que consideraban secundaria su función internacional.

La estructura de gobierno de la IAIS es bastante parecida a la de la OICV. La Reunión General de todos los miembros ostenta el poder máximo y un Comité Ejecutivo electo supervisa la labor de los comités de Aplicación y de Presupuesto. El Comité Técnico establece criterios reguladores y de supervisión mundiales mediante una serie de subcomités y de grupos de trabajo.

Los miembros de la IAIS han trabajado durante mucho tiempo para desarrollar principios fundamentales no vinculantes sobre la supervisión de seguros, parecidos a los que se han elaborado en Basilea y en la OICV. Son principios esenciales que se necesitan para que el sistema de supervisión sea efectivo, como los criterios para conceder licencias, los elementos clave de la supervisión continuada y los requisitos prudenciales. Para apoyar estos principios, se han establecido trece criterios de supervisión sobre una serie de temas como las licencias, las inspecciones *in situ*, los requisitos adecuados y necesarios y la evaluación tanto de los reaseguros que cubren a las aseguradoras primarias como de los riesgos de inversión. Los principios y los criterios están apuntalados por otra docena de documentos de orientación y por material formativo, diseñado para guiar a los supervisores. Los documentos abarcan temas tan amplios como la difusión de información financiera, la utilización de actuarios en el proceso de supervisión, la gestión del riesgo de inversión y la transferencia del riesgo.

La IAIS siguió al resto de supervisores y, en el año 2007, elaboró un Protocolo Multilateral de Intenciones sobre la Cooperación y el Intercambio de Información. A pesar de la separación histórica entre los mercados de seguros, ahora reciben la influencia de la creciente integración de los mercados financieros y de las cada vez más numerosas compañías de seguros activas en el área internacional. Al igual que otros MOU de este tipo, el Protocolo Multilateral no reemplaza a las legislaciones nacionales ni da lugar a obligaciones legalmente vinculantes, pero confía en la existencia de sistemas de confidencialidad estrictos, para proteger los intercambios de información.

De todos modos, los progresos para alcanzar criterios comunes a la hora de valorar la solvencia de los seguros han sido muy lentos, una debilidad que cada vez se ha hecho más evidente, frente a la inestabilidad y la volatilidad de la valoración de los riesgos, y frente a la mayor comprensión del nivel de fluctuación que puede alcanzar el valor de los activos.

En el año 2006, la IAIS acordó un plan para crear una estructura común para la valoración de la solvencia aseguradora. El primer paso consiste en mejorar la transparencia de los acuerdos actuales sobre la materia y de la situación financiera de las aseguradoras, y el siguiente en trabajar para alcanzar la convergencia de los regímenes de solvencia. La estructura de solvencia común, descrita en detalle en febrero del año 2007,[16] comprenderá tres bloques de material: conducta financiera, de gobierno y de mercado.

A diferencia de lo que ha sucedido en el sector bancario, gran parte de la labor concreta sobre modelos normativos y, especialmente, sobre solvencia se ha llevado a cabo en Europa. Cuando se ha alcanzado un acuerdo allí, es muy probable que, con el tiempo, dicho acuerdo se extienda hasta alcanzar un nivel global. El proyecto de la UE lleva el nombre de «Solvencia II» y consiste, esencialmente, en una amplia revisión de las directivas actuales («Solvencia I») que afectan a las aseguradoras y las reaseguradoras, tanto las que trabajan con seguros de vida como las que ofrecen seguros de otro tipo. La revisión se basa en la necesidad de actualizar requisitos que se establecieron hace ya treinta años. Se ha demostrado que el régimen actual no es lo suficientemente sensible al riesgo, hasta el punto de que en algunas jurisdicciones, como Gran Bretaña, se han tenido que instaurar regímenes adicionales que garanticen una valoración y una gestión del capital más realistas. Con la nueva estructura, se pretende conseguir que los requisitos de solvencia sean mucho más sensibles al riesgo y aplicar los avances más importantes en la gestión de este último, como las técnicas de modelado de capital.

Los supervisores de seguros han decidido que pueden adaptar la estructura que se ha desarrollado para el sector bancario a sus propias necesidades y tienen la intención de que, al igual que en Basilea, dicha estructura cuente con los tres pilares de los requisitos de capital mínimo, la revisión por parte de los supervisores y la difusión de información financiera. Cubrirá la convergencia de los pará-

16. The IAIS Common Structure for the Assessment of Insurer Solvency, febrero de 2007.

metros para valorar las provisiones técnicas para los pasivos y la aplicación de requisitos de capital más sensibles al riesgo, lo que incluirá un mayor reconocimiento de las técnicas de mitigación de riesgos. También cubrirá la utilización, por parte de las compañías, de modelos internos para calcular los requisitos de capital, y la potestad de los supervisores para exigir capital adicional con la cobertura del pilar II, después de haber llevado a cabo un proceso de revisión supervisora. Aún se tiene que llevar a cabo un trabajo considerable y es poco probable que se finalice y pueda aplicarse antes del año 2010.

Reaseguros

Se ha debatido durante largo tiempo si los reaseguros debían regularse o no; y, en caso afirmativo, cómo. Se trata de un elemento fundamental del sistema de seguros que, potencialmente, contribuye a la solidez de las aseguradoras primarias, ya que les permite reducir el nivel del riesgo que mantienen en su propio balance general y, por lo tanto, el impacto de sucesos adversos sobre su situación financiera. Al facilitar que las aseguradoras primarias diversifiquen la exposición al riesgo, les permite separar la apertura de pólizas de la composición de las carteras.

A pesar de la naturaleza global de las operaciones, que se concentran únicamente en ocho jurisdicciones, algunas de ellas paraísos fiscales, tradicionalmente la regulación, si es que ha habido alguna, se ha llevado a cabo en un ámbito nacional, con poca regularidad en el contacto entre jurisdicciones, lo que ha llevado a una gran dependencia de las agencias de calificación de riesgos como reguladores *de facto*. Esto ha generado preocupaciones sobre el grado en que la industria de los reaseguros es una fuente potencial de riesgo sistémico para el sistema financiero en su conjunto; sobre el papel de la titulización de activos y la relación entre los mercados de seguros y de capital; sobre la idoneidad de la transparencia de la industria y, de hecho, sobre la idoneidad de los sistemas de regulación.

Si bien el Grupo de Estudio del Grupo de los Treinta concluyó que, probablemente, algunas de estas preocupaciones eran exageradas, también llegó a la conclusión de que tanto la regulación como la transparencia podían mejorarse. En el año 2005, la UE aprobó una directiva sobre reaseguros que aporta mayor coherencia a la hora de valorar su solvencia. El G30 recomendó que, dada la naturaleza mundial del sector, los reguladores deberían desarrollar un enfoque regulador más armónico en todos los países. Recomendaban, en concreto, que los supervisores de todo el mundo adaptaran un enfoque que revisara la situación y las actividades de los grupos de reaseguros sobre una base consolidada, usando parámetros de capital basados en el riesgo. Aunque la probable ausencia de importancia sistémica y la naturaleza mayorista del sector implicaban que el régimen regulador no podía derivarse directamente del régimen bancario, una de las semejanzas entre el sector bancario y el de los reaseguros es la importancia que tiene para ambas industrias la estructura del grupo a la hora de gestionar el riesgo.

Una de las piedras angulares de la mejora de la regulación sobre seguros reside en adoptar criterios de contabilidad coherentes para los contratos de seguros, enmarcados dentro de la estructura de las Normas Internacionales de Información Financiera (véanse las págs. 98-101), para lo que aún quedan algunos años. Las prácticas contables actuales son muy diversas y suelen diferir de los enfoques contables en otros sectores. Resulta fundamental armonizar los criterios de valoración reguladora si se desean introducir criterios de solvencia, así como conseguir que las medidas de contabilidad, económicas y reguladoras del capital converjan.

Criterios actuariales

Poder llevar una contabilidad sólida depende de contar con una información actuarial fiable, ámbito en el que ha habido carencias importantes durante los últimos años, por ejemplo en el campo fundamental de la longevidad, en la que muchas aseguradoras (y fondos de pensiones) han subestimado el impacto del aumento de la esperanza de vida sobre su solvencia. En la actualidad no existen criterios técnicos actuariales de ámbito internacional que puedan aplicarse junto a los que se aplican en el ámbito de la contabilidad y de la auditoría, ni tampoco estructuras formales que puedan generarlos, aunque la Asociación Internacional de Actuarios (AIA) fomenta la cooperación entre las asociaciones de actuarios nacionales y marca algunos criterios en el ámbito formativo. Como los criterios técnicos actuariales son competencia de la profesión en la mayoría de jurisdicciones, no existe ningún organismo internacional independiente que los marque. De todos modos, en algunos países, como Gran Bretaña, se ha introducido la supervisión en interés público del proceso de introducción de criterios, y los pasos que se están dando, tanto allí como en otros países, para que los principios fundamentales lleven a establecer criterios actuariales tendrán que convertirse en un movimiento para generar criterios internacionales, especialmente porque los grupos aseguradores internacionales necesitan desarrollar un enfoque coherente para todo el conjunto a la hora de valorar y de medir el riesgo.

Estos criterios deberán aplicarse con una mayor objetividad, fiabilidad, relevancia y coherencia de lo que se han aplicado hasta la fecha en materia de definir conceptos actuariales básicos, como el valor, el riesgo y la previsión, lo que incluye la mortalidad. Si se llega a un acuerdo sobre la necesidad de criterios actuariales internacionales, que nosotros creemos imprescindibles, deberá crearse una estructura de supervisión para que proporcione una legitimidad adecuada, en términos tanto de independencia como de responsabilidad.

Organización Internacional de Supervisores de Pensiones

A pesar de que la solidez de la provisión de pensiones es de una importancia fundamental para las personas, su regulación no se ha desarrollado como una disciplina independiente en la misma medida que en los ámbitos de la banca, las inversiones o los seguros. Esto es así porque gran parte de la provisión de las pensiones la asumen directamente los gobiernos o vehículos de seguros o de inversión que suelen recibir el apoyo de beneficios fiscales especiales. De todos modos, hay muchos países en los que existen productos de pensiones de jubilación privados y que suelen estar sujetos a una regulación concreta, a veces por parte de uno de los otros reguladores financieros, especialmente los de seguros o los de productos prudenciales integrados, como en Holanda, pero también hay reguladores específicos, como el Regulador de Pensiones de Gran Bretaña (antes la Autoridad Reguladora de las Pensiones de Jubilación, OPRA), que no forma parte de la FSA.[17]

17. <http://www.thepensionsregulator.gov.uk>.

Debido al papel fundamental que desempeñan las disposiciones fiscales nacionales, la cooperación entre reguladores para gestionar cuestiones internacionales no resulta tan crucial como para otros reguladores; de todos modos, se ha detectado la necesidad de una organización internacional que proporcione un foro mundial para el diálogo sobre políticas de actuación. La Organización Internacional de Supervisores de Pensiones (IOPS), fundada en 2004 a partir de una red informal previa, cuenta con unos sesenta miembros y observadores de cincuenta países.[18] Actúa como un organismo que establece criterios sobre cuestiones relacionadas con la supervisión de pensiones, fomenta la cooperación internacional entre supervisores de pensiones y otros grupos para mejorar la calidad y la eficacia de esa supervisión y lleva a cabo labores de investigación estadística.

Al igual que la OICV, la IOPS está dirigida por un Comité Técnico y Ejecutivo y dispone de una secretaría mantenida por la OCDE. Su labor cubre el estudio de un enfoque basado en el riesgo de la supervisión de las pensiones, las licencias para los fondos de pensiones, la formación de los supervisores, las directrices para la supervisión remota y la buena gestión de los fondos de pensiones. En la UE funcionan acuerdos más formales, apoyados por la legislación, que describiremos en el capítulo 4.

Problemas transectoriales: el Foro Conjunto

Durante la década de 1990, se hizo evidente de manera gradual que la cantidad de cuestiones comunes a los sectores de la banca, de los seguros y de las inversiones era cada vez mayor, especialmente en lo que se refería a la regulación de los conglomerados financieros que operaban en los tres sectores. Para reconocer esa situación, el Comité de Basilea, la OICV y la IAIS fundaron en 1996 el Foro Conjunto, que está compuesto por el mismo número de supervisores bancarios, de seguros y de inversiones, que representan tanto a sus respectivos comités de origen como a sus jurisdicciones nacionales. Desde su inauguración se ha reunido tres veces al año y ha contado con representantes de trece países: nueve de Europa (la Comisión Europea también está presente, como observadora), más Estados

18. <http://www.iopsweb.org>.

Unidos, Canadá, Australia y Japón.[19] La secretaría del Foro está atendida por un integrante de la secretaría del Comité de Basilea a media jornada.

Se ha pedido al Foro que proporcione directrices sobre la difusión de información financiera, sobre los requisitos de capital, sobre la concentración del riesgo, etc., para afrontar las cuestiones específicas de los conglomerados financieros. También se le ha encargado explícitamente que supervise las estructuras de los conglomerados financieros que podrían dificultar una supervisión efectiva, que valore la adecuación de los métodos de supervisión de los grupos en su conjunto y que desarrolle principios y directrices sobre la materia.

Pero el avance concreto en la supervisión de los grupos financieros a nivel mundial ha demostrado ser una cuestión escurridiza, debido sobre todo a la resistencia de los políticos, especialmente en Estados Unidos, y a la tradicional oposición de los grandes bancos de inversión estadounidenses ante cualquier tipo de supervisión grupal. A pesar de todo, la labor del Foro ha dado lugar a un impulso para el cambio y la UE fue la primera en aplicar sus recomendaciones, estableciendo en la Directiva de Grupos Financieros los requisitos legales para la supervisión de grupos transectoriales. Incluían una provisión que excluía de los mercados de la UE a grupos financieros ajenos que no contaran con una supervisión adecuada. La Directiva generó el impulso necesario para superar la resistencia estadounidense a las reformas y los reguladores de Estados Unidos llegaron a acuerdos de cooperación para supervisar los sistemas, los controles y los requisitos de capital de los grupos en su totalidad.

CUADRO 1. DERIVADOS DE CRÉDITO

Durante la última década, las autoridades gubernamentales han vigilado de cerca la creciente transferencia de crédito entre entidades financieras. En 2003, el Foro de Estabilidad Financiera solicitó al Foro Conjunto que estudiara la naturaleza y el alcance de la transferencia de los riesgos de crédito, centrándose en los derivados de crédito.

Los derivados de crédito permiten que el riesgo de crédito, que tradicionalmente había dominado el sector bancario, se desplace por

19. <http://www.bis.org/bcbs/jointforum>.

el sistema financiero con mayor facilidad y a un coste menor que antes. Como este riesgo traspasa las fronteras del sector bancario, de los seguros y de las inversiones, es un ejemplo útil de los beneficios que aportan la cooperación y la acción transectoriales.

Como se trata de un mercado no regulado, el único modo de conseguir cierto control sobre la actividad del mismo es que todas las partes reguladas se impliquen. El Foro Conjunto pudo trabajar con entidades de todos los sectores a los que representa, para proporcionar una imagen algo más clara del mercado de los derivados de crédito y de dónde se encontraba el crédito en última instancia. También pudo detectar cuestiones de supervisión relevantes para todos los miembros y temas en que era necesaria la colaboración. Se plantearon cuestiones prudenciales, sobre la gestión del riesgo y sobre la posibilidad de hacer un mal uso del mercado, además de otras cuestiones operativas más mundanas, pero de igual importancia, como la importancia de igualar y confirmar las operaciones a tiempo. El resultado fue una serie de recomendaciones igualmente importantes para los supervisores de bancos, de compañías aseguradoras y de entidades de inversión, pero que ninguno de los sectores habría establecido por separado. De todos modos, la crisis de los mercados de 2007 ha vuelto a poner en duda la capacidad de los supervisores para seguir el movimiento de los riesgos de crédito por todo el sistema.

El motivo original para fundar el Foro Conjunto fue el crecimiento de los conglomerados financieros, pero su labor no se ha visto limitada a la regulación de los mismos. Al Foro se le ha asignado la tarea de analizar las áreas de riesgo comunes a todos los sectores, como las medidas contra el blanqueo de dinero, la externalización, el riesgo operativo y la agregación de riesgos. También se le ha pedido que estudie las implicaciones transectoriales de las perturbaciones exógenas extremas, por ejemplo cómo pueden unirse en esas circunstancias los reguladores, para cooperar y coordinar las respuestas de reacción. Y la innovación financiera ha obligado a los supervisores a colaborar cuando riesgos que tradicionalmente se concentraban en un sector, como el riesgo de crédito, se han ido transfiriendo por todo el sistema financiero.

Se trata, potencialmente, de una competencia muy vasta, pero el Foro depende de la autoridad y de las políticas de sus comités de origen. No puede tomar iniciativas si no cuenta con un mandato específico de sus creadores e incluso en campos de trabajo ya existentes no siempre se logran recomendaciones detalladas y significativas (el informe sobre la transferencia de créditos es una excepción importante). Por el contrario, el Foro suele verse limitado a estudios de investigación con conclusiones abiertas. Las sensibilidades nacionales tienen mucho que ver con ello. Sin embargo, la atención sectorial de los creadores del Foro también desempeña un papel importante. El resultado es que los mandatos y las conclusiones pueden verse reducidos a un mínimo denominador común, por lo que es muy posible que se dejen pasar las oportunidades de corregir diferencias innecesarias (y costosas) en los enfoques sectoriales ante cuestiones comunes, de mejorar la buena práctica en todos los sectores y de corregir las carencias del sistema. En el capítulo 7 trataremos el modo en que podría reforzarse la función del Foro Conjunto, lo que resultaría muy útil.

Información financiera

Todos los mercados financieros y, por lo tanto, todos los reguladores financieros, dependen de la existencia de información financiera significativa y fiable. La cadena de abastecimiento de información corporativa se compone de varios elementos que implican tanto a los que elaboran la información financiera como a los que la supervisan. Inicialmente, encontramos los principios de contabilidad, que debe decidir y aplicar la empresa que prepara las cuentas. A continuación están los principios de auditoría, que deben decidir y aplicar los auditores, quienes han de ser acreditados, supervisados y, de ser necesario, penalizados. Todo el proceso debe ser supervisado mediante disposiciones de gobierno corporativo adecuadas, para las que existen códigos, como la provisión de una supervisión adecuada de la preparación y de la auditoría de los informes financieros.

La mayoría de los países ha acordado disposiciones con distintos grados de formalidad para algunos de los eslabones de esta cadena de abastecimiento (o para todos). Históricamente, o bien las empresas han adoptado voluntariamente estas disposiciones, o bien se han instaurado mediante la autorregulación de la profesión contable y de auditoría. Sin embargo, la preocupación creciente sobre la fiabilidad tanto de la contabilidad como de la auditoría ha llevado a que las disposiciones se sometan a una supervisión pública independiente cada vez mayor, aunque sin un patrón sistemático común a varios estados. Sólo hay un país, Gran Bretaña, donde una autoridad integrada, el Consejo de Emisión de Información Financiera, cubre todos estos elementos, que en este caso se amplían a la supervisión de la profesión actuarial y a la aplicación de criterios actuariales. En otras jurisdicciones, la supervisión y la implantación de criterios se reparten entre varios organismos, públicos y privados.

Auditoría

A medida que los mercados financieros se han ido internacionalizando, también lo ha hecho la preocupación acerca de la medida en que se puede confiar en que los regímenes internacionales sobre información financiera proporcionen una base sobre la que comparar con precisión la información financiera sobre empresas de jurisdicciones distintas.

El mercado de la auditoría global está muy concentrado, con la gran mayoría de las auditorías de entidades de interés público bajo el control de cuatro empresas muy grandes y dos algo más pequeñas. De hecho, no se trata de entidades o de grupos en el sentido en el que los bancos o las compañías de seguros abarcan sucursales o filiales vinculadas legalmente a una empresa matriz, sino que se trata de organizaciones virtuales que adoptan la forma de redes que articulan la relación entre las diversas sociedades nacionales legalmente separadas que las comprenden, mediante la concesión de una franquicia a cambio de la expectativa de cumplir los códigos de conducta y colaborar en el suministro de servicios a clientes internacionales.

Históricamente, la industria de la auditoría se ha autorregulado, a veces bajo la estrecha vigilancia de los ministerios de Comercio o de Justicia. No obstante, tras una serie de escándalos, especialmente en Estados Unidos (aunque no de forma exclusiva), se ha producido un amplio movimiento a favor de la instauración de reguladores independientes en el sector de la auditoría. Tras la quiebra de Enron, Estados Unidos estableció el Comité de Supervisión Contable de Empresas Cotizadas (PCAOB).[20] Otros países, como Canadá

20. <http://www.pcaobus.org>.

y Gran Bretaña, siguieron el mismo ejemplo rápidamente y establecieron organismos parecidos, y la UE ha decidido que, a partir de 2008, todos los estados miembro han de contar con organismos de supervisión de auditoría independientes.

La creación de este nivel de protección adicional para los inversores planteó inmediatamente la duda de si los inversores nacionales debían contar con el mismo nivel de protección en relación con las empresas, tanto nacionales como internacionales, que cotizan en los mercados de valores nacionales.

La Ley Sarbanes-Oxley estadounidense requiere que el PCAOB supervise a los auditores de otros países que llevan a cabo auditorías de las empresas que cotizan en los mercados de valores estadounidenses. La UE adoptó esta misma medida en su Octava Directiva, en parte como un intento de forzar a Estados Unidos a flexibilizar las exigencias de su Ley Sarbanes-Oxley, y Japón también ha seguido el mismo ejemplo. El consiguiente solapamiento de jurisdicciones ha dado lugar a la terrorífica perspectiva de que distintas tropas de auditores procedentes de jurisdicciones distintas caigan sobre las empresas auditoras de más de cien países para llevar a cabo registros e inspecciones extraterritoriales y además, con mucha frecuencia, en idiomas distintos al propio de la jurisdicción. Los debates sobre si es posible encontrar la manera de que los reguladores puedan confiar los unos en los otros no han hecho más que empezar. Para conseguir esta confianza aún queda mucho trabajo por hacer, incluso aunque asumamos que los legisladores nacionales aceptarán la proposición general.

Sería mucho más fácil lograr un reconocimiento mutuo si se acordaran criterios internacionales para los regímenes de supervisión de auditorías, pero éstos no existen. La Federación Internacional de Contables (IFAC) ha elaborado las Normas Internacionales de Auditoría,[21] pero los reguladores no las han aprobado y ni mucho menos los principales países las han aplicado.

El establecimiento de criterios de auditoría sigue siendo una anomalía, porque no hay ningún organismo regulador internacional. En parte es porque la profesión contable sigue dominando el establecimiento de los criterios de auditoría en la mayoría de jurisdicciones. A varios grupos de reguladores financieros les preocupa per-

21. <http://www.ifac.org>.

mitir que la profesión contable elabore los criterios internacionales, lo que les ha llevado a unirse con el Banco Mundial y con la UE para formar un Grupo de Supervisión que, a su vez, creó en 2005 un Consejo de Supervisión del Interés Público (PIOB)[22] para supervisar las reformas de los propios procesos de la IFAC y garantizar que las políticas, los procesos y los procedimientos de la misma favorezcan el interés del público. De esto se encarga ahora el PIOB, mediante la supervisión de los procesos del Consejo de Normas Internacionales de Auditoría y Seguros (IAASB) de la IFAC y de sus homólogos encargados de la elaboración de criterios sobre la ética y la formación de los auditores. Sin embargo, el PIOB no establece el contenido de los criterios, sobre el que la IAASB sigue teniendo la última palabra.

Foro Internacional de Reguladores Independientes de Auditoría

Durante varios años, antes del establecimiento de reguladores de auditoría independientes, la OICV se mostró muy activa en la elaboración de recomendaciones para mejorar el ámbito de la auditoría, pero la fundación de organismos de supervisión de auditoría independientes en varias jurisdicciones llevó, en 2006, a la formación del Foro Internacional de Reguladores Independientes de Auditoría (IFIAR).[23] Como las auditorías fiables son de una importancia fundamental para toda la regulación financiera, las tres organizaciones de regulación financiera principales (Basilea, la OICV y la IAIS) son observadoras en el IFIAR.

Hasta el momento, el IFIAR se ha limitado a intercambiar información y experiencia y a fomentar la cooperación, sin ambición alguna en cuanto al establecimiento de criterios para la supervisión de la auditoría, a diferencia de sus homólogos más maduros en los sectores bancario, de seguros y de valores. En cualquier caso, antes deben resolverse cuestiones más fundamentales, como la necesidad básica de intercambiar información en el ámbito internacional, que ya es un elemento básico para otros reguladores financieros. Y esto resulta fundamental, porque los archivos de las auditorías que hay

22. <http://www.ipiob.org>.
23. <http://www.ifiar.org>.

que inspeccionar en la mayoría de empresas se refieren a transacciones efectuadas en numerosas jurisdicciones internacionales. Del mismo modo, las empresas auditoras que hay que supervisar suelen formar parte de alguna de las redes globales de entidades de auditoría. Estas redes ejercen una poderosa influencia sobre la calidad de la auditoría en todo el mundo y su prestigio de marca es fundamental. Al mismo tiempo, las redes internacionales de las entidades siguen estando fuera del alcance de la supervisión nacional. El IFIAR tendrá que decidir cómo pueden los reguladores nacionales resolver colectivamente este vacío en el sistema de supervisión, ya sea mediante algún tipo de colegio profesional, ya sea mediante otra clase de supervisión consolidada.

Este vacío puede tener una gran importancia, ya que el elevado nivel de concentración del mercado lo hace vulnerable al fallo de una o más redes, debido al contagio que puede producirse a partir de una perturbación legal o financiera significativa en una parte de la red y de una pérdida de confianza que puede llevar a una fuga de clientes, como la que destruyó a Arthur Andersen después del caso Enron. La pérdida de otra empresa podría conducir a un hiato en el suministro de los servicios de auditoría de alta calidad de que dependen los mercados financieros y sus reguladores.

Los principios normativos de auditoría proporcionan directrices para el desempeño de las actividades, al igual que sucede en el resto de la regulación financiera, pero no hay un régimen prudencial comparable que valore la gestión del riesgo por parte de las empresas auditoras ni que juzgue si cuentan con reservas financieras o con seguros suficientes. Dada la importancia que se concede a la auditoría a la hora de regular las empresas y los mercados financieros, creemos que sería conveniente establecer una regulación prudencial para las empresas auditoras en un ámbito nacional y alguna forma de supervisión consolidada colectiva para las redes mundiales.

Hay otros modos de mitigar los riesgos que genera la estructura actual del mercado de auditoría global, por ejemplo abrir la estructura a nuevos participantes y a capital adicional y, quizás, limitar la responsabilidad civil para que no exceda los perjuicios causados por conductas directamente atribuibles a la empresa auditora. Se debería presionar para que avance el trabajo que, en este sentido, ya se ha iniciado a ambos lados del Atlántico y para que se introduzcan las reformas necesarias.

Es probable que la necesidad, comentada anteriormente, de establecer una base para que los reguladores de auditoría puedan confiar los unos en los otros a la hora de registrar auditores de empresas que cotizan en el extranjero lleve al IFIAR a establecer principios fundamentales para la supervisión de la auditoría.

Principios de contabilidad internacionales

La búsqueda de una serie de principios de contabilidad consensuados que puedan usar todas las empresas con actividad internacional y que proporcionen la base sobre la que comparar empresas de distintas jurisdicciones es el equivalente regulador de la búsqueda del Santo Grial. Estos principios proporcionarían un criterio común a inversores y reguladores y eliminarían la necesidad de reconciliaciones caras y confusas.

A finales de la década de 1960, los organismos que dictaban las normas contables en Estados Unidos, en Gran Bretaña y en Canadá organizaron un grupo de trabajo que estudió la posibilidad de acordar una serie de principios comunes. Esa labor condujo a la creación del Comité de Normas Internacionales de Contabilidad, en junio de 1973.

Durante el siguiente cuarto de siglo, el IASC trabajó en un amplio abanico de comunicaciones técnicas, que se conocen como Normas Internacionales de Contabilidad (NIC) y que cubren la mayoría de temas que aparecen en torno a la contabilidad corporativa. Sin embargo, a pesar del gran volumen de trabajo técnico que se había llevado a cabo, seguía habiendo algunas cuestiones importantes difíciles de resolver, y los organismos normativos de algunos países, especialmente Estados Unidos y algunos estados europeos, se mostraban reacios a aceptar las NIC como sustitutas legítimas de sus propios principios o como alternativas viables. La SEC se mostraba particularmente recelosa del IASC, porque le preocupaba que fuera demasiado vulnerable a las influencias políticas, especialmente a las de la Comisión Europea.

Un período de introspección y de revisión a finales de la década de 1990 confirió al IASC una nueva estructura, diseñada para aislar de influencias políticas a las personas que debían establecer los principios internacionales, y reforzar de este modo la confianza en su trabajo. Así se estableció la Fundación del IASC en marzo de 2001. La Fundación debía actuar como la matriz de un nuevo Consejo de Normas Internacionales de Contabilidad (IASB), dotado de más recursos y con sede en Londres.[24] La misión de la Fundación, que cuenta con veintidós miembros, es designar el Comité, proteger su independencia y garantizar que cuenta con fondos para desempeñar su trabajo.

Se estableció un comité de reguladores y de contables para que acordaran quién debía pertenecer a la nueva Fundación. El grupo invitó a Paul Volcker a que la presidiera, con sir David Tweedie, el presidente del Consejo de Principios de Contabilidad británico, como primer presidente del IASB.

En abril del año 2000, durante su conferencia anual en Sydney, la OICV acordó, en principio, recomendar Normas Internacionales de Contabilidad para las empresas que cotizaban más allá de sus propias fronteras, decisión que estaba sujeta a una reforma satisfactoria de la estructura y del proceso. Y en septiembre de 2003, una regulación de la Comisión Europea exigía a las empresas de la UE que adoptaran a partir del año 2005 las Normas Internacionales de Información Financiera (NIIF), que es como se conocerían los principios a partir de entonces. Muchos otros países también han resuelto exigir la adopción de las NIIF.

A pesar de todo este apoyo político y del enérgico liderazgo de David Tweedie, avanzar no ha sido fácil. El sistema de financiación, cuyo principal apoyo procedía de las principales empresas de contabilidad y de las multinacionales más importantes, resultó ser un tema controvertido. El Comité ha tenido dificultades para acordar principios de contabilidad sobre el modelo de valor razonable y principios sobre instrumentos financieros, debido a la oposición política con que se ha encontrado, como la del entonces presidente francés Jacques Chirac. La Comisión Europea se negó a ocupar sus asientos en la Fundación. Aún no se ha logrado que las NIIF se apliquen plenamente, en parte por esta controversia política, especialmente en Estados Unidos. Un acuerdo entre el IASB y la Junta de Normas de Contabilidad Financiera (FASB) de Estados Unidos, firmado en octubre de 2005, reafirmó que «alcanzar una serie de principios mundiales de alta calidad sigue siendo la prioridad estratégica a largo

24. <http://www.iasb.org>.

plazo, tanto de la FASB como del IASB». No obstante, las palabras «a largo plazo» y «estratégica» ilustraban que aún se estaba muy lejos de alcanzar esa prioridad.

Siguiendo el ejemplo desafortunado del proceso de paz de Oriente Medio, ambas partes acordaron una «hoja de ruta» que les guiara hacia la desaparición de la necesidad actual de que las empresas que operan en Estados Unidos elaboren un balance de reconciliación que muestre cómo serían sus cuentas bajo los Principios de Contabilidad Generalmente Aceptados (PCGA) estadounidenses, incluso aunque se hayan preparado siguiendo las NIIF. La SEC observó que eliminar la exigencia de reconciliación dependería de que se avanzara más en otros frentes.

Los participantes en el mercado mayorista argumentaron que, en la práctica, las diferencias entre los principios contables se entendían bien y esto empezó a plantear la posibilidad de que Estados Unidos pudiera aceptar tanto los PCGA como las NIIF. Mientras tanto, la UE había instituido una norma que exigía a los emisores ajenos a la UE que operaran en los mercados europeos que, a partir de 2007, usaran principios contables equivalentes a las NIIF. La imposibilidad de poner esto en práctica ha hecho que la fecha límite se haya pospuesto dos años, y es posible que vuelva a posponerse de nuevo.

De todos modos, la preocupación estadounidense en lo que se refiere a la competitividad de sus mercados financieros, reforzada por la creciente reticencia de las empresas extranjeras a cotizar en Nueva York, hizo que, en 2007, Estados Unidos empezara a mostrar un interés concreto por las NIIF. El presidente de la SEC, Christopher Cox, previó que en 2009 ya se habrían aceptado principios contables internacionales; anunció una propuesta para cambiar la normativa y que, de esta manera, las empresas extranjeras no tuvieran que reconciliarse con los PCGA estadounidenses; y también publicó una consulta que planteaba la posibilidad de permitir incluso a las empresas estadounidenses utilizar las NIIF en el futuro. De llevarse a cabo, estos cambios supondrían un avance importantísimo. Aún queda por ver qué consecuencias tendrían para otras jurisdicciones importantes, pero lo cierto es que dan un paso más hacia la consecución de una serie única de principios contables mundiales. También habrá que ver si las NIIF eliminan o no del mercado los PCGA estadounidenses; quizás dependa del grado en que puedan seguir siendo un grupo unificado de principios, una vez hayan sido adoptadas por cada jurisdicción nacional. En cualquier caso, las NIIF deberían seguir evolucionando para poder convertirse en los mejores principios posibles sin tener como objetivo la convergencia con ningún grupo de PCGA nacionales.

Gobierno corporativo

La regulación financiera depende implícitamente de la existencia de un gobierno corporativo sólido, tanto en lo que concierne al establecimiento y a la utilización de sistemas de gestión del riesgo sólidos, como respecto a la elaboración de informes financieros fiables. Al mismo tiempo, los reguladores financieros no suelen ser responsables del gobierno corporativo en un nivel nacional, porque afecta a intereses mucho más amplios. En consecuencia, aunque los reguladores financieros tienen una opinión colectiva sobre lo que constituye un gobierno corporativo sólido en su segmento de trabajo, la labor internacional sobre los principios de gobierno corporativo se ha llevado a cabo en otros foros, sobre todo en el Banco Mundial, en la OCDE y, dentro de la Unión Europea, en la Comisión Europea.

La sensibilidad política ante las cuestiones en juego, así como las grandes diferencias en las estructuras sociales y empresariales, han dado lugar a reticencias a la hora de alcanzar un acuerdo sobre la aplicación de un principio internacional detallado y consensuado. Los criterios o los principios internacionales actuales sirven más como puntos de referencia que como normas. Hay diferencias profundas, incluso entre Estados Unidos y Gran Bretaña. En Estados Unidos, la norma es que exista una combinación de presidente y de director ejecutivo; en Gran Bretaña, el código de conducta vigente desaconseja encarecidamente esta disposición. En la mayoría de la Europa continental, la norma son las juntas directivas en dos niveles.

Los principios de la OCDE para el gobierno corporativo,[25] aprobados originalmente por los ministros de la OCDE en 1999, propor-

25. OCDE, «OECD Principles of Corporate Governance», 2004, <http://www.oecd.org> (OCDE, «Principios de gobierno corporativo de la OCDE», 2004, <http://www.oecd.org/dataoecd/47/25/37191543.pdf>).

cionan una orientación para las iniciativas legislativas y reguladoras. El FSF considera que estos «Principios» constituyen uno de los doce criterios fundamentales para la solidez de los sistemas financieros, y sustentan el componente sobre gobierno corporativo de los Informes sobre el Cumplimiento de los Principios y de los Códigos (ROSC) elaborados por el Banco Mundial/FMI.

Los principios de la OCDE se centran en los problemas de gobierno que aparecen como consecuencia de la separación de la propiedad y del control. Cubren las siguientes áreas: I) la garantía de una base para una estructura de gobierno corporativo efectiva; II) los derechos de los accionistas y las funciones clave de los propietarios; III) el tratamiento equitativo a todos los accionistas; IV) la función de las distintas partes interesadas; V) difusión de información financiera y transparencia; y VI) las responsabilidades de la junta directiva. Sin embargo, a pesar de que se trata de principios sólidos, no generan por sí mismos una mayor estandarización de la práctica internacional, que sigue siendo muy diversa. ¿Es ello importante? Quizás no, pero significa que los reguladores financieros de los países «anfitriones» deben confiar en la gestión del riesgo que desempeñan empresas matriz, con cuyas líneas de gobierno no estarían de acuerdo normalmente.

No se han acordado principios de gobierno corporativo internacionales coherentes, debido a las importantes diferencias tanto en el enfoque legal a la hora de imponer criterios sobre gobierno corporativo, como en la opinión sobre cuál debe ser el contenido de dichos principios.

En algunas jurisdicciones, la propia legislación dicta los criterios de gobierno corporativo, y los juzgados, los cuerpos de seguridad u otros reguladores se encargan de que se cumplan. En otras, se establecen, al menos parcialmente, en códigos que son, estrictamente hablando, de cumplimiento voluntario. Lo que se espera es que las empresas cumplan con el código relevante y que, de no hacerlo, expliquen de manera razonada por qué no lo han hecho. Esta exigencia de «cumplir o explicar» puede incluirse en los requisitos para poder cotizar en un mercado de valores concreto. Este enfoque proporciona a las empresas la flexibilidad de decidir sus sistemas de gobierno en las circunstancias precisas en que se encuentran en cualquier momento dado, al tiempo que permite a los accionistas expresar su opinión sobre las decisiones que toma la empresa.

Tal y como hemos mencionado anteriormente, hay diferencias significativas entre las jurisdicciones (e incluso dentro de una misma jurisdicción) en lo que concierne a algunos elementos de gobierno fundamentales desde el punto de vista estructural. La mayoría de los países continentales europeos prefieren una estructura en la que la junta conste de dos niveles: una junta directiva compuesta esencialmente por los directivos de la empresa y una junta supervisora, compuesta predominantemente por no directivos. Por un lado, esto divide la responsabilidad y la asunción de consecuencias, pero también puede resultar poco manejable e ineficiente. Es más: la junta supervisora suele estar presidida por el anterior director ejecutivo, lo que permite cuestionar la gestión ejecutiva de la empresa.

Las juntas unitarias evitan este tipo de riesgo, pero presentan otros, especialmente el de una concentración de poder excesiva, sobre todo si el presidente es también el director ejecutivo. Combinar ambas funciones puede favorecer la claridad y la responsabilidad de la gestión, pero también puede eliminar una fuente de control de una persona excesivamente dominante. Por ese motivo, la práctica británica se ha decidido claramente a favor de una división entre la presidencia y la dirección ejecutiva. La primera actúa claramente a favor de los accionistas, cuyos intereses pueden diferir, en ocasiones, de los intereses de la dirección, sobre todo en caso de una oferta pública de adquisición. Hay indicios que apuntan a que la opinión sobre este tema también está empezando a cambiar en Estados Unidos, tras una serie de escándalos provocados por directores ejecutivos con demasiado poder, que han confundido las finanzas de la empresa con las propias. De todos modos, la mayoría de las empresas estadounidenses siguen estando dirigidas por una única persona que ostenta la función combinada de presidente y de director ejecutivo.

También hay diferencias de opinión sobre el tamaño de la junta y sobre la función de la dirección no ejecutiva, lo que introduce la cuestión de si se debería pedir a un director no ejecutivo de alto nivel que ejerciera el liderazgo, en caso de ser necesario.

La estructura de las acciones también da lugar a otra diferencia importante. Cuando las acciones están muy repartidas, como suele suceder en Gran Bretaña o en Estados Unidos, uno de los objetivos clave de las normas de gobierno ha de ser limitar el poder excesivo que la dirección puede obtener, gracias al reto que supone para los accionistas movilizarse para influir en la dirección estratégica de la empresa, en la remuneración de los ejecutivos o en otras cuestiones de vital importancia para ellos.

Cuando las acciones están concentradas, es más fácil que los grupos accionistas mayoritarios influyan en la dirección, aunque pueden hacerlo en contra del interés de los accionistas minoritarios. En estos casos, uno de los principales objetivos del gobierno corporativo ha de ser encontrar la manera de equilibrar del mejor modo posible los intereses de los distintos grupos de accionistas.

En este marco de falta de acuerdo sobre perspectivas comunes, alcanzar principios de gobierno corporativo internacionales parece algo muy remoto. No obstante, cada vez hay una mayor conciencia de que, aunque los principios contables y de auditoría contribuyen a fomentar la solidez de los mercados de capital transnacionales, si no se cuenta con un gobierno corporativo sólido, los intereses de los inversores pueden salir perjudicados igualmente. Por lo tanto, esperamos que se intensifique el debate internacional sobre los mejores modelos de gobierno corporativo. Por ejemplo, es probable que los inversores globales presionen para que se alcance una mayor convergencia y que, quizás, los inversores de Nueva York o de Londres esperen encontrarse con estructuras de gobierno corporativo parecidas en las empresas en las que invierten, sean del país que sean.

El rápido crecimiento de los fondos de capital privado plantea un reto distinto. Las empresas privadas no están sujetas a las exigencias de capital corporativo que establecen los mercados de valores o los reguladores. Y esto resulta preocupante para los sindicatos y los empleados en general, que temen que las direcciones de las empresas de capital privado adopten una perspectiva excesivamente estrecha de sus responsabilidades. El problema no tiene una solución obvia, si es que la tiene en absoluto. (Comentaremos la regulación del capital privado en el capítulo 7.)

Finanzas islámicas

Las finanzas islámicas constituyen uno de los elementos de mayor crecimiento en el sistema financiero internacional. Es difícil estimar el tamaño total del sector, pero es probable que la cifra de entre 300.000 y 500.000 millones de dólares de deuda en 2007 sea acertada. Lo que sí está claro es que presenta una tasa de crecimiento muy elevada y que puede haber alcanzado hasta el 50 % anual durante los últimos cinco años. El crecimiento no se limita a los países musulmanes. Las hipotecas islámicas son habituales en Gran Bretaña y el gobierno británico ha anunciado su interés en emitir *sukuks*, un tipo de bono que cumple la normativa de la sharia.

De momento, en la mayoría de países, las finanzas islámicas aparecen junto a productos y servicios financieros convencionales, aunque uno o dos países han decidido convertir todo el sector financiero al sistema islámico. Básicamente, las finanzas islámicas deben cumplir con los preceptos de la ley islámica. En concreto, la ley islámica prohíbe la usura, el pago de intereses (que suelen llamarse *Riba* en el discurso islámico) y las transacciones con riesgo financiero. También hay más prohibiciones relacionadas con la inversión en determinadas empresas, como las que venden alcohol o productos porcinos, que son contrarios a los valores islámicos. Para que una institución financiera pueda funcionar respetando los principios islámicos, debe instaurar una Junta de la Sharia de expertos en leyes islámicas, que serán los responsables de garantizar que los productos y las prácticas empresariales de la entidad cumplan absolutamente con la ley tal y como ellos la entienden.

Las características de las finanzas islámicas plantean nuevos retos a los reguladores, pero, de momento, los grupos internacionales no los han afrontado todavía. De hecho, tal y como señalan los autores de un libro reciente, titulado *Islamic Finance: the regulatory challenge* (Finanzas islámicas: un reto para la regulación), «Basilea II no se redactó pensando en cómo se aplicaría en el sistema bancario islámico».[26]

El régimen regulador internacional debe adaptarse a las exigencias específicas de las finanzas islámicas en seis aspectos:

Capital

El Pilar I de Basilea II, para el cálculo de los requisitos de capital mínimo, no tiene en cuenta explícitamente los productos islámicos. En principio, como los productos islámicos compiten directamente con sus homólogos convencionales, debería ser posible establecer al-

26. Simon Archer y Rifaat Ahmed Abdel Karim (comps.), *Islamic Finance: The Regulatory Challenge*, John Wiley, 2007.

gún nivel de equivalencia de riesgo entre ellos, pero de momento hay excepciones a esta norma. Por ejemplo, bajo las directivas europeas, las hipotecas se han tratado de manera distinta cuando han sido ofrecidas por alguna institución islámica, a las que han exigido un capital mínimo más elevado. (En las transacciones hipotecarias islámicas, el banco adquiere la propiedad y redacta un contrato de arrendamiento financiero con el comprador, por lo que está directamente expuesto al riesgo de que la propiedad pierda valor.) El Comité de Servicios Financieros Islámicos (IFSB), establecido en el año 2002 en Malasia, ha elaborado principios de adecuación de capital para todos los productos islámicos basados en Basilea II, es decir, que pretenden interpretar los principios de Basilea II y adaptarlos al entorno islámico.[27]

Depósitos

Como los bancos islámicos no pueden pagar intereses, los depósitos de los clientes suelen estar constituidos como un tipo de contrato de participación de beneficios, conocido como *mudaraba*. En principio, el cliente entra en un acuerdo de participación de riesgo con el banco, tomando como base un paquete de activos subyacente. Esto plantea dificultades respecto a los programas de protección de depósitos. Como los «depósitos» en los bancos islámicos no ofrecen seguridad sobre el capital, no pueden tratarse del mismo modo que los depósitos convencionales. De hecho, son acciones, porque están remunerados en función del crecimiento del capital según los beneficios. También hay cuestiones importantes acerca de la transparencia y de la difusión de la información financiera, ya que los pequeños accionistas de este tipo son vulnerables ante los cambios en la situación del banco, mientras que los depositantes convencionales no lo son. El IFSB está desarrollando una normativa sobre transparencia y disciplina del mercado para resolver estas cuestiones. En relación con los programas de protección de depósitos, Gran Bretaña ha adaptado su programa para tratar los depósitos en bancos islámicos del mismo modo que trata las acciones de las cooperativas de crédito. Otras jurisdicciones no han adaptado aún su legislación para incluirlos.

27. <http://www.ifsb.org>.

Riesgos legales

La interacción entre la regulación y la ley comercial, por un lado, y la ley de la sharia, por el otro, puede dar lugar a riesgos legales específicos. Los clientes pueden intentar evadirse de sus obligaciones alegando que la institución no cumple con los mandatos de la sharia. Los juzgados británicos han rechazado recientemente una alegación semejante, pero el hecho de que se presentara demuestra que el riesgo es real.

Gobierno corporativo

Aunque en un principio está claro que las responsabilidades de la Junta de la Sharia se limitan a valorar el cumplimiento de la ley islámica, existe la posibilidad evidente de que las jurisdicciones y los sistemas de control de las entidades financieras se solapen. Es muy probable que los reguladores presten especial atención a la relación entre ambos sistemas de control. Desearán tener la seguridad de que la gestión del riesgo, de los activos y de los pasivos es responsabilidad de la junta principal.

Riesgos para la reputación

Como el modelo empresarial de los bancos islámicos depende de garantizar el cumplimiento de la sharia en todo momento, la necesidad de prestar mucha atención a esas decisiones es evidente. Si se sospechara que un banco no cumple los preceptos islámicos, podría perder su base de clientes rápidamente.

Riesgos operativos

Los riesgos operativos son fundamentales para todas las entidades financieras, pero son especialmente significativos para las islámicas, porque los sistemas y los programas informáticos relevantes están relativamente poco desarrollados.

Todas estas cuestiones plantean retos a los reguladores y, obviamente, al sistema regulador internacional. (Véase el instructivo artículo de Toby Fiennes en Archer y Rifaat[28] para una explicación más extensa.) El IFSB intenta resolverlos de manera sistemática. En diciembre de 2005, emitió dos principios prudenciales para los bancos islámicos, uno sobre capitales mínimos y otro sobre la gestión del riesgo, además del borrador de un tercer principio, sobre gobierno corporativo. El reto al que se enfrenta el Comité es desarrollar una estructura que pueda aplicarse a todas las jurisdicciones, lo que no es nada fácil, dado que las finanzas islámicas se han aplicado de maneras muy diferentes en los distintos países y que (en algunos casos) los sistemas de regulación financiera en esas jurisdicciones no están muy desarrollados. Por otro lado, hasta el año 2005 no se amplió la competencia del Comité para incluir mercados de valores y de seguros.

A medida que se vayan desarrollando los mercados islámicos, será crucial que los organismos reguladores internacionales colaboren más estrechamente con el IFSB para intentar garantizar que los principios de este último sean tan compatibles como sea posible con las buenas prácticas en las finanzas convencionales. En estos momentos, los vínculos entre el IFSB y el resto de los organismos reguladores son muy básicos y tienen un carácter informal. En el futuro, el IFSB tendrá que acercarse más al funcionamiento del Comité de Basilea y de otros organismos. Teniendo en cuenta la escala actual de las finanzas islámicas, es difícil imaginar que puedan desarrollarse otros acuerdos importantes que no incluyan las necesidades particulares de los bancos islámicos, tal y como sucedió con Basilea II. (Para una explicación reveladora sobre la cuestión, véase «Islamic Finance and Financial Policy and Stability», de Andrew Sheng.)[29]

28. Toby Fiennes, «Supervisory Implications of Islamic Banking: A Supervisor's Perspective», en Simon Archer y Rifaat Ahmed Abdel Karim (comps.), *Islamic Finance: The Regulatory Challenge*, 2007.

29. Andrew Sheng, «Islamic Finance and Financial Policy and Stability: an Institutional Perspective», conferencia inaugural del Comité de Servicios Financieros Islámicos, 26 de marzo de 2007.

Paraísos fiscales

Los problemas acerca de la regulación de los paraísos fiscales han preocupado a numerosos grupos internacionales durante los últimos quince años.

De hecho, no hay una definición universalmente aceptada de lo que es un paraíso fiscal. Los críticos tienden a considerarlos como lugares en que las empresas y las personas evitan pagar impuestos y, ciertamente, muchos de ellos se han hecho importantes gracias a sistemas fiscales muy permisivos. El FMI ofrece una definición más neutra de paraíso fiscal, según tres de sus características:

- Gran cantidad de instituciones financieras cuyas transacciones se llevan a cabo, sobre todo, con no residentes.
- Sistemas financieros con activos y pasivos externos desproporcionados en relación con la intermediación financiera necesaria para financiar sus economías nacionales.
- Algunas de las siguientes condiciones, o todas: impuestos muy bajos o nulos, regulación financiera moderada o leve, secretismo y anonimato bancario.[30]

En la práctica, estas características pueden combinarse de manera positiva o negativa. Tal y como observó el informe sobre paraísos fiscales del Foro de Estabilidad Financiera, publicado en el año 2000, «el término paraíso fiscal conlleva en algunos lugares una connotación de actividades dudosas o inicuas. Sin embargo, existen paraísos fiscales de reputación intachable que aspiran activamente a cumplir con las mejores prácticas internacionales y algunas de sus aplicaciones son legítimas. Los paraísos fiscales no son homogéneos y presentan una gran variedad de prácticas».[31]

Sea cual sea la definición precisa, las transacciones en los paraísos fiscales han aumentado extraordinariamente durante los últimos veinte años. La OCDE estima que los activos financieros depositados en paraísos fiscales suman entre 5 y 7 billones de dólares, una

30. FMI, «Report on Offshore Centres», 2000, <http://www.internationalmonetaryfund.com>.

31. Foro sobre Estabilidad Financiera, «Informe del Grupo de Trabajo sobre Paraísos Fiscales», 2000, <http://www.fsf.org>.

cantidad que quintuplica la de hace veinte años.[32] Las Islas Caimán, por ejemplo, son el quinto centro bancario del mundo y, junto a otros paraísos fiscales, son la sede de numerosos bancos privados y de empresas de gestión de activos. Muchos fondos de inversión libre se han establecido en paraísos fiscales, sobre todo por motivos que tienen que ver con los impuestos.

El desarrollo de los mercados financieros ha estimulado el crecimiento de los paraísos fiscales y algunos de ellos se encuentran entre los países más prósperos del mundo. Sin embargo, otros han salido perjudicados. La OCDE se ha centrado en la pérdida de recaudación de impuestos que han sufrido otros países que actúan como paraísos fiscales. Una ONG, la Tax Justice Network, estima que las pérdidas anuales en recaudación de impuestos superan los 250.000 millones de dólares.[33] Estas cuestiones impositivas van más allá del objetivo de este libro.

De todos modos, los paraísos fiscales también han atraído la atención de los reguladores financieros. El Grupo de Acción Financiera Internacional (véanse también las págs. 69-72) elaboró una «lista negra» de territorios que, en su opinión, no colaboraban en el esfuerzo mundial por reducir el blanqueo de dinero y limitar la financiación de grupos terroristas.[34] En el año 2000, aparecían quince jurisdicciones en esa lista y casi todas eran paraísos fiscales, liderados por las Bahamas y las Islas Caimán. Esta lista negra y los sucesos del 11 de septiembre de 2001 hicieron que los reguladores se centraran especialmente en esos territorios. Como resultado, esas jurisdicciones modificaron su legislación y mejoraron sus prácticas supervisoras, por lo que en 2006 ninguna de ellas aparecía ya en la lista.

Pero el blanqueo de dinero no es el único aspecto de los paraísos fiscales que preocupa a los reguladores financieros. Se afirmó que los paraísos fiscales suponían un riesgo para la estabilidad financiera, por la dificultad de controlar las entradas y las salidas de los flujos de capital. La falta de transparencia habitual de los paraísos fiscales dificultaba a menudo los esfuerzos por perseguir las transacciones con información privilegiada y otros tipos de abusos

32. Citado en «Places in the Sun», *The Economist*, 22 de febrero de 2007.
33. <http://www.taxjustice.net>.
34. <http://www.fatf.gafi.com>.

del mercado. Estas preocupaciones hicieron que el Foro de Estabilidad Financiera estableciera un grupo de trabajo para estudiar la calidad de la regulación financiera en esos países.

El grupo de trabajo, cuyo informe del año 2000 generó mucha controversia en los paraísos fiscales, identificó tres categorías de paraíso fiscal. El primer grupo estaba constituido por centros cuyos parámetros reguladores eran compatibles, en general, con los que se aplican en las jurisdicciones convencionales. El segundo era un grupo de centros que se acercaban al cumplimiento de los principios y códigos internacionales, pero que presentaban deficiencias importantes en algunas áreas. El tercer grupo consistía en una lista de centros que, básicamente, no cooperaban, y cuyo cumplimiento de la normativa internacional era limitado. El informe recomendaba al FMI que, en vista de la amenaza potencial que esto representaba para el sistema financiero mundial, llevara a cabo un programa de valoración sistemática para identificar las carencias de los principios reguladores en los paraísos fiscales, de uno en uno. Estas valoraciones deberían publicarse.

El FMI aceptó esta recomendación e incluyó a los paraísos fiscales en el programa de valoración de estabilidad financiera (véanse las págs. 122-128). A finales del año 2006, casi todos los paraísos fiscales habían sido estudiados de algún modo por el FMI y se identificaron oportunidades para aplicar mejoras y reformas. Como resultado, a principios del año 2005, el Foro de Estabilidad Financiera retiró formalmente su lista de «los buenos, los feos y los malos», que había sido un caballo de batalla para muchos paraísos fiscales desde su publicación cinco años antes.[35] Sin embargo, el Foro explicó que, a pesar de que muchos paraísos fiscales empezaron a aplicar reformas, seguían produciéndose problemas de cumplimiento de la normativa internacional en muchas jurisdicciones, especialmente en lo que concernía a la cooperación y al intercambio de información transfronterizo. Se formó un grupo de supervisión de paraísos fiscales, que incluía al FMI, para controlar los progresos y ofrecer asesoramiento sobre las acciones de seguimiento necesarias.

No cabe duda de que estos esfuerzos han mejorado la calidad de la regulación en muchos paraísos fiscales. No han tenido gran im-

35. El FSF anuncia un nuevo proceso para proseguir con las mejoras de los paraísos fiscales, 11 de marzo de 2005, <http://www.fsf.org>.

pacto sobre el incentivo fiscal para realizar las transacciones allí, pero eso es otra cuestión. A pesar de todo, los supervisores de los paraísos fiscales siguen siendo miembros semiindependientes de los organismos reguladores internacionales. Son miembros de la OICV y de la IAIS, pero no tienen representación en los comités clave. Hay un grupo de supervisores bancarios de paraísos fiscales, que incluye únicamente a los que cumplen con la normativa de Basilea, pero no ocupan un lugar formal en la estructura del Comité de Basilea. Y aunque la publicidad negativa internacional generada por los esfuerzos contra el blanqueo de dinero y por el Foro de Estabilidad Financiera ha alterado en cierto modo el equilibrio de la ventaja de los paraísos fiscales en favor de un enfoque basado en una regulación de calidad razonablemente elevada acompañada de una fiscalidad reducida, no hay garantía alguna de que el equilibrio no pueda volver a cambiar en un futuro.

Reguladores integrados

Por iniciativa del regulador prudencial australiano, la APRA, un grupo informal de presidentes de organismos reguladores transectoriales integrados se reunió por primera vez en Sydney, en primavera de 1999.

Tal y como explicamos más adelante (véanse las págs. 181-183), no existe una definición sencilla de lo que quiere decir «regulador integrado» y, de hecho, la mejor manera de describir el sistema australiano es más como un sistema «en paralelo» que como un sistema plenamente integrado. Por lo tanto, determinar la manera adecuada de pasar a ser miembro del grupo no fue fácil. A las primeras reuniones asistieron los países escandinavos, incluyendo a Islandia, junto a Singapur, Gran Bretaña, Japón, Corea, Australia y Canadá. Más recientemente, se han añadido otros países, como Alemania, Irlanda y Hungría.

El grupo, que se reúne anualmente, no llega a conclusiones formales ni tiene un estatus oficial. Los debates han tendido a centrarse en los aspectos prácticos del funcionamiento de un regulador transectorial y no tanto en la normativa. (Es curioso que los demás grupos internacionales aborden esta cuestión fundamental en muy raras ocasiones, si es que llegan a hacerlo.) El hecho de que los presidentes suelan acudir a las reuniones y de que los participantes sean escasos, cosa que permite un verdadero intercambio de opiniones, da muestra de su importancia. Ha llevado a cabo estudios sobre el nivel de personal necesario, sobre las estructuras de recompensas y sobre las habilidades y la formación del personal. Con el tiempo, a medida que vaya incorporando a más integrantes, es posible que la red adquiera mayor importancia. Ciertamente, contribuye a que los reguladores de este nuevo estilo aprendan de la experiencia y de los errores mutuos. Gran parte de las innovaciones en las técnicas reguladoras, especialmente en el desarrollo de la regulación basada en el riesgo, tienen su origen en las organizaciones integradas.

3. Las instituciones financieras internacionales y su papel en la regulación financiera

La última década ha presenciado una gran expansión de las funciones de las instituciones financieras internacionales (IFI) en el área reguladora, especialmente por parte del Fondo Monetario Internacional y del Banco Mundial, a medida que se ha ido haciendo más evidente el impacto que ejerce sobre el funcionamiento de la economía real el estado de la infraestructura financiera de los diferentes países.

Foro de Estabilidad Financiera

La repentina y espectacular crisis financiera asiática de 1997-1998 supuso un duro golpe para las IFI, ya que no la supieron prever. La autopsia de la crisis aún no ha finalizado y tampoco ha cesado la controversia acerca de en qué medida contribuyeron al problema, o incluso lo empeoraron una vez desencadenada la crisis, las políticas estructurales del Fondo Monetario Internacional. El profesor Joseph Stiglitz, debido a esta acusación, ha destilado mucho rencor y ha presentado argumentos, airados en ocasiones, a los que Stanley Fisher, antiguo número dos del FMI (y actual gobernador del Banco Central de Israel), ha contestado con mayor mesura.

Se hizo evidente, aunque ya después de la debacle, que un motivo importante por el que la crisis había sido tan severa tenía que ver con la situación de los sectores financieros de los países afectados y con lo inadecuado de su regulación (es posible que éste sea el único punto en que están de acuerdo ambas partes). Los bancos nacionales de Tailandia y de Indonesia, en concreto, habían estado adquiriendo dólares a tipos bajos de interés internacional y luego los prestaban a tipos nacionales. Fue un buen negocio mientras duró, porque los tipos de interés nacionales eran significativamente más elevados. Sin embargo, los bancos en cuestión asumieron riesgos importantes con empresas que, a su vez, también habían asumido grandes riesgos en operaciones con divisas que no tenían cubiertas. Además, en algunos casos no se emparejaron bien los plazos de vencimiento y se respaldaron préstamos a largo plazo con créditos a corto plazo. Así que, cuando los vínculos que se habían establecido entre las divisas dejaron de sostenerse (que fuera o no consecuencia de la agresiva actividad especulativa de los fondos de inversión libre carece de importancia), los bancos afectados se vieron, materialmente, en bancarrota. Hubiera sucedido lo mismo aunque los prestatarios hubieran podido pagar en la divisa nacional (los numerosos préstamos fraudulentos y dudosos tampoco ayudaron).

Hasta entonces, ni el FMI ni el Banco Mundial habían prestado demasiada atención a la debilidad de la regulación financiera y se habían concentrado sobre todo en la política monetaria y fiscal. Algunos de los países afectados parecían contar con una posición fiscal razonablemente estable en esas áreas, pero era obvio que el tipo de cambio fijo les había vuelto extraordinariamente vulnerables a las sacudidas financieras.

Este tipo de análisis hizo que muchos plantearan la necesidad de establecer nuevas disposiciones institucionales para reforzar la vigilancia sobre los mercados financieros mundiales. Se argumentó que, aunque los organismos reguladores ya existentes (Basilea, OICV, etc.) podían articular principios y códigos de conducta, no disponían de la autoridad necesaria para imponer su cumplimiento. Y, hasta ese momento, ni el FMI ni el Banco Mundial habían considerado que la regulación financiera fuera una de sus actividades fundamentales. Las valoraciones sobre los países miembro que el personal del

FMI había llevado a cabo en virtud del artículo IV no habían prestado demasiada atención ni a la calidad de la regulación financiera ni a las instituciones que la supervisaban en cada país.

Algunos afirmaron que se necesitaba una nueva institución para llenar ese vacío. Se propuso la creación de una Autoridad Financiera Mundial que pudiera imponer buenas prácticas e, incluso, quizás llegar a intervenir para volver a estabilizar mercados a los que los flujos financieros hubieran vuelto vulnerables. Los principales ministerios de Economía del mundo propusieron planes para reformar las instituciones financieras internacionales. Gordon Brown fue uno de los líderes de la propuesta de reforma. Como presidente del comité interino del Fondo Monetario Internacional, el actual Comité Monetario y Financiero Internacional (CMFI), estaba en posición de asumir ese liderazgo.

Sin embargo, el acuerdo sobre una nueva estructura institucional resultó ser muy escurridizo y, en octubre de 1998, los ministros de Economía y los gobernadores de los bancos centrales del G7 encargaron a Hans Tietmeyer, el antiguo presidente del Bundesbank, «que recomendara nuevas estructuras que mejoraran la cooperación entre los diversos organismos de supervisión nacionales e internacionales y las instituciones financieras internacionales, para fomentar la estabilidad del sistema financiero internacional».

Hans Tietmeyer llevó a cabo amplias consultas y, en febrero del año siguiente, presentó al G7 un informe en el que recomendaba la creación de un Foro de Estabilidad Financiera (FSF).[1] El Foro estaría formado por las autoridades nacionales del G7 responsables de la estabilidad financiera, es decir, por los ministerios de Economía, por los bancos centrales y por los organismos de supervisión, además de por representantes de otros centros financieros importantes, como Hong Kong, Singapur, Holanda, Australia y, ahora, Suiza. También formarían parte del Foro los organismos reguladores de los distintos sectores, dedicados a la elaboración de principios y de códigos, las propias instituciones financieras internacionales y representantes de los comités de expertos de los bancos centrales que se ocupaban de la estructura y de la financiación de los mercados, como, por

1. Informe de Hans Tietmeyer sobre Cooperación y Coordinación Internacionales en el ámbito de la supervisión y de la vigilancia de los mercados financieros para los ministros y gobernadores del G7, 11 de febrero de 1999, <http://www.fsforum.org>.

ejemplo, el Comité de Sistemas de Pago y de Liquidación. El entonces director general del Banco de Pagos Internacionales, Andrew Crockett, fue nombrado primer presidente del Foro a título personal. Se estableció una pequeña secretaría, dirigida por Svein Andresen, en la sede del BPI en Basilea. (El segundo presidente fue Roger Ferguson, de la Reserva Federal de Estados Unidos. En 2007, Mario Draghi, gobernador del Banco de Italia, presidía el FSF.)

En algunos países, decidir la identidad del miembro regulador que iba a participar en el Foro fue sencillo, especialmente en los casos, como el británico, en que sólo hay una autoridad. En otros, como el estadounidense, el hecho de poder nombrar únicamente a tres representantes dio lugar a cierta tensión y, por ejemplo, ni la Oficina del Controlador de la Moneda ni la CFTC, que están presentes en Basilea y en la OICV, respectivamente, tienen un lugar en la mesa. Además de las autoridades nacionales, hay seis asientos para las instituciones financieras internacionales, dos para el FMI, dos para el Banco Mundial, uno para el BPI y otro para la OCDE. El Banco Central Europeo se presentó a la primera reunión sin haber sido invitado, pero nunca se le ha mostrado el camino hacia la puerta. Por el contrario, la Comisión Europea rechazó formar parte del proceso y nunca ha sido miembro del Foro.

Los objetivos del Foro son «fomentar la estabilidad financiera internacional, mejorar el funcionamiento de los mercados financieros y reducir la tendencia de los altibajos financieros a propagarse de un país a otro y, por lo tanto, a desestabilizar la economía mundial».

Este objetivo se persigue de tres maneras:

- Valoración de los puntos vulnerables del sistema financiero internacional.
- Identificación y supervisión de la acción necesaria para corregir esos puntos vulnerables.
- Y mejora de la coordinación y el intercambio de información entre las distintas autoridades responsables de la autoridad financiera.

El Foro se reúne de forma plenaria dos veces al año y, desde 2001, también organiza reuniones regionales en América Latina, en Asia-Pacífico, en la Europa central y oriental y en África, con autoridades financieras de países que no son miembros del Foro.

A cierto nivel, esta disposición parece que tiene un objetivo relativamente sencillo, pero plantea la cuestión de en qué medida debe el Foro delegar en otros su propio trabajo y en qué medida debería actuar únicamente como un centro de referencia y, quizás, como estímulo para la labor de otros. En un principio, el primer presidente entendió que había cuestiones que los organismos ya existentes no afrontaban con la diligencia necesaria, posiblemente porque no contaban con la mejor estructura para ello. Por lo tanto, propuso que se establecieran grupos de trabajo en el FSF, que dependerían directamente del propio Foro y, a través del mismo, de los ministros de Economía y de los gobernadores del G7. Los primeros tres grupos que se crearon se centraron, respectivamente: en las implicaciones que tenían para la estabilidad financiera las actividades de instituciones muy apalancadas (fundamentalmente, los fondos de inversión libre); en los riesgos que suponían para el sistema financiero los paraísos fiscales; y en las posibles inestabilidades a que podían dar lugar los flujos de capital, especialmente los que se daban entre países desarrollados y países en vías de desarrollo.

Durante los dos años siguientes, estos nuevos grupos de trabajo elaboraron informes que reflejaban la perspectiva combinada de instituciones de distinto tipo que normalmente no trabajan juntas. Sin embargo, al hacerlo, generaron cierta controversia entre las instituciones y los organismos existentes. ¿Cómo podían aplicarse las recomendaciones si no recibían el apoyo de una organización matriz que tuviera autoridad para ello? ¿Con qué legitimidad contaban esos grupos? ¿Cómo se relacionaba su trabajo con el de los comités e instituciones de mayor antigüedad?

Resolver los nuevos interrogantes ha resultado muy complicado. Y, a pesar de que al menos dos de los tres informes dieron lugar a recomendaciones y a acciones que reforzaron el sistema financiero (uno de los autores de este libro fue presidente del grupo sobre instituciones muy apalancadas y, por lo tanto, quizás tenga cierta predisposición a enfatizar este hecho), a partir de esas primeras iniciativas, el Foro ha evitado, en general, crear más grupos de trabajo propios. Desde 2001, ningún grupo de trabajo específico ha elaborado informe alguno. En la actualidad, las publicaciones del Foro consisten principalmente en una serie de informes sobre la situación de «acciones actuales y recientes en aras de la fortaleza de los sistemas financieros». Estos documentos tan útiles se publican dos veces al año y van acompañados de una nota que subraya y resume las iniciativas iniciadas durante los seis meses anteriores. Actualmente, son un punto de referencia fundamental para todas las autoridades reguladoras.

El Foro también elabora una valoración de «vulnerabilidades», que sirve de marco de todas las reuniones y tiene el objetivo de poner de manifiesto los riesgos potenciales en el sistema financiero global.

La evolución del FSF ilustra la dificultad de la coordinación y del cambio institucional en un entorno sumamente complejo. El FSF no ha podido alcanzar algunos de los ambiciosos objetivos previstos en el momento de su fundación, a principios de 1999. Le ha sido imposible encontrar una posición diferenciada que integrara las distintas perspectivas de todos sus miembros, como se esperaba originalmente. No dispone de autoridad ejecutiva ni de poder para dar instrucciones a otros organismos. Los distintos miembros han mostrado diferentes niveles de compromiso con el Foro. Algunos países, especialmente Estados Unidos, han afirmado repetidamente que el Foro no debería tomar iniciativas propias y han tendido a centrarse más en encargar tareas a otros grupos relevantes, por ejemplo sobre los reaseguros y los derivados de crédito.

Por otro lado, la utilidad de las compilaciones y de los compendios producidos por el FSF es innegable. Incluso las autoridades reguladoras de países específicos tienen dificultades, en ocasiones, para seguir el ritmo de todas las iniciativas que se emprenden. El ejercicio sobre vulnerabilidad también resulta útil a la hora de centrar la atención, aunque no siempre distingue con claridad entre la vulnerabilidad que los reguladores pueden corregir (por ejemplo, la sobrecarga reguladora) y la que está fuera de su alcance, como los desequilibrios en las transacciones internacionales. Y es posible que el Foro haya reforzado la capacidad de respuesta colectiva por parte de las distintas instituciones en caso de crisis, al haber instaurado el hábito de cooperación entre los ministros de Economía, los bancos centrales y los reguladores. De todos modos, que se le permita o no participar en la gestión de una posible crisis dependerá de los ministros de Economía y de los gobernadores de los bancos centrales del G7 del momento. No está claro que deseen que el FSF actúe como coordinador de las iniciativas internacionales, a pesar de que se trata del único organismo que reúne a todos los participantes necesarios en caso de un brote grave de inestabilidad.

Lo que es indudable es que la existencia del Foro de Estabilidad Financiera ha aportado mayor impulso a la labor de los organismos reguladores de sectores determinados. En concreto, tanto la OICV como la IAIS se han abierto mucho más a los ministerios de Economía, a los bancos centrales y a las instituciones financieras internacionales y es probable que se pueda decir lo mismo del IFIAR en un futuro. Ahora son conscientes del interés que despierta su labor en la política de alto nivel. En consecuencia, por un lado han acelerado sus actividades de manera significativa y, por el otro, han aumentado notablemente su atención al cumplimiento de la normativa. En ambos casos, las obligaciones de los miembros se han vuelto más serias y más pesadas durante los últimos años. Indudablemente, se trata de un beneficio neto. El Foro también ha contribuido a educar a los ministerios de Economía sobre temas de estabilidad económica.

De forma más general y, probablemente, con el mayor impacto sobre la práctica, el FSF proporcionó el impulso necesario que llevó al FMI y al Banco Mundial a que ejercieran presión sobre los países para que éstos aplicaran los principios de regulación financiera que habían elaborado los organismos reguladores y con los que, en teoría, ya se habían comprometido.

El Fondo Monetario Internacional y el Banco Mundial

La creación del FSF no fue el único cambio significativo que se llevó a cabo a finales del siglo pasado.

Antes de las crisis financieras de finales de la década de 1990, el FMI y el Banco Mundial no desempeñaban más que funciones modestas en materia de regulación financiera. El Fondo prestaba cierta atención a la salud del sector financiero en su valoración de los países miembro, en virtud del artículo IV, y el Banco dedicaba parte de su esfuerzo a prestar asistencia técnica a instituciones del sector financiero. Sin embargo, no consideraban prioritario mejorar los principios reguladores ni obligar al cumplimiento de los principios y códigos ya existentes.

La crisis financiera asiática y la demostración de que los sistemas financieros mal regulados podían contribuir de manera crucial al desastre financiero y económico llevó a los ministros de Economía del G7 (y a otros) a exigir al Fondo y al Banco que se centraran más en reforzar los sistemas financieros de los países miembro, en identificar los puntos débiles en sus primeras etapas y en poner de manifiesto las necesidades de desarrollo, especialmente en los mercados emergentes.

Así que, en 1999, ambas instituciones fundaron conjuntamente el Programa de Evaluación del Sector Financiero o FSAP (que no debe confundirse con el PASF, el Plan de Acción sobre Servicios Financieros de la UE, cuyas siglas en inglés coinciden con el programa del FMI) y la Iniciativa sobre Principios y Códigos (o ROSC, siglas en inglés para Informe sobre el Cumplimiento de Principios y Códigos). Tal y como manifestaba un artículo de evaluación del FMI, publicado en enero de 2006, el FSAP se introdujo para cubrir un vacío que se había detectado en la arquitectura financiera internacional y para facilitar la prevención de las crisis, al considerarse que los enfoques de supervisión actuales del FMI, en virtud del artículo IV, no bastaban para supervisar efectivamente el sector financiero.[2]

El programa de trabajo que el Fondo y el Banco han llevado a cabo bajo el FSAP ha sido muy amplio. A finales de 2005, se habían elaborado valoraciones de 111 países. En el caso de los países desarrollados de la OCDE, el FMI asumió, en general, la tarea en solitario, aunque implicó a expertos en regulación pertenecientes a entidades reguladoras de otros países. En el caso de los países en vías de desarrollo, llevó a cabo la tarea junto al Banco Mundial.

En la actualidad, ya han sido valorados la mayoría de los países importantes, con las significativas excepciones de Estados Unidos y de China. Tal y como el FMI manifiesta lacónicamente, «estas ausencias se deben, principalmente, a que las autoridades de los países en cuestión se han mostrado reticentes a participar en el ejercicio». China ya ha aceptado participar y Estados Unidos sigue aplazándolo. En vista de la dura valoración que la propia Oficina de Supervisión del Gobierno (GAO) ha hecho del sistema estadounidense (véase más adelante), existe un riesgo evidente de que el FSAP pueda detectar carencias y puntos débiles en las disposiciones de Estados Unidos, lo que pondría a la Administración en una situación complicada. De todos modos, resulta decepcionante que Estados Unidos se haya negado a participar en el FSAP durante tanto tiempo.

La evaluación del propio FMI manifiesta que el coste medio del

2. Oficina de evaluación independiente del FMI, «Report on the Evaluation of the Financial Sector Assessment Program», enero de 2006, <http://www.imf.org>.

informe de cada país fue de 668.000 dólares, excluyendo los gastos indirectos. Estos costes se redujeron a partir de una revisión de 2003 que recomendaba que los informes fueran más selectivos y se centraran únicamente en los temas más importantes de cada nación.

En el caso de los países grandes, los costes fueron considerablemente más elevados. Treinta y ocho personas procedentes de todos los rincones del mundo se cernieron durante varias semanas sobre las instituciones financieras de Gran Bretaña (sobre todo el Tesoro, el Banco de Inglaterra y la FSA) en 2001. Y estos costes no tienen en cuenta el esfuerzo asociado del personal de los países evaluados. Japón estima que el 10% de la JFSA participó en la evaluación en un momento u otro.

Las valoraciones se han centrado sobre todo en determinar en qué medida aplican los países los principios y los códigos establecidos por los organismos reguladores, desde el Código de Transparencia Fiscal del propio FMI hasta los Principios de Gobierno Corporativo de la OCDE. Los doce bloques principales se describen en el cuadro 2. Los informes también incluyen valoraciones sobre la capacidad de cada país para afrontar posibles crisis y enfatizan la comprobación del sistema financiero en su conjunto.

Se han publicado los informes finales, al menos de forma resumida, de la mayoría de países, aunque no de todos, lo que permite a los participantes en el mercado y a otras partes interesadas alcanzar sus propias conclusiones acerca de la calidad de la regulación existente. En teoría, los países deberían aplicar las recomendaciones ofrecidas para mejorar y/o completar el sistema y el FMI y el Banco Mundial deben llevar a cabo una valoración actualizada para evaluar los avances.

¿Ha sido efectivo este enorme programa de trabajo, que ha costado bastante más de 1.000 millones de dólares hasta la fecha? Podemos desglosar la pregunta en cuatro aspectos:

I) ¿Este ejercicio ha mejorado la capacidad del Fondo para identificar posibles puntos débiles del sistema financiero mundial?

II) ¿Los participantes del mercado valoran y utilizan los resultados, reforzando así la disciplina del mercado?

III) ¿El FSAP ha dado lugar a mejoras cuantificables en el nivel de cumplimiento de los principios y de los códigos vigentes? Y, aún más importante:

IV) ¿El cumplimiento de los principios y de los códigos se asocia a una mayor fortaleza de los sistemas financieros? En otras palabras, ¿ha valido la pena toda esta actividad, teniendo en cuenta que su objetivo era reducir la incidencia de las crisis financieras?

Las evaluaciones que ha llevado a cabo recientemente el personal evaluador del Fondo y del Banco responden en cierta medida a estos interrogantes.[3]

Respecto al apartado I, concluyeron que el FSAP «ha contribuido significativamente a valorar los puntos débiles del sector», aunque indican ciertas contraindicaciones. La República Dominicana sufrió una crisis financiera importante poco después de que se llevara a cabo el ejercicio del FSAP, el cual no sirvió para detectar la causa inmediata de la crisis. La labor del Fondo en el sector financiero, especialmente los informes sobre estabilidad financiera global, es más exhaustiva y directa que antes, aunque aún se le critica que no sea demasiado riguroso en las evaluaciones ni suficientemente duro en las recomendaciones.

CUADRO 2. PRINCIPIOS Y CÓDIGOS IMPORTANTES PARA LA LABOR DEL FONDO Y DEL BANCO*

Transparencia de las políticas

- **Transparencia de la información:** Norma Especial de Difusión de Datos y Sistema General de Difusión de Datos (SDDA y GDDS) del Fondo.
- **Transparencia fiscal:** Código de Buenas Prácticas de Transparencia Fiscal del Fondo.
- **Transparencia de la política monetaria y financiera:** Código de Buenas Prácticas de Transparencia en las Políticas Monetarias y Financieras (MFPT), que suele evaluarse en virtud del FSAP.

* Se puede acceder a la descripción completa de los principios y de los códigos en: http://www.fsforum.org/compendium/key_standards_for_sound_financial_system.html.

3. «Financial Sector Assessment Program: Key Findings and Recommendations», 2006, <http://www.worldbank.org>.

Regulación y supervisión del sector financiero

- **Supervisión bancaria:** Principios Básicos para una Supervisión Bancaria Efectiva (BCP) del Comité de Supervisión Bancaria de Basilea (CSBB).
- **Mercados de valores:** Objetivos y Principios para la Regulación de los Mercados de Valores de la Organización Internacional de Mercados de Valores (OICV).
- **Seguros:** Principios de Supervisión de Seguros de la Asociación Internacional de Supervisores de Seguros (IAIS).
- **Sistemas de pago:** Principios Básicos para los Sistemas de Pago de Importancia Sistémica del Comité de Sistemas de Pago y de Liquidación (CSPL), complementados por Recomendaciones para los Sistemas de Liquidación de Valores (RSSS) para países con un volumen significativo de transacciones con valores.
- **Blanqueo de dinero y financiación del terrorismo:** Las 40+9 recomendaciones del Grupo de Acción Financiera Internacional (GAFI).

Integridad de los mercados

- **Gobierno corporativo (GC):** Principios de Gobierno Corporativo de la Organización para la Cooperación y el Desarrollo Económico (OCDE).
- **Contabilidad:** Normas Internacionales de Contabilidad (NIC) del Consejo de Normas Internacionales de Contabilidad (IASB).
- **Auditoría:** Normas Internacionales de Auditoría (ISA) de la Federación Internacional de Contables (IFAC).
- **Insolvencia y derechos de los acreedores:** Una normativa basada en los Principios para Sistemas Efectivos de Insolvencia y de Derechos de los Acreedores del Banco Mundial y la Guía Legislativa sobre el Régimen de Insolvencia de la Comisión de las Naciones Unidas para el Derecho Mercantil Internacional (UNCITRAL).**

** El Banco Central y la UNCITRAL, en consulta con personal del Fondo, trabajan actualmente en la finalización de este principio.

El veredicto respecto al apartado II no es tan positivo. El Banco Mundial informa de que «la utilización directa de los resultados por parte de los participantes en el mercado sigue siendo reducida, aunque puedan utilizar los ROSC indirectamente, al depender de las agencias de calificación de créditos». El 55 % de los que respondieron al estudio dijeron que usaban los ROSC en cierta o gran medida, aunque sólo el 10 % los usaba en gran medida, mientras que el 21 % no los usaba en absoluto.

Un estudio llevado a cabo para evaluar el ejercicio concluye que existen diferencias muy significativas en la utilización de los distintos códigos por parte de los participantes en el mercado. En una escala de utilización de cinco puntos, donde 1 es «nunca» y 5 es «en gran medida», los principios básicos de Basilea obtienen una puntuación del 3,39, mientras que, en el otro extremo, los principios de la IAIS sólo logran un 1,42. Los principios de la OICV tampoco se valoran demasiado y obtienen una puntuación de 1,70, sólo la mitad de la que obtiene Basilea. Esto debería hacer que las organizaciones reflexionaran sobre el rigor y la relevancia de sus principios y sobre la necesidad de adaptarlos a las condiciones cambiantes del mercado y a los nuevos instrumentos. Es obvio que los participantes del mercado creen que algunos de ellos no sirven de mucho en estos momentos.

En cuanto al apartado III, sobre si el ejercicio ha dado lugar a mejoras cuantificables en su cumplimiento, las conclusiones son contradictorias. Los resultados de los estudios indican que las autoridades de los países creían, en general, que la participación en el ejercicio había valido mucho la pena, aunque cuando les preguntaron si les había sido útil a la hora de cumplir los objetivos reguladores concretos, «en general pensaban que sólo les había sido útil en cierta medida». Quizás hay que esperar a que los países resten importancia al impacto que los estímulos externos ejercen sobre el cambio. El Fondo cree que las «pruebas indican que las recomendaciones de los ROSC se han aplicado hasta cierto punto», pero observa que «no disponemos de ningún mecanismo que permita registrar sistemáticamente la aplicación de las recomendaciones de los ROSC por parte de los miembros ni ninguno que permita valorar el grado en que se observan los principios de todos los ROSC». Sin embargo, nuestra percepción es que determinados países han usado con frecuencia los FSAP para reforzar los poderes y la independencia de los reguladores.

Sin lugar a dudas, el punto IV es el más importante: ¿son útiles los códigos y los principios? ¿El cumplimiento de los mismos tiene una relación positiva con la estabilidad financiera? También es, con diferencia, la pregunta más difícil de contestar y se han llevado a cabo pocos estudios acerca del efecto de la adopción de los principios sobre el rendimiento económico. También es razonable señalar que algunos principios, concretamente los que van en contra del blanqueo de dinero, no se elaboraron por motivos directamente relacionados con la eficiencia económica o de los mercados. Pretenden luchar contra el crimen organizado, contra la corrupción y contra el terrorismo. Los principios sobre estos temas también se centran principalmente en los procesos, y no en lo esencial.

Resulta difícil interpretar la información existente sobre este tema. De los seis artículos que el FMI ha preparado sobre la cuestión, cuatro de ellos «encuentran pruebas de que la adherencia a la transparencia de las políticas y a los principios de supervisión bancaria reduce las fluctuaciones de los precios en el mercado, mejora las calificaciones y también los indicadores del rendimiento del mercado». Los otros dos llegan a conclusiones más débiles, aunque no contradictorias. Por un lado, un estudio del Banco Mundial «no encuentra pruebas de que el mero hecho de mejorar la supervisión ejerza un efecto positivo sobre el desarrollo del sector financiero, sobre la eficiencia y la estabilidad de dicho sector o sobre el gobierno corporativo de los bancos». (Numerosas autoridades reguladoras cuestionan abiertamente las conclusiones de este estudio, publicadas en forma de libro.)[4]

A la luz de estas conclusiones tan poco entusiastas, ¿cuál es el futuro del FSAP? Dos evaluaciones paralelas recomiendan que prosiga, pero más centrado en determinados aspectos y con menos valoraciones anuales. Esta conclusión no es sorprendente, si tenemos en cuenta la gran cantidad de capital intelectual que se ha invertido hasta ahora. El trastorno que la crisis asiática produjo en el sistema, así como los programas resultantes del Fondo y del Banco, quizás se hayan reducido en la actualidad. Sin embargo, es poco probable que las instituciones financieras internacionales abandonen esta área de trabajo sin presentar resistencia, especialmente en

4. James Barth, Gerald Caprio y Ross Levine, *Rethinking Bank Regulation: Till Angels Govern*, Cambridge University Press, 2005.

un momento en que se ponen en duda otras dimensiones más tradicionales de sus objetivos. Y, en nuestra opinión, hay suficientes pruebas de que estos esfuerzos han desembocado en mejoras de la regulación que justifican la continuación del programa de una forma u otra, aunque con más prioridades y dentro de una estructura basada en el riesgo. En el capítulo 7 comentamos el contenido y la estructura futuros.

4. La Unión Europea: un caso especial

La mayor parte de la elaboración de principios y de la cooperación reguladora internacional depende de estructuras meramente voluntarias, que se han centrado especialmente en el intercambio de información, en la creación de una igualdad competitiva aproximada para los participantes extranjeros en el mercado o, simplemente, en la atención a las mejoras de las técnicas de supervisión de otras jurisdicciones para mejorar los regímenes nacionales. Sin embargo, en la UE, los estados miembro han acordado regirse formalmente por legislación basada en los tratados europeos y adherirse a normativas parecidas o, cada vez más, idénticas.

Con el tiempo, se ha ido creando una estructura legislativa cada vez más elaborada, con objetivos diversos y, en ocasiones, tan variados que llegan a crear confusión. Junto a esta estructura, se han creado también de manera progresiva una serie de comités intraeuropeos que trabajan en la elaboración de normas comunes, en su aplicación del modo más coherente posible y en la cooperación habitual entre supervisores. La gráfica 5 describe el sistema de manera visual.

GRÁFICA 5. ESTRUCTURA DE LOS COMITÉS MUNDIALES EUROPEOS

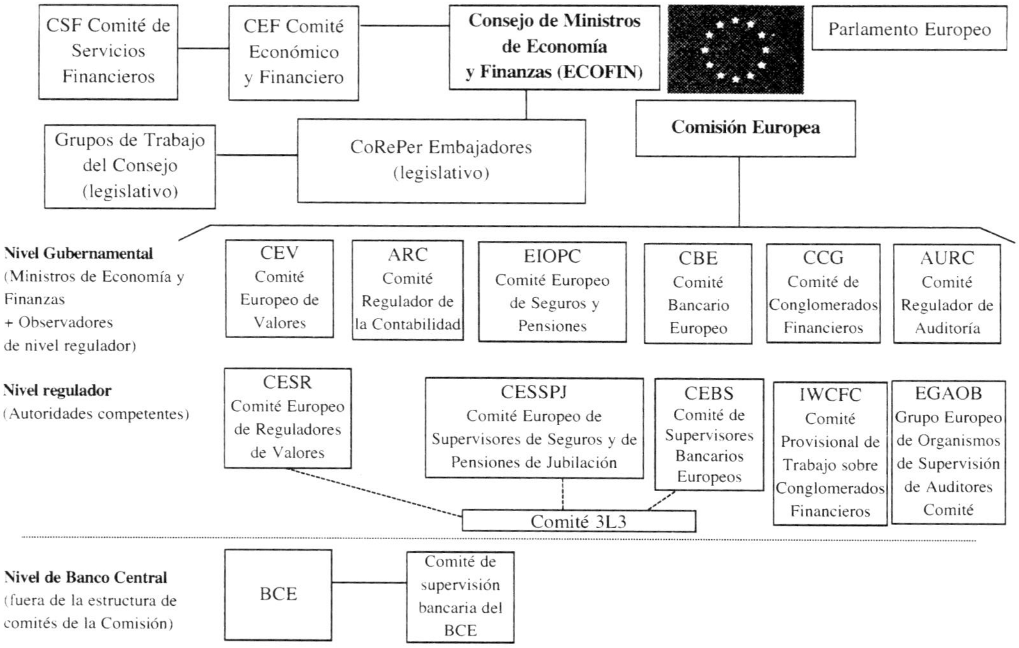

Fuente: adaptado con autorización de Sloan y Fitzpatrick, «The Structure of International Market Regulation», en *Financial Markets and Exchanges Law*, Oxford University Press, marzo de 2007, capítulo 13.

El Plan de Acción sobre Servicios Financieros

El programa legislativo se ha extendido a lo largo de más de quince años y aún no ha concluido.[1] Sus objetivos son cada vez más ambiciosos. Empezó esforzándose, en una analogía con el comercio de bienes materiales, por ampliar la libertad para abrir sucursales en otros países y para proporcionar servicios de una jurisdicción a otra, sobre todo a partir del reconocimiento mutuo de regímenes reguladores esencialmente distintos. Desde entonces, los objetivos se han ido ampliando, y ahora incluyen: a) proporcionar un campo equitativo en relación con los requisitos de solvencia, en la banca y las transacciones con valores y, muy pronto, también en el sector de los seguros; b) fomentar activamente una mayor provisión de servicios de inversión transfronterizos específicos, como los fondos de inversión colectiva (conocidos como OICVM) o las hipotecas; y, lo que es mucho más ambicioso, c) crear un mercado de capital único para toda Europa. Una vez armonizada, la estructura normativa también ha tenido que modificarse para reflejar los cambios en el mercado.

En algunos casos, la UE ha adoptado y codificado esencialmente normas creadas en un ámbito mundial, como la Directiva sobre Requisitos de Capital, que hace efectivo el acuerdo de Basilea II en toda la UE. Otras normas se han reelaborado desde el principio, debido a las circunstancias únicas de la UE y al deseo de crear, en la medida de lo posible, un mercado sin fronteras.

El impulso para cada paso ha procedido de direcciones diferentes en distintos momentos. Frecuentemente, ha procedido de los participantes de mayor envergadura y más ambiciosos del mercado, frustrados por los obstáculos y el coste de ampliar sus actividades transfronterizas.[2] Éstos concluyeron que, en la práctica, el reconocimiento mutuo sigue dando lugar a una doble carga normativa y que, muy posiblemente, favorece el modelo de empresa nacional, ya que los reguladores de cada país benefician a sus propias empresas. Otras veces, el impulso ha procedido de líderes empresariales preo-

1. En <http://www.europa.eu/internal_market/top_layer/index_24_en.htm> se puede obtener la información más básica sobre el mercado único europeo de servicios financieros.

2. Mugge, Daniel, «Reordering the Marketplace: Competition Politics in European Finance», en *JCMS*, vol. 44, n.° 5, 2006.

cupados por el peligro que corren la competitividad y la influencia europeas, debido a la naturaleza fragmentaria de los mercados financieros de la UE, en comparación con las economías de escala que se abren a las entidades que proporcionan servicios financieros en las grandes economías unitarias de Estados Unidos, Japón y, potencialmente, China e India. En ocasiones, la iniciativa ha procedido de la convicción política y económica (expresada en el Tratado de Lisboa, aprobado en la cumbre de presidentes de gobierno del año 2000) de que reducir los costes de la intermediación financiera, en respuesta a una mayor competencia internacional, estimularía el crecimiento de la economía real. Con bastante frecuencia, también ha sido el producto de la presión ideológica ejercida para conseguir una mayor centralización de la UE, como parte de un programa político en favor de una unión aún más estrecha.

La creación del euro generó un potente impulso adicional. Por un lado, porque eliminó en una cantidad enorme de transacciones el riesgo derivado de las tasas de cambio de divisas, que constituía un obstáculo importante, especialmente para las transacciones internacionales minoristas y, por el otro, porque el aprovechamiento pleno de los amplios beneficios que puede ofrecer la unión monetaria depende de contar con instituciones financieras eficientes, con mercados de capital profundos y líquidos, y con una infraestructura sólida, barata y fiable. La aparición del euro, a su vez, planteó la delicada cuestión política de si la estructura legal y de cooperación supervisora que lo acompañaba debía centrarse en la Eurozona en lugar de en toda la Unión Europea. La respuesta legal formal a esta pregunta es clara: las directivas reguladoras se aplican a todo el conjunto de la UE. Pero la presión para la armonización es más intensa en la Eurozona.

El resultado de toda esta variedad de motivos es que el alcance preciso del programa o los objetivos del mismo se han articulado en una estructura coherente en muy raras ocasiones. El conjunto de propuestas más exhaustivo fue el Plan de Acción sobre Servicios Financieros (PASF) de 1993,[3] impulsado por el entonces comisario Mario Monti.

El PASF combinaba de un modo confuso la mejora y la actualización de la normativa prudencial existente con una gran variedad

3. *Financial Services Action Plan, 1999-2005*, COM, 1999, 0232.

de medidas sobre inversiones y mercados de capital, además de con propuestas para tratar multitud de cuestiones técnicas y legales. Con frecuencia, las medidas conseguían llegar a la lista, que constaba de no menos de cuarenta y dos iniciativas distintas, en parte porque servían a los intereses particulares de grupos concretos. No había una visión general común ni, ciertamente, una concepción o una comprensión generalizadas de las posibles consecuencias y de las amplias ramificaciones de la aplicación de las iniciativas; el análisis de los costes y de los beneficios también fue escaso. Sin embargo, el PASF significó el alejamiento del reconocimiento mutuo y el acercamiento hacia un enfoque proactivo de armonización paneuropea. No está claro que quienes lo propusieron (especialmente el gobierno británico, que promovió el PASF durante su presidencia y que posteriormente presionó para que se ejecutara como parte del programa de reforma económica de Lisboa) entendieran completamente las implicaciones del cambio. El gobierno británico consideró que el PASF abriría los mercados y favorecería la competencia. No se entendió inmediatamente que la normativa única que se necesitaba para la liberalización y la eficiencia del mercado, al menos para los principales participantes, también implicaba una supervisión supranacional integrada.

El proyecto, en general, se hizo extraordinariamente más grande y complejo, y acabó requiriendo muchos más recursos de los que nadie había pensado; en varios momentos, se oyeron voces influyentes que pedían que se detuviera, bien porque había algún aspecto que iba a ser mucho más caro de lo que se había previsto, bien porque veían que sus intereses iban a verse amenazados de maneras que no habían anticipado. Sin embargo, la Comisión siguió hacia delante con obstinación, bajo la dirección del comisario Frits Bolkestein. El proyecto era uno de los más grandiosos que la UE había iniciado hasta el momento y requería modificar una gran cantidad de requisitos técnicos y legales en todos los tipos de instituciones y de actividades financieras.

Durante uno de estos períodos de incertidumbre, un grupo de profesionales de la City de Londres intentó explicitar retrospectivamente la visión que el PASF había asumido implícitamente. Ninguna de las partes interesadas la adoptó formalmente, pero sigue siendo la afirmación más clara y concisa de los objetivos implícitos de esta tarea gigantesca.

Los profesionales dijeron que entendían que la visión era:

> [...] un mercado financiero innovador y competitivo en el que los prestatarios, los emisores de bonos y de pólizas de seguros y quienes ofrecen pensiones y servicios bancarios podrán relacionarse libremente, sobre una plataforma no discriminatoria, con los emisores de créditos, los inversores, los tenedores de las pólizas y los compradores de planes de pensiones. Lo harán gracias a una regulación prudencial y a una protección del inversor y del cliente proporcionadas y comunes, si lo desean a distancia y más allá de sus fronteras; además, tendrán acceso a todas las infraestructuras de mercado necesarias, se encuentren donde se encuentren y sin tener que estar necesariamente presentes en el ámbito nacional. El mercado para la propiedad corporativa salvaguardará los intereses de los inversores y operará dentro de una estructura de gobierno corporativo proporcionado y sólido, y estará sujeto a unos principios de supervisión y de auditoría de alta calidad.[4]

De todos modos, incluso con una visión explícita, se fueron tomando las numerosas medidas muy poco a poco y de manera poco sistemática.

Resulta útil distinguir, por un lado, entre los proyectos prudenciales en el sector bancario, en el de los seguros y en el de los conglomerados (la Directiva sobre Requisitos de Capital en el sector bancario, el proyecto Solvencia II en el sector de los seguros, y la Directiva sobre Grupos Financieros para los conglomerados mixtos) y los que se dirigen a las operaciones en los mercados de capital y en los servicios de inversión. Los proyectos para el sector bancario y para el de los seguros ya se han comentado anteriormente (véanse págs. 61 y 86).

En un principio, las distintas directivas que tenían que ver con los servicios de inversión se trataron por separado y las interrelaciones entre ellas fueron apareciendo lentamente. Aún hay muchas áreas en las que todavía no se han aplicado, por lo que es demasiado pronto para poder decir si desembocarán en los beneficios transformacionales augurados para la economía no financiera. Tampoco es posible decir si los beneficios se verán muy limitados en el caso de que no se haya aplicado todavía un elemento específico o de que

4. Corporation of London, «Green Paper on Financial Services Policy (2005-10)», documento elaborado para el City EU Advisory Group, julio de 2005, pág. 30.

en el diseño falten algunas piezas fundamentales, cuya ausencia sólo se hará visible más adelante.

Para conseguir una armonización plena, es necesario que haya requisitos de información financiera (regulación NIIF de 2002), sujetos a acuerdos sobre sistemas de auditoría coherentes (Octava Directiva sobre Derecho de Sociedades de 2006) preparados, a su vez, por empresas sometidas a un gobierno corporativo adecuado (Plan de Acción sobre Gobierno Corporativo de 2003). La información contenida en los folletos informativos que se elaboren debe ser coherente y estar presentada en un formato que también lo sea y, además, los folletos deben ser aceptados en toda la UE (Directiva sobre Folletos Informativos de 2003). Las condiciones primarias de emisión deben estar estandarizadas y los mercados en los que se emiten los valores deben contar con una regulación común (Directiva sobre Mercados de Instrumentos Financieros [MiFID]). A partir de ahí, los emisores deben estar sujetos a una obligación común y continuada de informar al mercado de los sucesos que se vayan desarrollando (Directiva sobre Transparencia de 2004). Las transacciones secundarias deben ser coherentes (MiFID) y es necesario que exista un acuerdo común sobre las definiciones de información privilegiada y abuso del mercado (Directiva sobre Abuso del Mercado de 2002). Las transacciones entre distintos países exigen acuerdos fiables y eficientes para la compensación y la liquidación (Directiva sobre la Firmeza de la Liquidación de 1998, Código de Conducta Europeo en Materia de Compensación y Liquidación de 2006, Proyecto Target 2-valores del BCE iniciado en 2006), y que los pagos internacionales sean baratos y eficientes (Proyecto de Zona Única de Pagos Europeos, Directiva sobre Servicios de Pago de 2007). Cuando las transacciones con valores se lleven a cabo con inversores minoristas, se deben aplicar normas de conducta coherentes (MiFID).

El alcance del cambio que la aplicación de las directivas puede suponer para prácticamente todas las instituciones e infraestructuras financieras de la UE es evidente. Lo que no queda tan claro es si las directivas darán lugar a los beneficios esperados y cuándo. Uno de los imponderables principales es si los requisitos reguladores se estandarizarán lo suficiente como para facilitar la competencia que ha de aumentar la eficiencia que, a su vez, acabará beneficiando a los usuarios finales de los servicios financieros. (Una complicación añadida es que, aunque se estandaricen los principios reguladores, seguirán existiendo diferencias legales y fiscales significativas entre los estados miembro.) La postura que adoptaron muchos en su momento fue que sólo se necesitaba una «armonización mínima», lo que significaba que la estructura básica de la regulación debía ser la misma, pero que se permitían variaciones nacionales. Se consideraba que este enfoque tenía la ventaja de permitir que se conservaran las características nacionales en la medida de lo posible. También favorecería la competencia, porque la variación de las estructuras nacionales facilitaría la innovación y atraería volumen de negocio a los centros financieros más competitivos.

Quienes apoyaban este enfoque se oponían a la «armonización máxima», que implicaba una estandarización que, además de ser ideológicamente pura, favorecía un terreno de juego equitativo que todos los mercados necesitan para existir. Sin embargo, si esto se hacía según un principio «equivocado», podía perjudicar a la competitividad, sobre todo a nivel global, además de dificultar la innovación, debido a lo complicado que es cambiar la legislación (véase el proceso Lamfalussy, más adelante). En un sentido general, los partidarios de la armonización mínima participaban en los mercados mayoristas internacionales, sobre todo en Londres, mientras que quienes promovían la estandarización estaban comprometidos filosóficamente con una Europa más centralizada.

Las posturas han ido variando con el tiempo, a medida que se ha ido poniendo de manifiesto que la variación nacional en los detalles actúa, según el punto de vista que se adopte, como una barrera al comercio o como una defensa de la independencia de las instituciones o actividades, o incluso de su misma existencia (y, por lo tanto, de sus reguladores respectivos) en cualquier jurisdicción concreta.

En consecuencia, las grandes empresas paneuropeas han ido pasando de ser partidarias de una armonización aproximada a favorecer una estandarización que les permita beneficiarse de las economías de escala, mientras que algunos de los que en un principio se habían comprometido con una estandarización más centralizada, como si fuera un dogma, están empezando a ver la amenaza que ello supone para los operadores y los mercados más pequeños. (Hay otros aspectos sobre los que se ha cambiado de opinión, por ejemplo, sobre si la función del supervisor nacional debería primar por encima de la del país anfitrión, y sobre si debería distinguirse claramente o no entre las operaciones minoristas y las operaciones mayoristas.)

Uno de los objetivos principales era reducir el coste de las empresas, al contar con un único paquete de normas aplicables a todas las operaciones de la UE. El régimen del país anfitrión las reconocería y las comunicaría a los clientes y a las autoridades homólogas pertinentes. La atracción que ejercía este enfoque, fomentado especialmente por Gran Bretaña y por grandes grupos transnacionales en otros países de la UE, era obvia. Sin embargo, la enorme magnitud de las sucursales extranjeras, ya se tratara de entidades mayoristas en centros como Londres o de las grandes operaciones minoristas que dominan los mercados del norte y del este de Europa, ha provocado que los países anfitrión reevalúen sus intereses. (Para una explicación de la escala y de la naturaleza de las operaciones transnacionales en Europa véase el informe del BCE sobre integración financiera de 2007.)[5]

Al principio, también se dieron tensiones entre los que querían centrarse en armonizar los mercados mayoristas, de nuevo principalmente Gran Bretaña y las grandes empresas transnacionales, y tratar con los minoristas aparte, o no tratarlos en absoluto, y los demás centros, especialmente los de la Eurozona, para quienes la industria de los servicios financieros era esencialmente minorista. Las opiniones sobre este tema también han variado, y Gran Bretaña y otros países se están empezando a dar cuenta, ahora que se acerca el momento de la aplicación, de lo importante que es la coherencia entre los enfoques mayorista y minorista, al tiempo que otros empiezan a entrever la enorme magnitud del coste que implican los cambios necesarios para la armonización del mercado minorista.

Puede que un ejemplo ayude a explicar el problema. Una de las características significativas de los cambios en la regulación de los mercados de capitales ha sido la abolición, efectiva desde finales de 2007, de normas nacionales anteriores que requerían que todas las operaciones con acciones pasaran por los mercados de valores nacionales, abolición que permite la «internalización sistemática» de las instrucciones de los clientes en el seno de las empresas de inversión, independientemente de su origen. Esta medida, cuya importancia potencial se reconoció en un principio, fue objeto de un debate enconado, y de hecho, aunque finalmente se aprobó, aún es demasiado pronto para entrever las consecuencias finales.

5. BCE, «Financial Integration Report», marzo de 2007.

Hay varias situaciones posibles y cada una de ellas puede dar lugar a más ramificaciones para la estructura de la supervisión, además de ofrecer oportunidades fantásticas para algunos participantes y plantear problemas para otros (véase el análisis de Graham Bishop en *MiFID-an opportunity to profit*).[6] La presión sobre los mercados de valores establecidos favorecerá, indudablemente, una mayor consolidación internacional, tanto si incluye únicamente a Europa como si atraviesa el Atlántico o llega incluso a Asia, ofreciendo así la posibilidad de un ahorro significativo y de una reducción importante de las comisiones, como consecuencia también de la competencia entre los internalizadores sistemáticos (IS), sobre todo los bancos de inversión. Estas fusiones plantean la cuestión de cómo cooperarán los reguladores de los grupos ampliados de mercados de valores y, en el caso de fusiones con países que no son miembros de la UE, de la intensidad de las presiones para adoptar regulaciones distintas. (A principios de 2007, el gobierno británico aprobó leyes que dotaban a la FSA de la capacidad de resistirse a la imposición extraterritorial de los requisitos estadounidenses en el caso de que el mercado de valores de Londres fuera adquirido por intereses norteamericanos.)

Al mismo tiempo, y en función de la evolución de otros obstáculos al comercio, también es posible que muchas empresas de inversión establezcan internalizadores sistemáticos que logren una gran cuota operacional. Las transacciones quizá podrían concentrarse cada vez más en varios IS paneuropeos, o globales, según lo que suceda fuera de la UE, y dar lugar, efectivamente, a mercados de valores mundiales e integrados verticalmente. Esto tendría un impacto muy grave sobre los mercados de valores tradicionales y, con el tiempo, les obligaría a cambiar su propia estructura o, incluso, pondría en peligro su viabilidad.

La Comisión también sigue trabajando para determinar hasta qué punto necesita el mercado único una ley de sociedades y una normativa de gobierno corporativo armonizadas, como parte del programa para crear un mercado de capital integrado. En el año 2003, plasmó sus opiniones al respecto en «Modernizar la ley de sociedades y mejorar el gobierno: un plan hacia adelante».[7] Aquí se

6. Graham Bishop, *MiFID: an opportunity to profit*, Logica, 2006.

7. Comunicación de la Comisión al Consejo y al Parlamento Europeo, «Modernizing Company Law and Enhancing Corporate Governance in the European Union: A Plan to Move Forward», COM, 2003, 0284.

presentaban una serie de iniciativas diseñadas, entre otras cosas, para «dar tanto a los emisores como a los inversores la oportunidad de ser más activos en otros mercados de capital de la UE y de confiar en que las empresas en las que invierten tengan estructuras de gobierno corporativo equivalentes».

Los objetivos incluyen reforzar los derechos de los accionistas y la protección de las terceras partes, así como fomentar la eficiencia y la competitividad de las transacciones. La Comisión concluyó que el código de gobierno corporativo de la UE no era apropiado, esencialmente por la diversidad de los puntos de vista nacionales, y ha centrado sus esfuerzos en mejorar la divulgación del gobierno corporativo y reforzar los derechos de los accionistas, en modernizar las juntas directivas, en la conservación del capital y en la alteración de las estructuras corporativas.

Aún puede ser más importante la introducción del Estatuto de Empresa Europea (2001), que ofrece a las empresas la posibilidad de migrar entre jurisdicciones, con las consiguientes implicaciones en el caso de las empresas de servicios financieros, para quienes se intercambiarían las identidades de reguladores nacionales y de reguladores anfitriones; esto podría ser importante, dadas las diferentes funciones que corresponden a cada uno.

Muchas de las iniciativas que se han desarrollado más intensamente se relacionan, en esencia, con el mercado mayorista, porque es donde los participantes transnacionales han sido más activos y donde los propios mercados han mostrado una necesidad clara de desarrollar disposiciones homogéneas.

La provisión de servicios minoristas transnacionales está mucho menos desarrollada. Las cuentas bancarias, los créditos personales, las hipotecas, las pensiones, los seguros y las inversiones siguen correspondiendo mayoritariamente a entidades con sedes nacionales, tanto si son propiedad de empresas extranjeras como si no lo son. Hay varios motivos que lo explican y que no tienen nada que ver con la regulación financiera (idioma, costumbres culturales, disposiciones fiscales, falta de comprensión o de confianza hacia la regulación extranjera y hacia los mecanismos de compensación, etc.). Los argumentos a favor de la armonización de la regulación del mercado minorista no son tan claros, aunque, en cualquier caso, se dará en mayor o menor grado mediante las provisiones sobre el código de conducta de la MiFID. Sin embargo, puede argumentarse que los consumidores podrían beneficiarse de una mayor competencia transnacional en el contexto minorista y que una mayor regulación del código de conducta por parte de la UE podría contribuir a ello.

Esta cuestión ha sido objeto de largos debates, el más reciente en el Libro Verde sobre los Servicios Financieros al por Menor en el Mercado Único,[8] que identifica una modesta actividad transnacional, amplias variaciones en los precios, poca diversidad de producto, poca posibilidad de elección y grandes variaciones en el rendimiento de los mercados. Se proponen varias iniciativas en relación con la banca minorista, con el crédito hipotecario, con la portabilidad de los derechos de pensiones, con los pagos transnacionales, con el crédito de consumo, con los registros sobre información crediticia, con la publicidad a distancia, etc.

Muchas de estas iniciativas siguen estando más próximas a la regulación de la competencia que a la regulación financiera tradicional, o implican la creación de una infraestructura transnacional. El reto logístico de aplicar estas directivas, que ya se han acordado, implica que será fundamental asumir las lecciones que tanto ha costado aprender en términos de la necesidad de realizar una valoración exhaustiva de «la mejor regulación» antes de llevar a cabo más iniciativas en el ámbito minorista.

Acuerdos institucionales para la cooperación y la toma de decisiones

Durante la segunda mitad de la década de 1990, se reconoció la necesidad de nuevos acuerdos institucionales para poder afrontar los cambios. Había que resolver varios problemas. El primero era que la Comisión había reconocido que no disponía ni de la capacidad ni de los conocimientos necesarios para elaborar la legislación sin ayuda. El segundo consistía en que existía la necesidad de que la legislación pudiera modificarse con mucha mayor rapidez que la anterior, si se pretendía que pudiera seguir el ritmo acelerado de los cambios en los mercados. El tercero era que la mayor intensidad de las tran-

8. Comisión Europea, «Green Paper on Retail Financial Services in the Single Market», COM, 2007, 226.

sacciones transnacionales, incluyendo las fusiones transnacionales, exigía una mayor colaboración cotidiana entre los supervisores.

En julio del año 2001, se nombró un Comité de sabios bajo la presidencia del barón Alexandre Lamfalussy, para que propusiera posibles soluciones a los problemas, sobre todo en lo que se refería a los mercados de valores, donde la necesidad parecía ser más perentoria.

Tras amplias consultas, durante el año siguiente se adoptaron la mayoría de las recomendaciones de Lamfalussy.[9] La futura legislación sobre servicios financieros constaría de dos elementos. El primero, llamado Nivel 1, contenía los principios legislativos básicos que no necesitarían reformarse con demasiada frecuencia o que requerían un consenso político de alto nivel por parte del Consejo y del Parlamento de la UE. El segundo componente, o Nivel 2, constaría de características más detalladas y técnicas, que podrían necesitar modificaciones frecuentes, quizás a causa de la evolución de los mercados.

También se reconoció la necesidad de ampliar significativamente la función de los reguladores, tanto en lo que se refiere a proporcionar asesoría técnica durante la elaboración de las normas, como a la hora de organizar la cooperación cotidiana entre reguladores, lo que incluía una mayor convergencia en la práctica de la supervisión y en el intercambio de información. Esta actividad se denominó Nivel 3, mientras que el proceso de supervisar a los estados miembro para que aplicaran la legislación y para que la Comisión obligara a su cumplimiento (nada que ver con el cumplimiento por parte de las empresas) se denominó Nivel 4, lo que da lugar a cierta confusión, ya que, básicamente, consiste en supervisar que los niveles 1 y 2 funcionen adecuadamente.

Se desarrollaron nuevas estructuras en forma de comités para cumplir con todos estos requisitos y, en particular, para proporcionar asesoría técnica detallada a la Comisión acerca del contenido de las directivas y para elaborar un proceso de reforma rápida mediante un mecanismo conocido como comitología, que acortaba los procesos políticos habituales para acordar directivas. Se establecieron comités de países miembro, normalmente integrados por los ministerios de

9. Comisión Europea, «Final Report of the Committee of Wise Men on the Regulation of European Securities Markets», 2001.

Economía, para tratar las decisiones de Nivel 2 en cada sector (el Comité Europeo de Valores, el Comité Bancario Europeo, etc.). Y también se crearon comités de reguladores independientes durante un período de tiempo.

El camino que llevó a la fundación de todos estos comités de reguladores fue bastante tortuoso. Los supervisores bancarios de la UE se han reunido durante los últimos treinta años de manera informal en un nivel ejecutivo superior para compartir experiencias, para explorar mejores prácticas en técnicas de supervisión y, al margen de las reuniones, para comentar casos concretos. Han podido cubrir cuestiones bilaterales relacionadas con sucursales o filiales transnacionales de bancos de la UE, o enfoques comunes ante bancos procedentes de jurisdicciones ajenas a la UE, cuya supervisión o conducta han podido resultar problemáticas, o estrategias para impedir que se atacara a jurisdicciones concretas una a una.

El enfoque informal de este «grupo de contacto» funcionó buen durante muchos años y, como los debates no eran vinculantes, pasó desapercibido ante el radar público. Todo esto tenía que cambiar cuando la nueva estructura de directivas, mucho más detallada y legalmente vinculante, se hiciera efectiva. La creación de estructuras más formales en el sector bancario tuvo que esperar la rápida emergencia de instituciones absolutamente nuevas en el sector de los valores, aparición impulsada por el objetivo de instaurar el mercado de capital único y por la explosión de las transacciones transnacionales.

Antes de la segunda mitad de la década de 1990, los reguladores de los distintos mercados de valores nacionales y de los mercados de capital se reunían con muy poca frecuencia; los mercados nacionales estaban separados por la moneda y por la legislación y los reguladores se veían más como los campeones de centros financieros que competían entre sí, que como instituciones que debían colaborar. Sin embargo, a medida que la integración fue ganando fuerza y que la perspectiva de la transformación de las estructuras de los mercados por la introducción del euro se iba acercando, las comisiones de valores nacionales crearon un foro de debate mutuo en 1997: el Foro de Comisiones Europeas de Valores (FESCO).

Conforme se fue perfilando el programa legislativo y la lista de cuestiones complejas que había que resolver se ampliaba sin cesar, se fue haciendo evidente, tal y como habían dejado bien claro los sabios de Lamfalussy, que se necesitaban nuevas estructuras institucionales para generar y aplicar el nuevo tipo de legislación necesaria. Un grupo que ya existía a la altura de los ministerios de Economía se transformó en el Comité Europeo de Valores (CEV), con la responsabilidad de asesorar a la comisión sobre propuestas legislativas de Nivel 1 de alto nivel y de adoptar una función formal en el Parlamento durante la toma de decisiones acerca de la aplicación de la legislación de Nivel 2, más detallada.

Sin embargo, pronto se dieron cuenta de que los reguladores debían llevar a cabo la mayor parte del trabajo mediante una estructura más formal y la Comisión decidió crear el Comité Europeo de Reguladores de Valores (CERV),[10] al que otorgó presupuesto y secretaría propios y sede en París. El comité principal reúne a jefes de organismo y forma subgrupos, ya sean temporales o permanentes, para asesorar a la Comisión tras una consulta pública o para gestionar la cooperación habitual entre los reguladores, por ejemplo en materia de aplicación de la normativa.

La creación de esta nueva estructura formal para los mercados de capital planteó dudas sobre la idoneidad de las estructuras informales, donde las cuestiones bancarias se gestionaban mediante un comité mixto de bancos centrales y de supervisores, bajo el cobijo del BCE; su Consejo de Gobierno reclamó la supremacía en esta área, recurriendo al Tratado de Maastricht que, en realidad, también había sido el resultado de un acuerdo incómodo tras un primer debate sobre la función de los bancos centrales en la supervisión bancaria.

El BCE propuso que, en caso de tener que hacer algún tipo de cambio, debería considerarse el Comité de Supervisión Bancaria (CSB) como el interlocutor formal del CERV. Pero otros argumentaron que esta postura era insatisfactoria en el escenario de la nueva estructura del sector de los valores: los ministerios de Economía consideraban que los bancos centrales independientes no debían tener una función formal en la asesoría legislativa; los supervisores bancarios ajenos a los bancos centrales creían que, si éstos no ejercían de supervisores, no debían tener una función formal en la toma de decisiones sobre la supervisión; y los países que no pertenecían a la Eurozona decían que el BCE no debía tener una función formal en el diseño y en la ejecución de políticas diseñadas para el mercado

10. <http://www.cesr-eu.org>.

único. Por su parte, los bancos centrales que aún ejercían una función supervisora en el sector bancario creían que el resultado de este debate sobre la estructura de supervisión en la UE afectaría a su posición en un contexto nacional.

Sin embargo, también existía ya un comité mixto formado por ministerios de Economía, supervisores y bancos centrales. El Comité Consultivo Bancario (CCB) se fundó en 1979 a partir de la Primera Directiva de Coordinación Bancaria (77/780/EEC) y, durante más de veinte años, había estado ejerciendo tanto de comitología como de comité asesor.

Entonces, se produjo un enconado y, en ocasiones, desagradable debate cuya conclusión, en 2003, fue la decisión de la Comisión, aprobada por los gobiernos y el PE,[11] de crear en el sector bancario una estructura de comités, análoga a la del sector de los valores, y replicar la misma estructura también en los seguros y las pensiones, desarrollando así la Conferencia de Supervisores de Seguros ya existente. El Comité Consultivo Bancario estaba dispuesto a dividirse en dos para proporcionar comités de los niveles 2 y 3 de forma inmediata. Así nacieron el Comité de Supervisores Bancarios Europeos (CEBS) en enero de 2004,[12] con sede en Londres, y el Comité Europeo de Supervisores de Seguros y de Pensiones de Jubilación (CESSPJ) en noviembre de 2003,[13] con sede en Frankfurt. El Comité de Supervisión Bancaria del BCE siguió activo, pero se centró más claramente en cuestiones de estabilidad financiera y macroprudenciales. (También existe un Comité Económico y Financiero [CEF] que proporciona un foro para que los bancos centrales y los ministerios de Economía se reúnan sin los supervisores y revisen la amplia relación que se establece entre el sistema financiero y la economía; y un Comité de Servicios Financieros [CSF], para que los ministros de Economía se reúnan solos.)

El CERV se ha ocupado de la larguísima y variada lista de directivas que comprenden los elementos del proyecto del mercado único de capital y de proporcionar asesoría de Nivel 2 sobre la MiFID. El CEBS y el CESSPJ se han centrado en el trabajo necesario para introducir requisitos de capital en función del riesgo, en el sec-

11. Conclusiones del Consejo Europeo de Estocolmo, anexo 1, marzo de 2001.
12. <http://www.c-ebs.org>.
13. <http://www.ceiops.org>.

tor bancario mediante la aplicación del proyecto Basilea II en Europa y, en el sector de los seguros, mediante la creación de un régimen de estructura similar para los seguros, Solvencia II.

En el CESSPJ, el Comité de Fondos de Pensiones de Jubilación desempeña una función específica en la aplicación de la directiva de 2004 sobre las actividades y la supervisión de instituciones para la supervisión de los fondos de pensiones (Directiva IORP). Esta directiva crea una estructura para la regulación prudencial de los fondos de pensiones de jubilación que funcionan sobre una base de aportaciones propias y que escapan a los programas de la seguridad social. También establece principios mínimos para facilitar el funcionamiento transnacional de los fondos de pensiones, permite que estos últimos gestionen programas de pensiones de jubilación para entidades con sede en otros estados miembro y permite a las entidades paneuropeas contar con un único fondo de pensiones para los subsidiarios de toda Europa. En 2006, el Protocolo de Budapest estableció una estructura formal para la cooperación, relativa a la supervisión de las instituciones que operan más allá de sus propias fronteras. Aún queda por ver en qué medida se usarán las operaciones transnacionales y hasta qué punto la creación de un mercado único requiere la eliminación de las barreras fiscales, o de otro tipo, que impiden la transferibilidad de los derechos de pensiones.

La necesidad de afrontar el reto que suponía la integración de distintos servicios financieros en grupos individuales también condujo a la creación de una estructura de comités que trataba tanto con las cuestiones legales formales derivadas de la Directiva sobre Grupos Financieros, como con la cooperación práctica en el proceso de supervisión de los conglomerados financieros más importantes que operaban en varias disciplinas y en varias jurisdicciones. En un nivel ministerial, se creó un Comité Europeo de Conglomerados Financieros, junto con los demás comités de Nivel 2. No se ha establecido ningún comité transectorial formal para el Nivel 3, en parte por deferencia a las posibles sensibilidades acerca de la regulación integrada que pudieran aparecer durante los debates nacionales sobre la organización de la supervisión. En su lugar, el CEBS y el CESSPJ han construido conjuntamente un Comité Interino de Trabajo sobre los Conglomerados Financieros (IWCFC), con el CERV como observador, para que trate las cuestiones relativas a la regulación prudencial de los conglomerados mixtos.[14] La palabra «interino» de su nombre es interesante, ya que se le considera un organismo explícitamente provisional que depende del resultado de los extensos debates sobre el futuro de Lamfalussy. Las opiniones sobre si debería convertirse en un cuarto comité de Nivel 3 o seguir siendo un mecanismo de coordinación son muy diversas.

Obviamente, la integración de los mercados implica que los tres comités de Nivel 3 deben colaborar en un amplio abanico de cuestiones y que la tríada debe coordinar sus actividades cada vez más y más intensamente, mediante los acuerdos conocidos como «3L3», creados a partir de un Protocolo Conjunto en 2005. Además de coordinar su trabajo en cuestiones importantes, como la externalización o los requisitos de información, también han empezado a trabajar para alcanzar coherencia en los procesos, por ejemplo elaborando conjuntamente una serie de directrices para evaluar las consecuencias. De todas maneras, hasta el momento, tanto las prioridades como los métodos de trabajo de los tres han sido muy diferentes. El CERV ha ofrecido asesoramiento de Nivel 2 sobre la aplicación de la MiFID, mientras que el CESSPJ ha trabajado sobre los principios de Solvencia II y el CEBS ha emprendido la tarea de dilucidar las ramificaciones de la Directiva sobre Requisitos de Capital.

La gráfica 5 pone de manifiesto la amplia estructura de estos comités. Sin embargo, al igual que sucede con los comités de ámbito mundial, esto sólo representa la punta del iceberg en términos de la estructura de subcomités, de grupos de expertos y de grupos de trabajo que dependen de ellos. Por ejemplo, en el momento de la redacción de este libro, a mediados de 2007, el CERV cuenta con no menos de nueve subgrupos. No es sorprendente que las entidades financieras presionen cada vez más para que la estructura se simplifique.

Estabilidad financiera en la UE

En la UE, el cada vez mayor alcance transnacional de las instituciones financieras, sobre todo de los bancos, pero también de las compañías de seguros, entrelazadas por los mercados de bonos y va-

14. «Impact Assessment Guidelines for EU Level 3 Committees», CESR/07-089, CEBS 2007 28, CEIOPS-3L3-07/07.

lores y sus mercados de derivados respectivos, ha planteado interrogantes acerca de lo que podría suceder si algo saliera mal, de quién sería responsable y de qué herramientas se dispondría para solucionarlo.[15] La pregunta básica es qué autoridad es responsable de las distintas partes de un grupo transnacional si su solvencia se ve amenazada. Durante un tiempo, se pensó que era mejor dar una respuesta ambigua, con el argumento de que los bancos posiblemente se comportarían de manera más irresponsable si tuvieran la certeza de la existencia de programas de rescate, aunque quizás no se trataría de un riesgo tan importante si también tuvieran claro que entre las condiciones para recibir la ayuda, se encontrarían el cambio de la directiva y las pérdidas para los accionistas. Sin embargo, la aceptación de que quizás sean necesarios acuerdos de alcance europeo para afrontar posibles crisis ha planteado una serie de retos nuevos a los acuerdos existentes, basados en la competencia estrictamente nacional (incluyendo los acuerdos para los seguros de garantía de depósito) de las distintas entidades legales (véase Goodhart y Schoenmaker).[16]

Las posibles ramificaciones de una crisis que afectara a una entidad transnacional importante han preocupado tanto a los políticos que se han embarcado en una serie de juegos de guerra en la UE para intentar entender cuáles serían las posibles consecuencias. El problema básico es que, al final, son los contribuyentes quienes financian los rescates de los bancos, por mucho que el vehículo que sirva de ayuda sea un banco central. Dedicar dinero público a cualquier tipo de rescate financiero, como en el caso de Crédit Lyonnais o de la crisis de los bancos escandinavos, es una cuestión política de suma importancia que compete a los ministerios de Economía, no a los reguladores ni a los bancos centrales. Y si los depositantes o los acreedores están en otro país, la temperatura sube aún más. El problema se agudiza cuando se trata de sucursales transnacionales. Algunas son muy grandes y pueden constituir una gran parte del sector financiero minorista en el país anfitrión, o bien ser participantes importantes en los mercados mayoristas clave. En principio, las sucur-

15. HM Treasury, FSA, Bank of England, «Supervising Financial Services in an Integrated European Single Market: A Discussion Paper», enero de 2005.

16. Goodhart y Schoenmaker, «Burden Sharing in a Banking Crisis in Europe», *Economic Review*, n.° 2, 2006.

sales en el extranjero comparten cualquier tipo de apoyo que reciban las oficinas centrales. Por lo tanto, el ministro de Economía del país en el que se encuentre la oficina central no puede evitar rescatar a los depositantes de otros países. Del mismo modo, los países donde se encuentran las sucursales pueden enfrentarse a perturbaciones si no se rescata a las oficinas en el extranjero, sobre todo si son muy grandes y sistemáticas. Incluso los programas de seguros para depósitos nacionales pueden acabar participando, quizás de manera significativa, en el rescate de depositantes en otras jurisdicciones. El Comité de Servicios Financieros de la UE está sumido en un debate sobre cómo repartir la carga en caso de crisis. La idea de que los ministerios de Economía puedan comprometerse por adelantado a proporcionar algún tipo de apoyo a la solvencia es poco realista, pero puede que sea posible diseñar planes de contingencia que puedan activarse en caso de una crisis importante.

Todos estos temas aún están por resolver, pero plantean la cuestión de si se ha llegado a un punto en que es necesario alcanzar algún tipo de acuerdo supranacional de resolución de crisis y de si la contrapartida natural al mismo es algún tipo de organismo supervisor supranacional. En cualquier caso, está la cuestión de si se deben alinear la responsabilidad y la asunción de consecuencias para la supervisión, por un lado, y la responsabilidad y la asunción de consecuencias para el apoyo financiero, por el otro. Este debate se relaciona con la demanda, por parte de algunos grupos transnacionales importantes, de contar con un único supervisor (o al menos uno que lidere al resto) con la capacidad de coordinar el trabajo de los demás.[17]

Desarrollos futuros

El entramado regulador europeo, con su pluralidad de regímenes nacionales y de reguladores sectoriales, ha llevado a los líderes de los grupos más importantes, sobre todo el Deutsche Bank,[18] pero

17. «Financial Supervision in Europe: Do we need a New Architecture?», *Cahier Comte Boël*, n.° 12, febrero de 2006.

18. Speyer y Walter, «Towards a New Structure for EU Financial Supervision», *Deutsche Bank Research*, agosto de 2007.

también una amplia coalición dentro de la Mesa Redonda Europea de Servicios Financieros,[19] a defender que los propios reguladores deberían reorganizarse formalmente, para que un único regulador sea responsable de todos los aspectos de la supervisión de un grupo en toda la UE. Este modelo va más allá del supervisor bancario consolidado tradicional en los países de origen, quien es el responsable de garantizar que el grupo disponga de capital suficiente y de sistemas y controles lo bastante sólidos que garanticen que la oficina central puede gestionar el grupo de manera cohesionada. El objetivo es eliminar conflictos presentes y futuros y la duplicación de tareas dentro de una multitud de reguladores nacionales y sectoriales, otorgando todas esas responsabilidades a un regulador único, ya sea uno para cada grupo o, posiblemente, un regulador multidisciplinar único para toda la UE. (Los argumentos a favor están muy bien resumidos en «The Future of Financial Regulation and Supervision in Europe» [Futuro de la regulación y de la supervision financiera en Europa], de Eddy Wymeersch, el presidente belga del CERV.)[20]

Este modelo tiene un gran atractivo como herramienta para reducir la carga burocrática, pero se enfrenta a obstáculos prácticos, legales y políticos de una envergadura formidable. El principal es la asincronía entre la responsabilidad y la asunción de consecuencias entre los reguladores «federales» de la UE y las posibles exigencias a los presupuestos nacionales, como consecuencia de la necesidad de rescatar financieramente al grupo (véase más arriba). Como resultado de ello, cualquier movimiento legal o constitucional en esa dirección parece remoto. Al mismo tiempo, la duplicación y el conflicto manifiestos entre los reguladores nacionales cuando deben tratar con un grupo integrado tanto comercialmente como en el ámbito directivo, suponen costes elevados que implican una desventaja competitiva para las entidades europeas.

No obstante, los argumentos sobre la dificultad de decidir a quién corresponde la responsabilidad de proporcionar apoyo financiero no aparecen con la misma fuerza en relación con el có-

19. Sobre el modelo del supervisor líder y sobre el futuro de la supervisión financiera en la UE, junio de 2005, <http://www.efr.be>.

20. Eddy Wymeersch, «The Future of Financial Regulation and Supervision in Europe», *Common Market Law Review*, enero de 2005.

digo de conducta, y es más fácil defender la existencia de un regulador único de las actividades de los servicios financieros en los mercados de capital mayoristas, quizás especialmente en relación con las entidades que proporcionan la infraestructura transnacional.

Como los parqués y las entidades que proporcionan la infraestructura posterior a las operaciones se fusionan sin tener en cuenta las fronteras, para obtener así los beneficios de contar con plataformas de operación comunes y de normativas compartidas, el coste de duplicar la regulación de estas operaciones unificadas parece extraño, además de socavar directamente el objetivo económico subyacente a la creación de un mercado de capital único. Actualmente, estos grupos están gestionados por «colegios profesionales» de reguladores, mediante los que cada regulador ejerce sus poderes legales nacionales, a la vez que es directamente consciente de lo que hacen sus colegas e, idealmente, de manera coordinada. Sin embargo, sigue habiendo distintos sistemas de información, inspecciones duplicadas e incoherencia de requisitos normativos. Sería posible reducirlo aún más, incluso sin cambios legales, si se repartiera más el trabajo (que, de otro modo, se duplica) entre los reguladores nacionales y si éstos actuaran como si estuvieran unificados, con la obligación de explicar y justificar un tratamiento distinto de cuestiones que, en el mercado, son idénticas.

También se es cada vez más consciente de que, sobre todo en los mercados de capital, la creación de la nueva estructura legal y el deseo de racionalización de los participantes en el mercado hacen que las diferencias en materia de regulación sean más difíciles de justificar, sea cual sea el nivel de discreción que se permita formalmente. Por este motivo, el CERV ha asumido el liderazgo en el análisis de las áreas de divergencia, mediante el mecanismo formal de la revisión por pares. El mercado espera cada vez con mayor expectación que la práctica reguladora sea idéntica en las áreas sobre las que los participantes en el mercado llegarían a acuerdos idénticos si tuvieran libertad para ello. Tanto el CEBS como el CESSPJ se plantean en la actualidad versiones de la revisión por pares.

Esto da lugar a tensiones evidentes. Al igual que la rentabilidad relativa de distintos participantes en el mercado o de los que proporcionan servicios de infraestructura se verá afectada por la mayor competencia que el diseño de la estructura pretende generar y, quizás, incluso amenazará a su propia supervivencia, la necesidad de regulación variará con el tiempo en las distintas jurisdicciones nacionales y afectará a la función de los reguladores.

Los acuerdos sobre regulación financiera se enfrentan a toda una serie de retos importantes y aún quedan varios temas por resolver. El más básico es determinar si, en la práctica, el grado de armonización que se ha alcanzado entre las regulaciones nacionales, y que aún está evolucionando, proporcionará a los usuarios de servicios financieros los beneficios que el programa del mercado financiero único pretendía lograr. Es evidente que el coste total de la modificación de la estructura reguladora será muy elevado, incluso aunque se tengan en cuenta las mejoras del sistema que se habrían llevado a cabo en ausencia del PASF. Es más: mientras persistan las diferencias legales y fiscales, la armonización reguladora quizás, no baste para crear un mercado financiero único completamente eficiente.

Esta incertidumbre acerca de los costes y de los beneficios supone una responsabilidad adicional para los legisladores y los reguladores, que deben responder con inteligencia a medida que se vayan desarrollando los acontecimientos, especialmente cuando se presione a instituciones nacionales a las que se tiene mucho aprecio. Se olvida con frecuencia que al menos una parte de los beneficios generales que el PASF espera lograr para la economía derivan de la reducción de costes y, por lo tanto, casi siempre de una reducción del empleo en las partes menos eficientes del sistema.

La otra gran cuestión que queda por resolver es cómo gestionar las tensiones entre la centralización de las funciones directivas en las oficinas centrales de los grupos financieros, la penetración cada vez mayor de los bancos y de las compañías de seguros más allá de sus fronteras y los efectos colaterales transnacionales, cada vez mayores, de la posible quiebra de uno de esos grupos. Ciertamente, se seguirá presionando para mejorar la cooperación entre las autoridades nacionales y anfitrionas. También se intensificará la demanda de un supervisor que lidere la supervisión prudencial de los grupos transfronterizos, y los argumentos que defienden la existencia de un organismo central que se encargue de la supervisión prudencial de esos mismos grupos volverán a reaparecer una y otra vez.

5. Estructuras reguladoras en países concretos

Uno de los problemas fundamentales que dificultan la aplicación de los acuerdos internacionales en países concretos es la gran biodiversidad de sistemas reguladores que existen actualmente.[1] En este capítulo, analizamos las principales características de los distintos modelos que funcionan en países específicos y valoraremos los argumentos a favor y en contra.

Como los ministros de Economía del G7 siguen encontrándose en la cúspide del sistema financiero internacional, vale la pena empezar por ellos. A la hora de analizar las propuestas de estandarización, es inevitable que los ministros se vean influidos por sus disposiciones nacionales.

Una afirmación muy sencilla es que no hay dos países del G7 con la misma estructura, tal y como muestra el cuadro 3. La superposición de las estructuras europeas que acabamos de describir aún añade más complejidad a todo ello.

1. Freshfields Bruckhaus Deringer, *How Countries Supervise their Banks, Insurers and Securities Markets*, Central Bank Publications, 2007.

CUADRO 3

	Seguros	**Bancos / depósitos**	**Valores**
EE.UU.	Reguladores estatales NAIC	Reserva Federal OCC FDIC OTS	SEC CFTC NASD y Reguladores Estatales de los mercados de valores y Fiscales generales estatales
Gran Bretaña	FSA	FSA	FSA FRC (contabilidad y auditoría)
Japón	JFSA	JFSA (+ BJ)	JFSA (+ SESC)
Alemania	BaFin	BaFin (+ BuBa + LZB)	BaFin
Italia	ISVAP	Banca d'Italia	CONSOB
Canadá	OSFI	OSFI + CDIC	Comisiones provinciales de los mercados de valores
Francia	CCA	Comisión Bancaria (Banque de France)	AMF

Estados Unidos

El sistema de regulación financiera de Estados Unidos es muy distinto al del resto de países del G7. De hecho, no se parece a ningún otro sistema del mundo. Hay más de cien organismos federales o estatales que cuentan con responsabilidades de distinto tipo. Además de la plétora de organismos reguladores, la propia regulación es más detallada e intrusiva que en ningún otro lugar. Por ejemplo, hay que consultar a los reguladores de seguros antes de cambiar las primas de las pólizas. Hay mil cien reguladores de seguros en Texas, casi la mitad de todo el personal de la FSA, que se ocupa de todos los aspectos de un sector financiero mucho mayor. Los reguladores bancarios suelen llevar a cabo evaluaciones detalladas de la calidad del crédito de préstamos específicos, una práctica apenas conocida en ningún otro país desarrollado. La SEC revisa los folletos informativos sobre valores con una exhaustividad desconocida en cualquier otro lugar. En consecuencia, el coste de la regulación en Estados Unidos es muy elevado. Es difícil determinar si los beneficios lo justifican, pero la mayoría de empresas creen que no.

En términos de estructura institucional, la complejidad se debe a tres motivos. El primero, es que el mercado financiero estadounidense es considerablemente mayor que el de cualquier otro país. Si el mercado financiero de Estados Unidos contara con un regulador único, como en el modelo británico, se trataría de una institución enorme y extraordinariamente poderosa, quizás demasiado poderosa para su propio bien y, ciertamente, demasiado poderosa para el Congreso. Un segundo motivo para dicha complejidad es que la jurisdicción de los gobiernos estatales y la del gobierno federal se superponen. Los gobiernos estatales se han mostrado reticentes a ceder poder a los organismos federales, al tiempo que algunos cambios en la legislación han permitido que las propias instituciones financieras operen en un ámbito federal cada vez con mayor frecuencia. Por lo tanto, en el sector bancario, el sistema que en un principio se diseñó para gestionar un mercado bancario donde los bancos aceptaban depósitos en un único estado, ahora debe enfrentarse a operaciones bancarias interestatales a gran escala. El tercer motivo de esta complicada estructura es que todas las administraciones tienen dificultades a la hora de aplicar reformas importantes. La mayor parte de la legislación estadounidense empieza en el Congreso, donde durante los últimos años no ha habido un interés común por proponer una racionalización significativa de las instituciones reguladoras. La rivalidad entre los distintos comités del Congreso tampoco ayuda demasiado. Los sucesivos secretarios del Tesoro han intentado infructuosamente aplicar reformas fundamentales.

Esta abundancia de reguladores con responsabilidades que se superponen y, en ocasiones, hasta se oponen, provoca que las instituciones financieras se sientan algo frustradas. Informes sucesivos elaborados por grupos del sector han recomendado que se racionalice el sistema, si no según el modelo británico, sí quizás introduciendo un regulador federal para el sector de los seguros, o fusionando la SEC y la CFTC. Pero, a pesar de que Hank Paulson, como secretario del Tesoro, está dispuesto a reformar el sistema regulador, hasta el momento se ha centrado con la misma intensidad tanto en los costes y las desventajas competitivas derivadas de la Ley Sarbanes-Oxley como en la estructura reguladora. Parece poco probable que se lleve a cabo algún tipo de reforma fundamental en el futuro próximo, más allá de una racionalización modesta de las organizaciones autorreguladas.

Sector bancario y aceptación de depósitos

La regulación estadounidense del sector bancario es fragmentaria. En función de sus estatutos, el regulador principal de cada banco concreto puede ser o bien la Reserva Federal, o bien la Oficina del Controlador de la Moneda (OCC), una entidad del Tesoro estadounidense, o bien la Oficina de Supervisión de las Instituciones de Ahorro (OTS), otra entidad del Tesoro, o bien uno de los cincuenta reguladores estatales. Y dentro del sistema de la Reserva Federal, hay doce distritos con doce equipos distintos, supervisados no muy estrictamente por el personal del Consejo, en Washington, aunque el Banco de la Reserva de Nueva York desempeña un papel fundamental.

Además, los bancos deben ser miembros de la Corporación Federal de Seguros de Depósitos (FDIC), que emplea a cuatro mil quinientas personas para regular a los bancos, con el objetivo de proteger la integridad de su fondo, diseñado para compensar a los depositantes que pudieran perder dinero en caso de quiebra de un banco. Las cooperativas de ahorro y crédito están reguladas por la Administración Nacional de Cooperativas de Crédito.

La descripción exhaustiva de las responsabilidades concretas de cada entidad reguladora estadounidense superaría el alcance de este libro, pero sí que se pueden trazar las líneas generales del sistema.

La Reserva Federal es responsable de supervisar y regular las siguientes entidades:

- Sociedades bancarias, incluyendo a las diversas sociedades financieras formadas bajo la Ley Gramm-Leach-Bliley de 1999.

- Bancos extranjeros que operan en Estados Unidos.
- Bancos con estatutos estatales que deciden integrarse en el sistema de la Reserva Federal.
- Sucursales en el extranjero de los distintos miembros.
- Otras entidades, como las que se rigen por la Ley Edge.

La Oficina del Controlador de la Moneda (OCC) regula y supervisa casi dos mil bancos nacionales y sus filiales. También supervisa las sucursales y las oficinas de bancos extranjeros con licencia federal. La OCC fue fundada en 1863 y tiene cuatro oficinas de distrito en Estados Unidos y otra en Londres. El controlador de la moneda también es uno de los miembros de la representación estadounidense en el Comité de Basilea.

La Oficina de Supervisión de las Instituciones de Ahorro (OTS) es la principal reguladora de las asociaciones de ahorro federales, que incluyen tanto a las cajas de ahorro federales como a los ahorros y a los préstamos federales. Sustituyó en 1989 a la Junta Bancaria Federal de Préstamos para la Vivienda, tras la Ley de Reforma, Recuperación y Cumplimiento de las Instituciones Financieras, aprobada por el Congreso después de la debacle de los ahorros y los préstamos. La OTS cuenta con cuatro oficinas regionales, pero no tiene presencia en el extranjero, aunque valoró la posibilidad de abrir una oficina en Londres con el objetivo de poder actuar como el supervisor consolidado de los bancos de inversión que incluyeran cajas de ahorros, una propuesta sorprendente que el Tesoro estadounidense abortó.

La Administración Nacional de Cooperativas de Crédito supervisa a las cooperativas de crédito federales y asegura los ahorros de éstas mediante el Fondo Nacional para las Cooperativas de Crédito, el equivalente de la FDIC para dichas cooperativas. El movimiento de las cooperativas de crédito es mucho mayor en Estados Unidos que en el resto de países de la OCDE, excepto en Australia y en Irlanda. En Estados Unidos hay más de ocho mil cooperativas de crédito, con más de 80 millones de miembros y activos por un valor de unos 700.000 millones de dólares.

La Corporación Federal de Seguros de Depósitos (FDIC) asegura íntegramente los primeros 100.000 dólares de los depósitos y cuentas de ahorro en todo el territorio estadounidense. Supervisa directamente a más de cinco mil instituciones, sobre todo bancos con estatutos estatales que no son miembros del sistema de la Reserva Federal. Cuenta con seis oficinas regionales.

Además, los bancos con estatutos estatales que no están integrados en el sistema de la Reserva Federal están regulados por departamentos bancarios estatales de distinta envergadura e importancia. El Departamento Bancario del Estado de Nueva York es una entidad de gran tamaño, con cierto alcance internacional; las entidades de estados más pequeños actúan en un ámbito meramente local y no desempeñan función alguna en las redes internacionales.

En ocasiones, se ha defendido este sistema tan diverso, con el argumento de que la competencia entre las distintas entidades fomenta la eficiencia y la innovación. En su reciente libro, Alan Greenspan argumenta que el hecho de que haya varios reguladores hace que «se controlen los unos a los otros» y que, además, «el regulador en solitario acaba sintiendo aversión por el riesgo».[2] Es difícil probar esta afirmación y, en otros contextos, las autoridades estadounidenses han argumentado que la competencia reguladora puede hacer que la normativa se vuelva más laxa. Lo que no puede negarse es que, en el caso de Basilea II, los distintos reguladores estadounidenses han adoptado distintas posturas en público y en un contexto internacional, lo que ha complicado en grado sumo la tarea de alcanzar principios normativos consensuados globalmente.

Valores

La regulación del mercado de valores en Estados Unidos se inició en un nivel estatal y, de hecho, la mayoría de los estados cuentan con sus propias comisiones del mercado de valores, o con organismos más amplios que ejercen la función de reguladores del mercado de valores. Las regulaciones estatales se conocen como «Blue Sky Laws»[3] (leyes del cielo azul), por motivos que incluso la SEC describe como «no demasiado claros». En la década de 1920, se hizo evidente que las empresas podían evitar esas leyes con tan

2. Alan Greenspan, *The Age of Turbulence*, Nueva York y Londres, Penguin, 2007 (trad. cast.: *La era de las turbulencias*, Barcelona, Ediciones B, 2008).

3. Richard Alvarez y Mark Astarita, «Introduction to the Blue Sky Laws», <http://www.seclaw.com>.

sólo trasladar las oficinas al otro lado de la frontera estatal, uno de los motivos por los que la SEC se estableció en 1933.

Durante un largo período de tiempo, las leyes federales y las estatales se superpusieron de manera muy poco elegante. La Ley de Mejora de los Mercados de Valores Nacionales de 1996 eliminó gran parte de esta superposición, lo que permitió estandarizar la regulación nacional y limitar las competencias de los estados. A pesar de ello, los emisores y los agentes de bolsa aún deben estudiar las leyes específicas de cada estado antes de emitir valores o de comerciar con ellos. Un comentarista observó hace poco que la industria de los valores sigue estando plagada por las superposiciones, que «causan retrasos inenarrables e infracciones involuntarias por parte incluso de los agentes de bolsa más cuidadosos».

Por si fuera poco, tras la quiebra de Enron y otros escándalos corporativos que se produjeron en Estados Unidos alrededor del cambio de siglo, apareció otro grupo de reguladores del mercado de valores. El entonces fiscal general de Nueva York, Elliot Spitzer (que posteriormente fue elegido gobernador del estado), consideró que las investigaciones de la SEC eran demasiado lentas, o quizás poco entusiastas, y usó el artículo 23-A de la Ley General de Empresas del Estado de Nueva York (conocida en general como Ley Martin) para citar a testigos, solicitar documentación e iniciar investigaciones alegando que se podía haber cometido fraude o actividades ilegales.

Valiéndose de estos poderes, Spitzer demandó a varias entidades bursátiles por haber inflado los precios de las acciones en Ofertas Públicas Iniciales (OPI) ofreciendo asesoramiento de inversión parcial. Las entidades en cuestión tuvieron que pagar multas cuantiosas, aunque nunca aceptaron haber ofrecido asesoramiento parcial conscientemente. Spitzer inició más procesos contra transacciones llevadas a cabo después del cierre del mercado, contra transacciones que aprovechaban los distintos horarios de los distintos mercados (lo que permite a clientes privilegiados hacer transacciones a precios que no están disponibles para los inversores normales) y contra comisiones contingentes en la industria aseguradora.

Otros reguladores estatales de los mercados de valores emprendieron, o intentaron emprender, acciones similares que, en general, obtuvieron menos éxito. Los méritos de todos estos casos se han discutido mucho y, en general, las entidades bursátiles no aceptaron ninguna responsabilidad. Cualesquiera que hayan sido los aciertos y las equivocaciones, muy difíciles de desentrañar, el episodio ha añadido aún más incertidumbre al entorno regulador.

Aunque Elliot Spitzer apareciera en los titulares a principios de este siglo, la SEC sigue siendo, con diferencia, el regulador de los mercados de valores más importante de Estados Unidos. Con dieciocho oficinas y más de tres mil empleados, consta de cuatro divisiones principales, cada una con su cultura y su enfoque propios:

— *Finanzas Corporativas*, que supervisa la información ofrecida por las empresas públicas.
— *Regulación del Mercado*, que supervisa el mercado de valores y otras organizaciones que se autorregulan, como la NASD, a la que deben pertenecer todas las entidades bursátiles.
— *Gestión de las Inversiones*, que supervisa las empresas de inversiones y a sus empleados.
— *Ejecución*, que investiga las infracciones y actúa en consecuencia.

Tradicionalmente, la SEC se ha considerado a sí misma como un ente regulador centrado en la protección de los inversores. No aceptó la responsabilidad sobre la integridad financiera de las entidades de su sector, que sería lo natural para un supervisor bancario, como la Reserva Federal. Esta postura se cuestionó con una creciente intensidad durante la década de 1990, época en la que «corredores de bolsa» (un anacronismo que la SEC sigue utilizando) como Goldman Sachs y Morgan Stanley crecieron rápidamente, expandiéndose hacia nuevas líneas de negocio y convirtiéndose en entidades con una importancia sistémica evidente, sobre todo por la enorme envergadura y complejidad de sus balances generales. Los reguladores de distintos países y las instituciones financieras internacionales empezaron a interesarse por su salud financiera general.

Una nueva ley europea, la Directiva sobre Grupos Financieros, aplicada a partir de 2005, exigía que todas las entidades que operaran en la UE contaran con un supervisor consolidado con capacidad para controlar la integridad financiera del grupo, así como sus sistemas de control de riesgo. Para los grupos cuyas sedes se encuentran fuera de la UE, los supervisores europeos deben determinar si éstos están sujetos a una supervisión equivalente como grupo en sus países de origen. De no ser así, debe instaurarse una supervisión grupal, al menos en Europa, mediante la creación de una filial de ámbito europeo con una base de capital protegida.

La SEC era reticente a aceptar esta responsabilidad de supervisión grupal: otros organismos, sobre todo la OTS, fueron candidatos sorprendentes a asumir esta función respecto a los principales bancos de inversión. Pero la Ley Gramm-Leach-Bliley reformó la Ley del Mercado de Valores de 1934 para permitir que los bancos de inversión pudieran estar bajo la supervisión de la SEC como grupo y convertirse en lo que ahora se conoce como Entidad Consolidada Supervisada (CSE). Desde entonces, la SEC ha ido adaptando consecuentemente sus políticas y sus procedimientos, aunque los enfoques de supervisión consolidada que han adoptado las distintas partes de la Comisión siguen siendo muy distintos.

En todos los países, excepto en Estados Unidos, el mismo organismo regulador supervisa los mercados de productos disponibles y de bonos y los de opciones y futuros. En el otro país donde ya hay una larga tradición de transacciones con futuros, opciones y bonos indexados a productos básicos, Gran Bretaña, la Comisión sobre Inversiones y Valores ya era responsable del LIFFE y de la Bolsa de Londres, incluso antes de la consolidación de 1997. Sin embargo, cuando los mercados de opciones y de futuros crecieron en Chicago, respaldados por los mercados de productos básicos, el Congreso creó la Comisión del Mercado de Futuros de Materias Primas (CFTC) en 1974. La Ley de Modificación de Productos Básicos y de Futuros del año 2000 actualizó su normativa.

La dirección de la CFTC está estructurada de forma similar a la SEC, con cinco comisarios divididos en líneas de partido y tres divisiones fundamentales: supervisión de la compensación y de los intermediarios, supervisión de los mercados y ejecución. Tiene su sede en Washington, y cuenta con cuatro oficinas regionales en Chicago, Nueva York, Kansas City y Minneapolis, junto a los mercados principales. La CFTC también forma parte del Comité Técnico de la OICV, pero no del equipo estadounidense en el Foro de Estabilidad Financiera.

Durante los últimos años, se ha pedido con regularidad que ambas comisiones se fusionen, lo que sería de una lógica aplastante. Ambas discuten con frecuencia acerca de los límites de cada una y las transacciones con nuevos instrumentos se han visto retenidas mientras ambas se disputaban jurisdicciones y competencias. Uno de los obstáculos políticos a la fusión es que la CFTC depende del Comité de Agricultura del Senado, mientras que la SEC depende del Comité Bancario. También se afirma que la SEC es un regulador «neoyorquino», mientras que la CFTC es un organismo de Chicago, a pesar de que ambas tienen su sede central en Washington.

La Ley de Sarbanes-Oxley otorgó otras nuevas responsabilidades a la SEC y también dio lugar a la creación de otro organismo regulador, el Comité de Supervisión Contable de Empresas Cotizadas (PCAOB), que depende de la SEC para su actividad legislativa. El Comité lleva a cabo revisiones de auditorías de calidad y publica resúmenes anuales de su trabajo en relación con todas las empresas de contabilidad importantes.

Bajo estas agencias federales, la Bolsa de Nueva York tiene responsabilidades reguladoras mucho más amplias que las de la Bolsa de Londres o cualquier otro mercado de valores europeo y, hasta 2007, la Asociación Nacional de Intermediarios de Activos Financieros (NASD) también fue un organismo regulador importante. En 2007, la Bolsa de Nueva York y la NASD fusionaron sus organismos reguladores, lo que propició cierta simplificación.

Seguros

No hay un regulador federal para el sector de los seguros, a pesar de que tanto el Departamento del Tesoro como el Congreso han intentado en varias ocasiones crear un organismo federal, lo que permitiría regular en un ámbito nacional a las empresas más importantes. Hasta ahora, los defensores del control estatal han conseguido resistirse al cambio.

Por lo tanto, cada estado regula las compañías de seguros bajo su jurisdicción. Algunas comisiones de seguros, como las de Nueva York o California, son organizaciones importantes. La Comisión de Nueva York supervisa a AIG, una de las multinacionales financieras más importantes del mundo. Otras comisiones son diminutas, con poco personal y con comisarios que no cuentan con ningún tipo de experiencia en el sector de los seguros o ni siquiera en el financiero.

La Asociación Nacional de Agentes de Seguros (NAIC), fundada en 1871, intenta fomentar la armonización de las normativas de los distintos estados. Aspira a ser un foro para la creación de leyes y normas modelo, pero no puede exigir que se apliquen en los estados. El informe de la GAO de 2004 sobre la regulación financiera de Estados Unidos[4] señala sus puntos débiles y avisa de que, al nadar entre dos aguas, la NAIC corre el riesgo de ser criticada por su ineficiencia a la hora de coordinar, debido a que confía en la adopción voluntaria de la normativa, al tiempo que también se le puede criticar que intente asumir demasiado poder sobre las comisiones estatales independientes.

En ausencia de un regulador federal, no hay una voz estadounidense potente en la Asociación Internacional de Supervisores de Seguros. Tampoco existe un centro de investigación y de conocimiento sobre las consecuencias que el desarrollo de los mercados de seguros puede tener sobre la estabilidad financiera. El Banco de la Reserva Federal de Boston ha intentado llenar ese vacío con algunas investigaciones y publicaciones útiles, pero carecen de estatus formal.

Canadá

El sistema canadiense es un híbrido poco habitual, que consta de elementos procedentes de los sistemas británico y estadounidense. La regulación prudencial siempre se ha organizado federalmente y cuenta con un inspector general de instituciones bancarias desde 1925 y con una oficina de regulación de los seguros aún más antigua. El Banco de Canadá nunca ha sido responsable del sistema bancario, lo que es muy poco frecuente. Los canadienses también fueron innovadores en la fusión de la supervisión del sector bancario y de los seguros, tras un informe de la Comisión Estey en 1987. En ese momento se creó la Oficina del Superintendente de Instituciones Financieras (OSFI) para que gestionara la regulación prudencial de los bancos y de las compañías de seguros. La legislación que fundamentaba la misión de la OSFI se revisó en 1996 para dar pie a una nueva legislación que fue, de nuevo, innovadora, especialmente en

4. Committee on Banking, Housing, and Urban Affairs, informe para la presidencia, «Financial Regulation: Industry Changes Prompt Need to Reconsider US Regulatory Structure», US Government Accountability Office, octubre de 2004.

su reconocimiento explícito de que impedir la quiebra de bancos o de compañías aseguradoras no formaba parte del objetivo del superintendente. A su vez, esta formulación influyó en quienes elaboraron el borrador de la Ley sobre Mercados y Servicios Financieros de Gran Bretaña, que constituye la base legal de la FSA.

Por el contrario, los programas de protección de los depósitos siguen el modelo estadounidense y la Corporación Canadiense de Seguros de Depósitos (CDIC) aplica un programa muy parecido al que siguen al sur de la frontera, que incluso garantiza el mismo depósito nominal de 100.000 dólares canadienses. (El gobierno intentó modificar la legislación, para eliminar la doble supervisión que implicaba un programa de protección de depósitos separado, pero no lo logró.)

Cada una de las provincias cuenta con una Comisión de Valores, que regula sus propios mercados de valores. La Comisión de Valores de Ontario es, con diferencia, la más grande y la única con importancia internacional. (Canadá es el único país importante que no tiene un regulador nacional de los mercados de valores.) Son miembros del Comité técnico de la OICV (al igual que la Comisión de Québec, por motivos históricos). El FSAP del FMI detectó en 1999 posibles problemas de coordinación entre los reguladores canadienses, aunque, en general, emitió un informe positivo sobre el sistema. Se han llevado a cabo varios intentos de consolidar los reguladores provinciales de los mercados de valores, pero no han llegado a nada. Tanto Québec como la Columbia Británica, que tiene un mercado pequeño pero muy próspero, se oponen a la fusión. En 2007, Rodrigo Rato presionó públicamente a los canadienses para que fundaran un organismo único, y el ministro de Economía federal se mostró a favor de este cambio, pero las provincias siguen resistiéndose con fuerza. El ministro ha anunciado una revisión para analizar cómo podría alcanzarse un enfoque común sobre regulación.

Alemania

A diferencia de la mayoría de bancos centrales, cuando se fundó el Bundesbank después de la Segunda Guerra Mundial, no se le concedió la responsabilidad legal de la supervisión, que correspondía a una autoridad en Berlín, conocida coloquialmente como BAKred.

De hecho, durante el debate sobre la estructura del Banco Central Europeo, los sucesivos presidentes del Bundesbank han afirmado que el BCE no debería ostentar ninguna responsabilidad de supervisión, que, en algunas circunstancias, podría ser incompatible con su función en la política monetaria.

En 1995, se fundó en Frankfurt un organismo paralelo para supervisar los mercados de valores, la Oficina Federal de Supervisión del Mercado de Valores (BAWe), mientras que la Oficina Federal de Supervisión de Compañías Aseguradoras (BAV), fundada en 1950, se ocupaba de la regulación de los seguros. Sin embargo, esta estructura de tres pilares aparentemente diáfana no era tan sencilla como parecía. En la práctica, los bancos centrales regionales (los Landeszentralbanken), que se integran dentro del Bundesbank, llevaban a cabo la mayor parte de la supervisión bancaria. Y, en lo que respecta al mercado de valores, los gobiernos regionales seguían desempeñando una función importante. Por lo tanto, el regulador de primera línea de la Bolsa de Frankfurt (Deutsche Börse), era el ministro de Economía del estado federal de Hesse, mientras que la BAWe tenía responsabilidad exclusiva sobre las relaciones con reguladores extranjeros. (Esto resultó ser una complicación cuando las bolsas de Frankfurt y de Londres intentaron fusionarse a finales de la década de 1990, aunque la fusión fracasó por otros motivos.)

El gobierno alemán, influido hasta cierto punto por el sistema británico, concluyó que su sistema necesitaba una reforma y el Ministerio de Economía llevó a cabo un estudio, dirigido por el secretario de Estado, Caio Koch-Weser, durante 2000-2001. El entonces ministro de Economía, Hans Eichel, anunció la creación de un nuevo regulador unificado en enero de 2001, a lo que siguió una tormenta de protestas, sobre todo procedentes del Bundesbank, que ahora (tras la creación del BCE) ha adoptado la postura contraria a la que había mantenido con anterioridad y sostiene que no es conveniente desvincular completamente la supervisión bancaria del Banco Central. El propio Bundesbank había estado preparando un plan para absorber la BAKred e integrar a sus empleados con los propios. El entonces presidente Ernst Welteke encabezó una campaña de alto nivel para oponerse a los planes del gobierno.

En 2002, el compromiso que se alcanzó finalmente establecía la creación de una nueva autoridad, la BaFin (Bundesanstalt für Finanzdiestleistungsaufsicht), que aún debía compartir la responsabilidad de la supervisión bancaria con el Bundesbank. La BaFin debe consultar la normativa nueva con el Bundesbank, que sigue siendo responsable de gran parte de la supervisión de las instituciones. El gobierno tampoco resolvió la posición de los gobiernos estatales, que siguen siendo los responsables de primera línea sobre la supervisión de los mercados de valores. La superposición de las responsabilidades de ambos organismos se convirtió en un problema en 2007, cuando algunos Landesbanken se vieron gravemente afectados por la crisis *subprime* de Estados Unidos. Es posible que la estructura alemana deba sufrir más transformaciones.

Se han constituido varios grupos transversales dentro de la BaFin para que gestionen la supervisión de los conglomerados financieros y se han consolidado algunas de las funciones internacionales y políticas, pero las divisiones que gestionan los distintos sectores están separadas institucionalmente y, en algunos casos, también geográficamente. Los reguladores de los mercados de valores siguen en Frankfurt, mientras que el personal dedicado al sector bancario y al de los seguros se ha desplazado a Bonn (desde Berlín y Munich, como parte de un compromiso político para compensar a Bonn por la pérdida de la mayoría de los ministerios tras la reunificación). Esto limita el nivel de consolidación que puede alcanzar la nueva autoridad. Por lo tanto, la BaFin es una autoridad menos integrada que la FSA.

Internacionalmente, la BaFin se sienta junto al Bundesbank en el Foro de Estabilidad Financiera y también representa a Alemania en la OICV y en la IAIS.

Italia

La regulación italiana sigue el modelo tradicional en tres pilares, por el que el Banco de Italia (Banca d'Italia) se encarga de la supervisión bancaria, el Instituto para la Vigilancia de los Seguros Privados y de Interés Colectivo (ISVAP) se encarga de la regulación del sector de los seguros y la Comisión Nacional del Mercado de Valores (CONSOB) es responsable de la regulación del mercado de valores.

Al igual que en Francia, el gobierno italiano revisó su estructura durante los primeros años de este siglo. La revisión fue complicada, debido a la posición del entonces gobernador, Antonio Fazio, que usó sus poderes reguladores y la posición del Banco como autoridad sobre la competencia en el sector bancario (una función poco habitual para un banco central) para conseguir que los bancos italianos pudieran resistirse a ofertas de adquisición pública, lo que le hizo entrar en conflicto con la Comisión Europea.

En un momento concreto pareció que el gobierno Berlusconi iba a despojar al Banco de todas las responsabilidades en materia de regulación y crear una nueva entidad. Pero el resultado, en 2006, fue más modesto. Se retiró del cargo al gobernador Fazio, cuya posición se había visto debilitada por acusaciones sobre su cercanía personal a los directivos de bancos concretos y sobre la aceptación de regalos, y Mario Draghi, antiguo funcionario de la dirección del Tesoro y banquero de Goldman Sachs, de prestigio internacional, ocupó su lugar. Parecía poco probable que el gobierno Prodi, con un antiguo director general del Banco de Italia, Tommaso Padoa-Schioppa, como ministro de Economía, redujera aún más las responsabilidades de la Banca d'Italia, y ahora hay cierto interés en acercarse al modelo holandés de «doble vértice» (en inglés «Twin Peaks», en que el banco central es responsable de toda la supervisión prudencial). En 2007, se preparó la legislación necesaria para llevar a cabo una fusión de todos los reguladores prudenciales, pero esto aún no ha sucedido.

En lo que respecta a los foros internacionales, tanto la Banca d'Italia como la CONSOB asisten al Foro de Estabilidad Financiera; la CONSOB es el representante italiano en la OICV, mientras que el ISVAP es el miembro italiano de la IAIS.

Francia

La regulación en Francia conserva una distinción entre la autorización/acreditación y la supervisión continua, que hace tiempo que se ha perdido en la mayoría de países desarrollados. Por lo tanto, en el sector bancario, el Comité des Établissements de Crédit et des Entreprises d'Investissement (CECE) es el responsable de aprobar licencias bancarias nuevas, mientras que la Comisión Bancaria, que forma parte del banco central (Banque de France) y está presidida por el gobernador, es la responsable de la supervisión continua.

Sin embargo, existe una gran separación entre el personal del banco central, y muy pocos empleados se mueven entre la Comisión y el resto de la organización.

La regulación prudencial de los seguros es responsabilidad de la autoridad de supervisión de seguros (Autoridad de Control de Seguros y Mutuas, ACAM), que antes se conocía como Comisión de Control de Seguros (CCA), aunque, de nuevo, un comité independiente es el responsable de autorizar nuevas compañías de seguros (algo relativamente raro en el mundo de los seguros).

Tras la reforma británica, el gobierno francés revisó su propia estructura reguladora. A pesar de que había diferencias de opinión, la mayoría de sus miembros se mostró a favor del modelo australiano de «doble vértice», con un organismo responsable de la regulación del capital, lo que implicaría la fusión de las comisiones bancarias y de seguros, y otro responsable de la conducta en el mercado. Sin embargo, el Banco de Francia, que no quería perder más funciones, tras haber perdido el control sobre la política monetaria a favor del Banco Central Europeo en Frankfurt, se resistió al cambio, que casi con total seguridad hubiera conducido a una nueva comisión ajena a esta entidad.

Por lo tanto, sólo se aplicó el segundo vértice de la reforma, mediante la Ley de Seguridad Financiera de 2003, que fusionó a la antigua Comisión del Mercado de Valores (COB) con la Comisión de Mercados Financieros, más pequeña, y con el Conseil de Discipline de la Gestion Financière, para dar lugar a una nueva entidad denominada Autoridad de los Mercados Financieros (AMF). Se dejó a un lado la responsabilidad sobre la supervisión prudencial. Pero ahora existe un comité de autoridades financieras, sin competencias formales, que incluye a los presidentes de los tres organismos sectoriales.

Internacionalmente, la AMF representa a Francia en la OICV, la ACAM en la IAIS y la Comisión Bancaria en Basilea. Tanto la AMF como el Banco de Francia asisten al Foro de Estabilidad Financiera.

Japón

Hasta finales de la década de 1990, el Ministerio de Economía controlaba directamente casi todos los aspectos de la regulación financiera, aunque el Banco de Japón también llevaba a cabo inspecciones in situ sobre las instituciones financieras más importantes y la Corporación de Seguros de Depósitos de Japón (DICJ), establecida en 1971, administraba el sistema de garantía de depósitos. Sin embargo, la DICJ pertenece al Ministerio de Economía, el cual era como una versión primitiva de regulador integrado, aunque de carácter marcadamente político.

Durante la década de 1990, este dominio recibió críticas cada vez más duras, tanto de voces nacionales como internacionales. Las crisis financieras que empezaron después de que explotara la burbuja del precio de los activos al principio de aquella década revelaron que el Ministerio de Economía se había comportado de forma laxa a la hora de supervisar tanto a los bancos como a las empresas bursátiles. La función política del Ministerio y la poco saludable relación entre los funcionarios y los bancos (cuando los altos cargos del Ministerio de Economía se jubilaban, solían encontrar trabajos bien remunerados en las empresas que habían supervisado) se fueron haciendo cada vez más evidentes. Se tuvieron que llevar a cabo varios rescates muy costosos (para el erario público).

Se consideró que las reformas del Ministerio de Economía, diseñadas para mejorar la independencia de los supervisores, eran insuficientes y, en 1997, el gobierno consiguió que se aprobara un presupuesto para crear un nuevo organismo de supervisión, que en un principio se denominó Autoridad de Supervisión Financiera. La JFSA, tal y como se la conoce internacionalmente por sus siglas en inglés, inició su andadura en junio de 1998; dependía del primer ministro y estaba presidida por un comisario de rango ministerial. En junio del año 2000, la JFSA se reorganizó, se le otorgaron competencias para elaborar leyes y normas y se le dio el nuevo nombre de Autoridad de Servicios Financieros, dejando así el acrónimo inglés intacto. (El Banco de Japón aún conserva su autoridad de supervisión y presta especial atención a la liquidez.)

La JFSA representa a Japón en el Foro de Estabilidad Financiera, en el Comité de Basilea (en ambos casos, junto al Banco de Japón), en la OICV y en la IAIS.

Gran Bretaña

Antes de la creación de la Autoridad de Servicios Financieros en 1997-1998, el sistema británico era uno de los más complejos del mundo.

El Banco de Inglaterra se encargaba de la supervisón bancaria. La envergadura de esta función del Banco aumentó rápidamente entre finales de la década de 1980 y principios de la de 1990 y durante este período se produjeron algunos incidentes incómodos: la quiebra del Johnson Matthey Bank, la clausura del BCCI y la consiguiente presión sobre los bancos más pequeños y, en 1995, el colapso de Barings. El Tesoro cada vez se mostraba más escéptico respecto a la capacidad del Banco para gestionar estos sucesos, al tiempo que crecía su preocupación por el secretismo de las operaciones del propio Banco. Se llegó a creer incluso que se habían ocultado los problemas en un principio. Tras el rescate del JMB (cuya necesidad puso en duda el Tesoro posteriormente), el entonces ministro de Economía Nigel Lawson valoró la posibilidad de retirarle la responsabilidad al Banco,[5] pero finalmente se limitó a imponer un nuevo Comité de Supervisión Bancaria (BOBS) dominado numéricamente por personas ajenas al Banco. El BOBS, fundado 1988, se encontraba en un lugar incómodo de la jerarquía del Banco de Inglaterra y sus competencias formales eran limitadas, aunque se le encomendó que llevara a cabo la supervisión de Barings tras el colapso, lo que condujo en la práctica a muchos cambios importantes, que luego se aplicaron en la FSA.

La Comisión de Cajas de Ahorros (BSC) supervisaba a las cajas de ahorros (*building societies*) por separado. Pertenecían al Registro de Mutuas (RFS), aunque una ley reciente (la ley de 1986 sobre cajas de ahorros) les había permitido competir con los bancos en prácticamente todos los productos del mercado minorista.

Una división del Ministerio de Industria y de Comercio (DTI) se encargaba de la supervisión de los seguros, aunque el DTI había perdido casi todas las otras funciones reguladoras; por el contrario, las mutuas estaban bajo el control del RFS, lo que era poco coherente. El mercado Lloyd's de Londres se autorregulaba en gran medida, una situación que el propio mercado consideraba cada vez más insa-

5. Nigel Lawson, *The View from Number 11: Memoirs of a Tory Radical*, Bantam Press, 1992.

tisfactoria. Suponía una desventaja en los mercados internacionales, especialmente en Estados Unidos, donde Lloyd's debía aportar más capital para respaldar las pólizas que las aseguradoras nacionales.

La situación en los mercados de valores y de inversiones era aún más compleja. Gran Bretaña siguió aferrándose a su creencia en la virtud de la autorregulación mucho después de que Estados Unidos y la mayoría de los países desarrollados hubieran introducido organismos reguladores. Un estudio del profesor Gower a principios de la década de 1980 condujo a la Ley sobre Servicios Financieros de 1986, que a su vez dio lugar a la Comisión sobre Inversiones y Valores (SIB), para que llevara a cabo una supervisión y una inspección normativa de un grupo de organizaciones autorreguladas (SRO), que en un principio eran cuatro, pero luego fueron tres: la Autoridad sobre Futuros y Valores (SFA), el Organismo Regulador de la Gestión de Inversiones (IMRO) y la Autoridad de Inversión Personal (PIA). Sin embargo, diez años después, este sistema en dos niveles fue muy criticado por la prevalencia de las luchas de poder de los reguladores, por el escándalo Maxwell y por un escándalo en la venta fraudulenta de pensiones personales, que afectó a la confianza del público.

A medida que se iban aproximando las elecciones de 1997, en las que parecía posible un cambio de gobierno, la expectativa de cambio también se fue generalizando. Los funcionarios del Tesoro hicieron planes en privado para fusionar la supervisión de los bancos y de las cajas de ahorros, y para arrebatar al DTI la regulación de los seguros, antes de establecer una nueva comisión independiente. La SIB elaboró el proyecto de un nuevo ente regulador para el mercado de valores, que implicaría que la propia SIB y las SRO se fusionaran en una única entidad. Los altos funcionarios del Banco de Inglaterra pronunciaron discursos para defender su importancia para la protección de la estabilidad financiera. Fuera del sector oficial, se pedían cambios más radicales. Un influyente artículo de Taylor defendía la creación de dos comisiones transectoriales independientes: una para la regulación prudencial y otra para el código de conducta, la propuesta del «doble vértice».[6]

Sin embargo, los planes del nuevo gobierno laborista eran aún más drásticos y tenían un alcance mucho mayor de lo que se espera-

6. Michael Taylor, *Twin Peaks: A Regulatory Structure for the New Century*, Centre for the Study of Financial Innovation, 1995.

ba. Dos semanas después de las elecciones, Gordon Brown anunció la creación de un nuevo ente regulador único para prácticamente todo el sector financiero, que sería presidido por Howard Davies, el entonces subgobernador del Banco de Inglaterra (y uno de los autores de este libro), y estaría sustentado por una revisión de toda la base legal de la regulación financiera.

Las circunstancias en las que se anunció esta reforma se han descrito extensamente en otras fuentes.[7] La reacción inicial del Banco de Inglaterra fue negativa, en parte por la rapidez del cambio y también porque no se le había consultado; sin embargo, que se le concediera independencia sobre la política de los tipos de interés se consideró rápidamente la victoria más importante. El Banco había llevado a cabo durante años una campaña silenciosa para lograr mayor independencia. Hubo reuniones difíciles para tratar de la función que desempeñaría en Banco en el futuro respecto a la estabilidad económica, pero se resolvieron con éxito mediante la firma de un memorando multilateral de intenciones entre el Banco, el Tesoro y la FSA en verano de 1997. Desde entonces, los gobernadores del Banco han apoyado el nuevo sistema.

El nuevo gobierno nunca explicó completamente los motivos de este cambio tan radical. El principal interés del ministro de Economía era la reforma de la política monetaria, que se había preparado con sumo cuidado y gran detalle en la oposición. Se había prestado una menor atención a la reforma reguladora, y parece obvio que la motivación principal era convertir el Banco en una institución monetaria «pura» (al mismo tiempo se le retiró la responsabilidad sobre la gestión de la deuda y, más adelante, también sobre la gestión del efectivo). El Tesoro advirtió de que se corría el riesgo de que el gobernador de una institución independiente responsable de la política monetaria que también ostentara la responsabilidad sobre la supervisión bancaria se pudiera convertir en un «ciudadano excesivamente poderoso».

Una vez se hubo tomado la decisión de que el Banco ya no fuera responsable de la supervisión bancaria, el resto fue mucho más fácil. Legislar para poder establecer tres organismos nuevos (una comisión bancaria, un nuevo regulador unificado del mercado de valores y una comisión de seguros) hubiera resultado una tarea abru-

7. Véase, por ejemplo, William Keegan, *The Prudence of Gordon Brown*, John Wiley, 2003.

madora; era mucho mejor aceptar y, en cierta medida, anticipar la consolidación del sector financiero dando un paso más hacia una autoridad única.

La reacción de mercado ante el anuncio fue positiva, lo que resultó un tanto sorprendente. Quizá se debió, en parte, a que se había aceptado el hecho de que un nuevo gobierno que contaba con una amplia mayoría y que anunciaba una política nueva a las pocas semanas de su nombramiento iba a salirse con la suya, por lo que toda oposición por parte de los antiguos reguladores o de las empresas reguladas no podía más que ser infructuosa. En general, es de sabios aceptar lo inevitable. El Banco de Inglaterra decidió aceptar el cambio, a pesar de que los bancos centrales de otros países le presionaron para que se opusiera, ya que entendían que el cambio podía tener consecuencias negativas para ellos. El personal supervisor del Banco aceptó tranquilamente la nueva estructura.

El Parlamento aceptó el principio de regulación integrada. (La oposición conservadora no se opuso a la Ley sobre Servicios y Mercados Financieros cuando se presentó, aunque sufrió muchas reformas durante su paso por el Parlamento, especialmente en la Cámara Alta.) Estudios sucesivos han demostrado que, a pesar de que se han criticado algunos aspectos de la labor de la FSA, las entidades financieras internacionales creen que el sistema británico se adapta mejor a las necesidades de los mercados financieros modernos que los de otros países.[8] Durante los recientes debates sobre la mejora de la regulación en Estados Unidos, se ha citado con frecuencia a la FSA como modelo. Sin embargo, tras una década de funcionamiento fluido, el caso de Northern Rock a finales del verano de 2007 reabrió el debate sobre la estructura. Algunos afirmaban que la aparente lentitud del Banco de Inglaterra a la hora de responder a los problemas de liquidez de Northern Rock ponía de manifiesto las dificultades de comunicación entre el Banco y la FSA. El gobernador, Mervyn King, defendió la estructura tripartita en el Parlamento. Indudablemente, se llevarán a cabo más análisis.

Más delante se estudiarán los argumentos generales a favor y en contra de la regulación integrada y de cuál es la función adecuada para los bancos centrales en materia de supervisión bancaria.

8. Z/Yen Group para la Corporation of London, «Global Financial Centres Index, March 2007», <http://www.cityoflondon.gov.uk>.

China

Dada la importancia creciente de China en los mercados financieros mundiales, vale la pena estudiar su caso, a pesar de que no pertenezca al G7.

Hasta las reformas de la década de 1990, prácticamente toda la actividad financiera de China tenía lugar en el Banco Popular de China (BPC), o bajo su autoridad directa. Sin embargo, a lo largo de los últimos quince años, se han fundado una serie de entidades independientes con responsabilidades específicas, aunque todas en estrecha relación con el BPC.

La Comisión Reguladora de Valores de China (CSRC) se fundó en 1992 para que supervisara y regulara los mercados de valores y de futuros. En 1998, el BPC transfirió a la CSRC la tarea de supervisar las empresas que realizaban transacciones con valores. Al mismo tiempo, siguiendo el principio según el cual la banca, los valores y los seguros deben ser independientes en China, también se fundó la Comisión Reguladora de Seguros de China (CIRC), a la que el BPC transfirió la supervisión de los seguros.

Las autoridades chinas se interesaron especialmente por las reformas británicas de 1998 y, en 1999, enviaron una delegación a Londres encabezada por el entonces subgobernador, Liu Ming Kang. El informe de esa delegación, ampliamente difundido en China, fue muy influyente en los debates políticos que siguieron y, en 2003, se fundó un tercer organismo independiente, la Comisión Reguladora Bancaria de China (CBRC), presidida por Liu.

Los líderes chinos han seguido debatiendo la estructura reguladora en varias conferencias financieras. Hay ciertas superposiciones incómodas entre las responsabilidades de las tres comisiones y el BPC. Se ha reconocido que quizás sea necesario modificar el sistema cuando los mercados se desarrollen, y se ha aludido a la posibilidad de fusionar las tres comisiones cuando llegue el momento. Hasta ahora, no se ha tomado ninguna decisión.

En 2007, China seguía sin tener representación en los principales comités reguladores internacionales, aunque la Autoridad Monetaria de Hong Kong asiste al Foro de Estabilidad Financiera y la Comisión del Mercado de Valores y Futuros de Hong Kong forma parte del Comité Técnico de la OICV. A principios del año 2007, los miembros del Consejo de Administración de la Fundación IASB del

Consejo de Normas Internacionales de Contabilidad nombraron a Zhang Wei-Guo, el director contable de la CSRC, miembro del IASB. Otros organismos internacionales tendrán que encontrar el modo de introducir a China en la elaboración de políticas durante los próximos años.

El resto del mundo

Si nos alejamos del G7 y de China, podemos encontrar una gran variedad de prácticas diferentes. Pero si elaboramos una taxonomía aproximada, llegamos a la conclusión de que, dejando a un lado a Estados Unidos, hay cuatro sistemas básicos (gráfica 6):

1. El sistema tradicional basado en tres pilares: un banco central que supervisa el sistema bancario, un regulador del mercado valores, normalmente una comisión independiente, que gestiona los mercados de valores, y un regulador de seguros que puede formar parte, o no, de un ministerio.
2. Varios sistemas con dos pilares, cada uno con sus propias características. Algunos (sobre todo en Latinoamérica) unifican la supervisión de los mercados de valores y de los seguros; otros, unifican el sistema bancario y los mercados de valores.
3. Un sistema denominado de «doble vértice», con un regulador prudencial responsable de la supervisión de las reservas de capital en todas las instituciones financieras, y con un segundo regulador del código de conducta, con la responsabilidad de garantizar la transparencia y otros aspectos relacionados con el mercado o con los clientes.
4. Un regulador integrado único, que cubre todo, o casi, el sector financiero en una sola institución.

Los tres primeros modelos pueden presentar múltiples variaciones.

En el caso del Modelo 1, el alcance de las responsabilidades de los bancos centrales puede variar mucho y, en ocasiones, éstas llegan también a cubrir parte de los mercados de valores. Y distintos países colocan la línea divisoria entre la regulación del mercado de valores, el de las inversiones y el de los seguros en puntos diferentes.

GRÁFICA 6. ESTRUCTURAS REGULADORAS NACIONALES

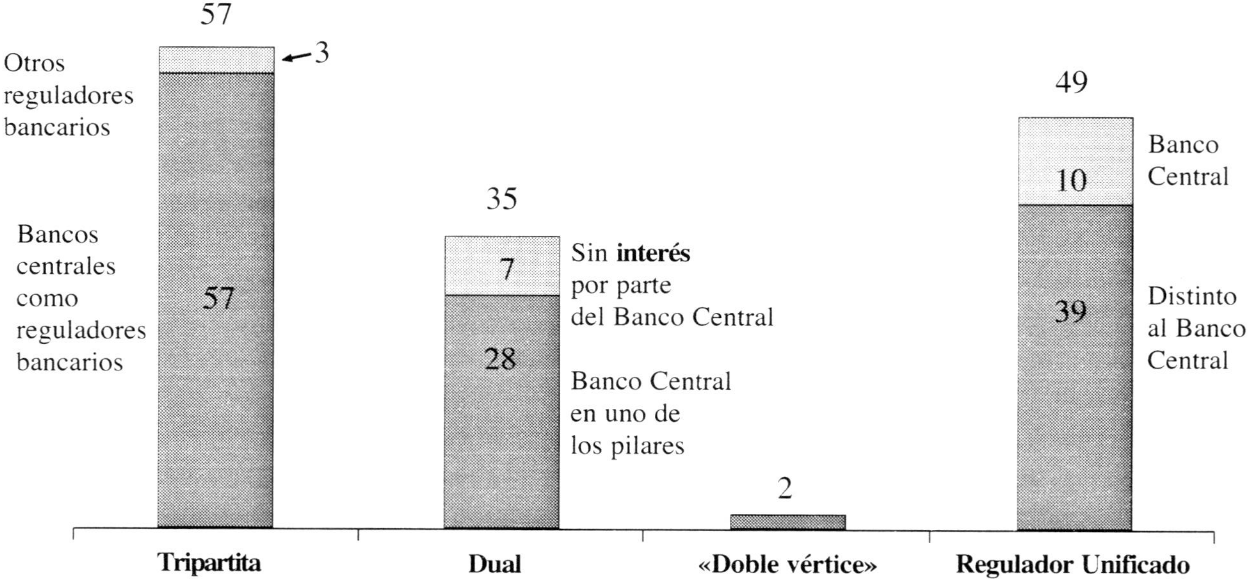

Fuente: «How Countries Supervise their Banks, Insures and Securities Markets», Central Bank Publications, 2007.

La forma en que se presenta el Modelo 2 suele depender del grado de desarrollo del mercado nacional. Por ejemplo, en México, la responsabilidad sobre los mercados de valores se añadió a las que ya ostentaba la Comisión Bancaria en 1995. En Colombia, se otorgó al superintendente bancario la responsabilidad de la supervisión de los seguros. Es muy complicado identificar una pauta concreta del modelo.

El Modelo 3 también puede presentarse de varias formas (hay relativamente pocos ejemplos operativos en la actualidad, aunque se están valorando algunos más). La característica fundamental que lo distingue del Modelo 2 es que las competencias se dividen por funciones en lugar de por sectores. Un organismo gestiona las cuestiones prudenciales y el otro la información, la transparencia, la conducta en el mercado, etc. El regulador prudencial puede ser o no el banco central y la misión del regulador de la conducta puede limitarse a las transacciones con valores o ser más amplia. El regulador prudencial australiano es ajeno al Banco Central, mientras que el regulador holandés está integrado en el mismo, tras una fusión del De Nederlandsche Bank con el regulador de los seguros. La reforma australiana se realizó tras una revisión exhaustiva llevada a cabo por la Comisión Wallis, cuyo informe defendía cuidadosamente la separación de la regulación prudencial y del código de conducta.[9]

E incluso el Modelo 4 puede entenderse de varias maneras. Por ejemplo, los reguladores integrados pueden formar parte del banco central o de la autoridad monetaria, como en Irlanda o en Singapur, o ser independientes, como en Austria o en Suecia. Pueden ostentar toda la responsabilidad de la supervisión de instituciones concretas, como en Gran Bretaña, o pueden compartirla con el banco central, como en Alemania y en Austria. La estructura reguladora puede conservar tres categorías de institución legalmente diferenciadas, como en Alemania, o puede presentar un enfoque unificado, como en Gran Bretaña. E incluso un regulador único de mayor envergadura y alcance puede compartir responsabilidades con otros órganos reguladores. Por ejemplo, en Gran Bretaña, hay un regulador específico para las pensiones de jubilación, y la regulación sobre auditoría, contabilidad actuarial y el gobierno cor-

9. Financial System Inquiry Final Report (presidente, Stan Wallis), Canberra, marzo de 1997.

porativo es competencia del Consejo de Emisión de Información Financiera (FRC), el mejor ejemplo de un regulador integrado e independiente para la información corporativa.

Si nos apartamos de la sencilla cuestión del ámbito de actuación, también hay diferencias significativas en el grado de independencia que se otorga a los organismos reguladores, tanto en lo que concierne a la independencia de los políticos como a la independencia de las propias instituciones financieras. La financiación puede proceder de fuentes distintas. Y las competencias pueden ser diferentes. Unas veces, el regulador puede autorizar nuevas entidades, mientras que otras se limita a presentar un informe a un comité o al ministerio, para que decidan ellos. Algunos son responsables tanto de la regulación, en el sentido de elaboración de normas, como de la supervisión continua. Hay reguladores que pueden presentar acusaciones directamente, mientras que otros deben pasar informes a otros organismos. Algunas de estas diferencias pueden llegar a ser más importantes, en términos del fomento de la estabilidad financiera y de la integridad del mercado, que la propia estructura institucional de la regulación. En el siguiente capítulo, comentamos esos factores.

6. El debate sobre la estructura reguladora

Tal y como hemos demostrado en el capítulo 5, las estructuras reguladoras presentan grandes variaciones de un país a otro. Además, la imagen no es estática. Durante la última década, muchos países han establecido nuevos sistemas, como por ejemplo las economías en transición, donde, o bien se han introducido por primera vez los mercados financieros, o bien se han reintroducido después de un largo período de control por parte del Estado; otros han revisado sus sistemas para valorar su adecuación al carácter cambiante de los mercados, y los han reformado en consecuencia.

Este proceso de revisión ha dado lugar a una tendencia generalizada, aunque no mundial, hacia la integración reguladora. Noruega estableció en 1986 el primer regulador único propiamente dicho, pero ahora ya son treinta y nueve los países que operan en líneas parecidas, y la cifra sigue aumentando (véase la gráfica 7). El primer sistema de «doble vértice» se introdujo en Australia en 1998.

Así pues, vale la pena estudiar los argumentos a favor de la integración financiera en general, y del regulador único en particular. (Dada la creciente porosidad de los distintos subsectores del sistema financiero, quizá sería más adecuado preguntarse cuáles son los ar-

GRÁFICA 7. REGULADORES FINANCIEROS UNIFICADOS DISTINTOS A LOS BANCOS CENTRALES

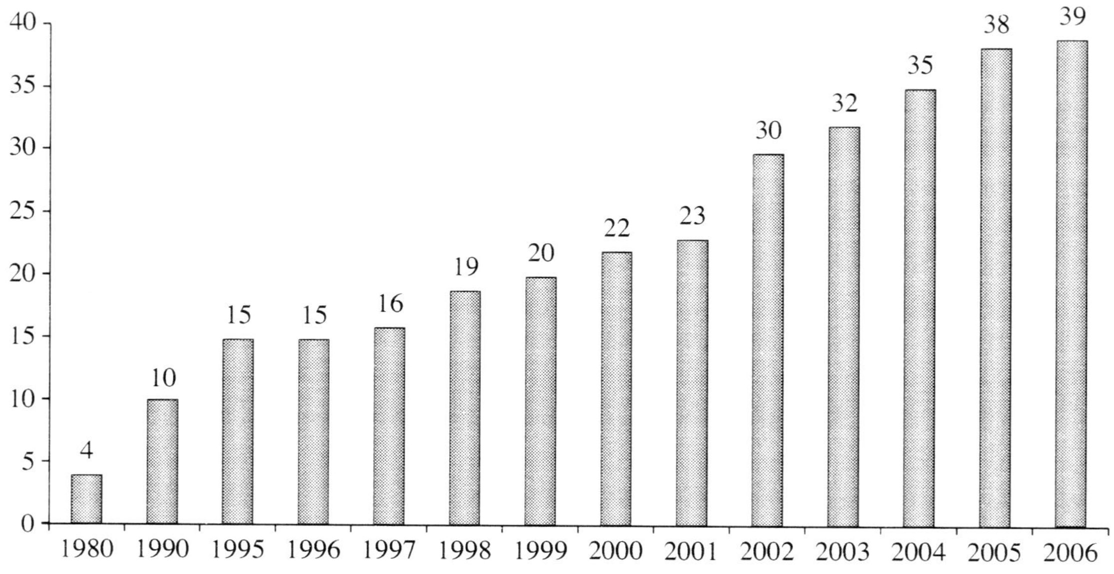

Fuente: «How Countries Supervise their Banks, Insurers and Securities Markets», Central Bank Publications, 2007.

gumentos a favor de reguladores separados por sectores, pero como siguen siendo la opción por defecto, es más habitual afrontar la cuestión desde el punto de vista contrario.)

Argumentos a favor de un regulador único

Aunque, tal y como hemos explicado anteriormente, el gobierno británico no llevó a cabo una revisión sistemática de la estructura reguladora antes de introducir las reformas de 1997, y nunca ha publicado un resumen claro de los argumentos que justifican la FSA, la propia FSA publicó un artículo en 1999 que señalaba los argumentos a favor de su propia existencia; el artículo fue obra de Clive Briault, que ahora es uno de los tres directores ejecutivos de la autoridad financiera. El artículo de Briault contiene el resumen más claro de los argumentos a favor de un regulador único.[1]

Expone seis argumentos fundamentales que justificarían su existencia:

1. El crecimiento de los conglomerados financieros supone un reto para la regulación basada en los sectores. El aumento cuantitativo de los conglomerados financieros se ha visto acompañado de un desdibujamiento de los límites entre los productos y, además, los canales de distribución ya no son tan especializados como antes. Actualmente, es difícil regular sobre una base funcional, ya que el enfoque funcional tradicional ya no encaja con la estructura de las empresas ni con la de los mercados.
2. Por lo tanto, afirma, la necesidad de que la supervisión reguladora de los conglomerados se lleve a cabo en su conjunto es evidente, ya que puede haber «riesgos en el grupo [...] que no puedan ser corregidos adecuadamente por ningún organismo de supervisión prudencial especializado que trabaje en solitario».[2]

1. Clive Briault, «The Rationale for a Single National Regulator», documento ocasional n.° 2, mayo de 1999, <http://www.fsa.gov.uk>.

2. Hartmann, Llewellyn, Rojas-Suárez y Welshrod, *Financial Regulation*, Londres, Routledge, 1996.

3. Quizás es posible resolver este problema mediante un enfoque en el que uno de los organismos supervisores esté al cargo y asuma la responsabilidad de supervisar el trabajo de los demás, pero un regulador único ofrece una serie de ventajas. En concreto:
   a) debería poder ser mucho más eficiente,
   b) habría un recorte de costes de escala y de gran alcance, porque un regulador único puede introducir una serie única de servicios de apoyo, unificar los informes estadísticos, construir una serie de normas y de guías de orientación consolidada, etc. Y las empresas sólo tendrían que tratar con un organismo, gracias a la relación entre los directivos de ambas partes.
4. Además de esta reducción de costes, un regulador único debería ser más eficiente en la asignación de los recursos reguladores, tanto entre las empresas reguladas como entre los distintos tipos de actividades reguladas. Los sistemas de supervisión basados en el riesgo, a través los cuales se dedican más recursos a las entidades y a las áreas de negocio que presentan el mayor riesgo, son mucho más efectivos si los aplica una sola autoridad.
5. Un regulador único debería poder resolver con mayor eficiencia y efectividad los conflictos que aparecen inevitablemente entre los distintos objetivos de la regulación: especialmente entre la solidez prudencial y la protección del consumidor.
6. Ser regulador único refuerza el sentido de responsabilidad. Se le puede hacer único responsable de su rendimiento en comparación con los objetivos normativos, del régimen regulador, de los costes de la regulación y de los fallos en la regulación. (De vez en cuando, los directivos de los organismos reguladores únicos pueden sentir emociones encontradas acerca de este último argumento.)

En este artículo, y en otro publicado al año siguiente, Briault también comentaba algunos de los argumentos en contra de un regulador único, especialmente los presentados por los defensores de la estructura de «doble vértice» y por quienes mantienen que no es prudente retirar a los bancos centrales la supervisión del sistema bancario. Ambos puntos de vista requieren una explicación más amplia. Siguen siendo objeto de un intenso debate por parte de las instituciones financieras internacionales, de los ministerios de Economía, de los reguladores y, por supuesto, de los bancos centrales.

«Doble vértice»

La obra de referencia tradicional para la defensa de la separación entre la regulación prudencial y la regulación de la conducta, y de la existencia de sendas autoridades para cada una de ellas, es un artículo de Michael Taylor, publicado en 1995: *Twin Peaks: A Regulatory Structure for the New Century.*[3] Taylor, a su vez, utilizó argumentos que ya habían expuesto Charles Goodhart y otros.

Taylor argumenta que los dos objetivos fundamentales de la regulación (la protección del sistema y la protección del consumidor) son, en potencia, contradictorios. Cree que los modelos que otorgan estos objetivos a organismos diferentes «institucionalizan la diferencia entre los objetivos de protección del sistema y los de protección del consumidor». Es más: observa «diferencias profundas entre el estilo y las técnicas que resultan apropiadas para la regulación prudencial y para la regulación de la conducta». En otros discursos y artículos, esta diferencia se describe en ocasiones como la diferencia entre la función «médica» del regulador prudencial, que por temperamento está más inclinado a intentar «curar» los problemas que encuentra que a castigar a los responsables de los mismos, y las características «policiales» del regulador tradicional de los mercados de valores, que tiende más a aplicar medidas correctivas cuando detecta que se ha cometido una infracción. Este argumento se ve reforzado por la observación de que un regulador único «podría convertirse en un abusón con poderes extraordinarios, un leviatán burocrático divorciado de la industria que regula».

Los argumentos en contra son, en cierto modo, inherentes a los argumentos a favor del regulador único. Se podría afirmar que Taylor y otros exageran la distinción entre los objetivos de la protección del sistema y los de la protección del consumidor. El argumento de-

3. Michael Taylor, *Twin Peaks: A Regulatory Structure for the New Century*, Centre for the Study of Financial Innovation, 1995.

finitivo a favor de instituciones financieras bien reguladas (desde el punto de vista prudencial) y sólidas (desde el punto de vista financiero) es que, cuando lo son, pueden proporcionar servicios financieros y oportunidades de inversión a consumidores y a entidades que dichos clientes pueden usar con confianza. Disminuir la protección del consumidor, tanto si se trata de productos bancarios como de productos de inversión o de seguros, puede precipitar una mayor pérdida de la confianza en ciertos tipos de productos o de entidades. Por lo tanto, los dos objetivos de la regulación no tienen por qué entrar en conflicto necesariamente. A largo plazo, van a la par.

En el momento en que estos objetivos se oponen a corto plazo, algo que puede suceder de vez en cuando (el escándalo de la venta fraudulenta de pensiones personales en Gran Bretaña es, quizás, un buen ejemplo, ya que si la SIB o la FSA hubieran adoptado medidas disciplinarias más agresivas, podrían haber desestabilizado todo el sector británico de los seguros de vida), es necesario alcanzar cierto grado de reconciliación entre ambos. Goodhart y Taylor afirman que quizá sea preferible resolver los conflictos políticamente y no en el seno de un regulador único. Sin embargo, hay pocas pruebas de que sea así en la práctica, y a los gobiernos les resulta difícil intervenir con eficacia y rapidez si hay reguladores que tienen la responsabilidad legal de resolver intereses que pueden resultar contradictorios. Tal y como afirma Briault, «incluso aunque todos los reguladores especialistas se centraran eficazmente en cumplir sus objetivos respectivos, la suma de las partes no tiene por qué ofrecer un resultado general coherente».

En lo que respecta al argumento sobre el «regulador con demasiado poder», es posible que la solución resida más en los mecanismos de responsabilidad que en la estructura de la regulación. Todo regulador, ya sea sectorial, funcional o integrado, puede abusar de su poder si no está sujeto a acuerdos de gobierno y de responsabilidad adecuados. El riesgo no es mucho mayor en el caso de un regulador único que, de hecho, quizá tenga que ser más sensible a cómo percibe el mercado su conducta, porque está expuesto a las posibles críticas de un grupo más amplio de partes interesadas.

Estos razonamientos quizás expliquen por qué los argumentos a favor de dos organismos reguladores en la línea de Taylor sólo han persuadido a un pequeño número de países. La Comisión Wallis de Australia, que recomendó la fundación de la Comisión Australiana de Valores e Inversiones (ASIC) y de la Autoridad Australiana de Regulación Prudencial (APRA), siguió las recomendaciones con bastante fidelidad. Sin embargo, la quiebra de HIH, la segunda compañía de seguros australiana, en 2001, sometió a una gran presión al sistema regulador australiano. El informe de la Royal Commission sobre la quiebra puso de manifiesto los problemas de coordinación y de comunicación entre reguladores a que da lugar este sistema, aunque no llegó a recomendar más reformas estructurales.[4] Holanda es el otro país que ha aplicado un sistema que, obviamente, es una forma de «doble vértice», fusionando al regulador prudencial de las compañías de seguros y de los fondos de pensiones con el banco central y estableciendo una autoridad independiente para los mercados financieros. En este caso, uno de los argumentos presentados fue que se percibía la necesidad de encontrar una función continua para el banco central, que había visto muy mermadas sus competencias desde la pérdida de sus responsabilidades monetarias en favor del Banco Central Europeo. Es posible que este tipo de argumento resulte atractivo para otros bancos centrales dentro de la zona euro.

Los bancos centrales y la regulación

En la mayoría de los países, la supervisión del sistema bancario fue pasando a ser competencia exclusiva del banco central, a medida que la función supervisora fue ganando importancia. Esta transformación se basa en una lógica potente, especialmente cuando el sistema bancario domina el sector financiero y cuando la legislación determina efectivamente los límites entre bancos, mercados de valores y seguros. Los principales argumentos para conceder a los bancos centrales la supervisión del sistema bancario, además de la política monetaria, son:

— La estabilidad financiera está estrechamente ligada a la estabilidad monetaria. Tal y como dijo en 1994 el entonces gobernador del Banco de Inglaterra, Eddie George: «La estabilidad monetaria y la estabilidad financiera están relacio-

4. «Report of the Royal Commission into HIH Insurance», Canberra, 16 de abril de 2003.

nadas. Resulta inconcebible pensar que las autoridades monetarias pudieran alcanzar sus objetivos de política monetaria orientados hacia la estabilidad, si el sistema financiero donde se desarrolla dicha política (y que proporciona el vínculo con la economía real) se hundiera».[5] Más recientemente, Bernanke, el presidente de la Reserva Federal, ha defendido con vehemencia que los bancos centrales deben conservar la función supervisora.[6]

— La función de los bancos en cuanto a la modificación de los vencimientos hace que sus quiebras sean especialmente importantes en términos sistémicos, por el riesgo inherente de contagio entre entidades, lo cual justifica la existencia de una entidad crediticia de último recurso que pueda intervenir en caso de quiebra. Como los bancos centrales son la entidad de último recurso más lógica, tiene sentido que sean ellos quienes asuman la supervisión. De otro modo, ¿cómo podrían saber si está justificado proporcionar apoyo crediticio de último recurso?

A veces se presentan otro tipo de argumentos. Por ejemplo, que los bancos centrales cuentan con numerosas habilidades relevantes en la regulación y los mercados financieros, habilidades que deberían poder usar con eficacia; o que los bancos centrales son los organismos con mayor independencia del gobierno, por lo que pueden operar con mayor objetividad. No son argumentos muy sólidos. No hay motivo para que estas habilidades no puedan transferirse del banco central a otro organismo regulador (como se hizo en Gran Bretaña). El segundo argumento puede ser más importante en países en vías de desarrollo, tal y como comentaremos más adelante, pero, en general, no es relevante en el resto de países. Y, en todo caso, los reguladores financieros necesitan un tipo distinto de independencia y de responsabilidad.

¿Qué grado de validez tienen los dos argumentos principales?

5. E. A. J. George, «The Pursuit of Financial Stability», Banco de Inglaterra, 1994, <http://www.bankofengland.co.uk>.

6. «Central Banking and Bank Supervision in the United States», presidente Ben Bernanke, Reunión anual de la American Social Sciences Association, Chicago, 5 de enero de 2007, <http://www.federalreserve.gov>.

Aunque es cierto que el motor de transmisión de la política monetaria opera en el sistema financiero, eso no quiere decir necesariamente que la autoridad monetaria deba tener un conocimiento exacto de la situación financiera de las instituciones, especialmente ahora, cuando la mayoría de los países usan los requisitos de reserva de capital con fines monetarios. Muchos aspectos de la supervisión bancaria cotidiana están muy alejados del tipo de información agregada sobre el sector financiero que se utiliza para tomar decisiones de política monetaria. Y, en lo que respecta al segundo argumento, ya no es tan obvio que los bancos sean las únicas instituciones con posible importancia sistémica. La Reserva Federal consideró que la quiebra en 1998 de Long Term Capital Management, un fondo de inversión libre, supuso un riesgo de graves consecuencias sistémicas. Y algunos de los grandes «bancos» de inversiones aún están constituidos formalmente como entidades de inversión de valores distintas de los bancos. Sin embargo, en general, los bancos centrales se muestran reacios a ampliar su función de entidad crediticia de último recurso a otros tipos de instituciones financieras. Si los bancos centrales desean conservar su función en la regulación prudencial, es probable que deban cambiar de opinión.

Además, ambos argumentos pueden considerarse una gran defensa de la necesidad de que circule información muy fluida entre el supervisor bancario y el banco central, pero no necesariamente de que ambos deban unificarse. Tal y como sucede en la actualidad con el Banco de Inglaterra, los bancos centrales pueden acceder a la información que necesiten acerca de la salud del sistema bancario, ya sea a través de los bancos, o a través del supervisor bancario, aunque no ostenten las responsabilidades de supervisión.

Por otro lado, también hay argumentos en contra de combinar la política monetaria y la supervisión. Algunos de ellos son:

1. Puede darse un conflicto de intereses que tiente al banco central a relajar su postura monetaria (o a retrasar el endurecimiento monetario) si está preocupado por la salud financiera de los bancos que regula.
2. La pérdida de credibilidad fruto de la percepción de fallos en la regulación puede perjudicar la reputación del banco central y, por lo tanto, disminuir su autoridad para llevar a cabo la política monetaria.

3. Cuanto más amplia sea la función del banco central y cuantas más responsabilidades reguladoras asuma (lo que inevitablemente conduce a la disposición de derechos de propiedad) mayor es el riesgo de que se vea sometido a presión o a control políticos, lo que puede perjudicar la independencia de la política monetaria. Es muy complicado para una misma institución gestionar dos tipos diferentes de relación de responsabilidad con el gobierno y con el parlamento.[7]
4. Hay un argumento a favor de que la entidad de crédito de último recurso y el organismo responsable de la supervisión sean distintos: si una entidad de crédito de último recurso es también la responsable de la supervisión continua, puede caer en la tentación de ocultar posibles fallos de supervisión. Aún más: el hecho de que la decisión de rescatar o no a una institución concreta dependa de dos organismos puede mejorar la calidad del proceso de toma de decisiones.

¿Son sólidos estos argumentos?

El primero es fundamentalmente teórico. Tal y como señala Briault, «no hay pruebas empíricas sólidas de que las autoridades monetarias hayan relajado las condiciones monetarias sólo para ayudar a los bancos u otras instituciones financieras, con la posible excepción de Estados Unidos a finales de la década de 1980. Por lo tanto, a pesar de que existe cierto riesgo, no se ha materializado con frecuencia». De igual modo, en otro artículo escrito cuando trabajaba en el Banco de Inglaterra, Briault[8] concluía que no había pruebas de que las quiebras de BCCI o de Barings hubieran afectado en absoluto a la credibilidad de la política monetaria de Gran Bretaña, medida por la estructura temporal de la inflación prevista (aunque también es cierto que, por aquel entonces, el Banco de Inglaterra no tenía la responsabilidad legal de fijar los tipos de interés). Reconoce que la reputación sí se vio perjudicada en cierta medida, pero que dadas las circunstancias el daño no fue ni sustancial ni permanente y que no afectó necesariamente a la política monetaria. De nuevo, se

7. Willem Buiter, «Rethinking Inflation Targeting and Central Bank Independence», London School of Economics, 26 de octubre de 2006, <http://www.lse.ac.uk>.
8. Briault, Haldane y King, «Independence and Accountability», Banco de Inglaterra, documento de trabajo n.° 49, <http://www.bankofengland.co.uk>.

trata de un argumento poderoso en un principio, pero difícil de sustentar con pruebas prácticas.

También es difícil «demostrar» rotundamente el tercer y el cuarto argumento (al igual que los argumentos a favor de unificar las responsabilidades monetarias y de supervisión).

Los autores de este libro se encuentran en la situación poco habitual de haber tenido responsabilidades de supervisión bancaria tanto en un banco central como en un regulador integrado. Su conclusión es que había pocas muestras de que existiera una interacción significativa entre los supervisores bancarios y los expertos en política monetaria del Banco de Inglaterra cuando éste combinaba ambas funciones. De hecho, las necesidades de personal y de formación de sendas divisiones del Banco se habían ido separando progresivamente durante los últimos años, a medida que ambas funciones fueron exigiendo un mayor nivel de especialización al volverse más técnicas y complejas. En la práctica, había mucha más interacción entre los supervisores bancarios y los organismos reguladores de otras partes del sistema financiero que entre los supervisores bancarios y el personal responsable de la política monetaria del Banco de Inglaterra. En opinión de los autores, esta observación empírica puede ser tan importante como algunos de los argumentos teóricos descritos anteriormente. En caso de crisis, y en la circunstancia poco habitual de tener que escoger entre la estabilidad financiera y la monetaria, es fundamental que haya buena comunicación. Sin embargo, no es axiomático que para lograrlo sea necesario que una única institución integre ambas funciones.

También se observa que, en la práctica, el Protocolo Multilateral de Intenciones acordado por el Tesoro, el Banco de Inglaterra y la FSA ha funcionado muy bien durante varios años y que el Banco de Inglaterra no ha sentido, en la práctica, que se le haya privado de la información que necesita para sus otras funciones en el sector financiero. Incluso puede argumentarse que el Banco cuenta ahora con una perspectiva más amplia de lo que sucede en el sector financiero que la que tenía cuando era directamente responsable de la supervisión bancaria, ya que no mantenía una relación estructural con los reguladores de otras facetas del sector financiero. Ciertamente, los acuerdos sobre el flujo de información son mucho más sistemáticos y exhaustivos que antes. El hecho de que la Comisión de Gobernadores del Banco de Inglaterra cuente con miembros del comité de la FSA, y viceversa, contribuye a que haya una buena comunicación entre ambas autoridades, aunque el factor clave es la buena relación de trabajo entre el personal de ambas instituciones. Esa comunicación, que se lleva a cabo en un espacio legal abierto, incluye información sobre los mercados de valores, sobre las compañías de seguros y sobre los fondos de inversión, además de sobre los bancos. Durante los últimos años, algunos de los sucesos financieros más preocupantes, con posibles consecuencias para la estabilidad financiera y, quizás para la conducta económica y, por lo tanto, para la política monetaria, se han dado en esos sectores. Sin embargo, es absolutamente fundamental que ambas organizaciones colaboren estrechamente y que alcancen rápidamente puntos de vista compartidos acerca de cómo reaccionar ante problemas incipientes. Las investigaciones posteriores al problema de Northern Rock se centrarán en si la colaboración y la comunicación se hicieron efectivas en la práctica.

La práctica internacional demuestra que, de momento, no hay acuerdo sobre esta cuestión. La cantidad de reguladores únicos sigue aumentando, aunque algunos se integran dentro de los bancos centrales. El ámbito que cubre la función reguladora de los bancos centrales es muy diverso (gráfica 8). En una muestra de 143 países, los bancos centrales de 50 de ellos no tienen ninguna responsabilidad reguladora en absoluto, los de otros 29 comparten la responsabilidad bancaria con otros organismos y, en los 64 restantes, tienen la principal responsabilidad en materia de supervisión.

Cómo escoger la mejor estructura reguladora

Todos estos argumentos, en su conjunto, quizá sirvan para explicar por qué en todo el mundo se han dado pasos hacia una regulación integrada. Sin embargo, cada país debe evaluar cuidadosamente su posición. Llewellyn[9] propone una lista de los factores que deben tener en cuenta los países a la hora de tomar decisiones estructurales (cuadro 4).

9. David Llewellyn, «Institutional Structure of Financial Regulation and Supervision: The Basic Issues», en Carmichael, Fleming y Llewellyn (comps.), *Aligning Supervisory Structures with Country Needs*, Washington, World Bank Institute, 2004.

GRÁFICA 8. LOS BANCOS CENTRALES EN EL SISTEMA REGULADOR

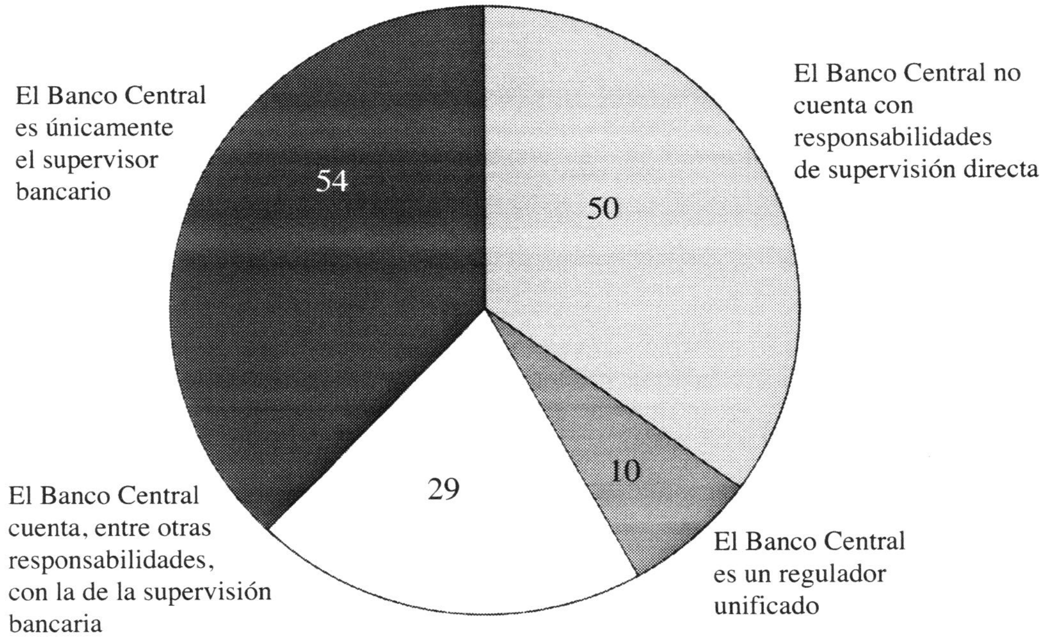

Fuente: «How Countries Supervise their Banks, Insurers and Securities Markets», Central Bank Publications, 2007.

Cuadro 4. Cuestiones que hay que considerar en la determinación de la estructura reguladora

- ¿Cuál es el número adecuado de organismos reguladores? Y, en concreto, ¿debe haber varios reguladores especialistas, agencias integradas responsables de más de un sector del sistema financiero, o un único organismo que abarque todos los aspectos de la regulación del sistema financiero?
- ¿La regulación prudencial y la regulación de la conducta deben estar separadas o deben combinarse en un único organismo?
- ¿Qué función debería desempeñar el banco central en el proceso de regulación y de supervisión?
- En ausencia de un regulador único, ¿cuál es la estructura más adecuada para los distintos organismos? ¿Qué funciones deben asignarse a qué organismos? Y ¿cómo deben definirse los objetivos de cada organismo? Concretamente, ¿cómo deben distribuirse las dimensiones *funcionales* e *institucionales* de la regulación entre los distintos organismos?
- ¿Cuáles deberían ser los objetivos específicos de los organismos supervisor y regulador?
- ¿Cuál es el nivel de coordinación necesario entre los distintos organismos y qué mecanismos se necesitan para garantizar que la coordinación, la cooperación y el intercambio de información sean efectivos?
- ¿Qué nivel de independencia política deben tener los organismos reguladores y supervisores?
- Dado que la regulación tiene consecuencias sobre la competencia, ¿qué función tendrán las autoridades sobre la competencia en el proceso de regulación (si es que han de tener alguna)?
- ¿Hasta qué punto se debe tener en cuenta la concentración de poder a la hora de determinar la estructura institucional óptima?
- ¿Qué espacio debe dejarse a la autorregulación y a otros mecanismos para que los profesionales den su opinión (si es que debe dejarse espacio alguno)?
- ¿Qué mecanismos institucionales son los más eficientes para facilitar la coordinación internacional y la cooperación entre los organismos reguladores nacionales?
- ¿Qué nivel de independencia y responsabilidad deben tener los organismos reguladores?

Ciertamente, es necesario tener en cuenta el nivel de integración del sector financiero. En los casos en que hay barreras legales para la actividad transectorial, los argumentos a favor de la integración reguladora son más débiles. Y la cuestión de la independencia institucional es básica. Hay países que aún se encuentran en un estado inmaduro de desarrollo político, o en los que una persona o grupo de personas son excesivamente dominantes, por lo que es poco realista pensar que pueden crear un nuevo organismo independiente, con el poder de un regulador financiero único y con la estructura de responsabilidad y de controles adecuada. En estas circunstancias, es posible que el banco central sea la mejor opción disponible, a pesar de ser imperfecta. En la mayoría de los demás países, los argumentos a favor de la integración reguladora son más potentes. Obviamente, Estados Unidos se encuentra muy lejos de esa consolidación, y hay expertos, como Alan Greenspan, que se oponen a ella.

¿Son sólidos los argumentos a favor de la competencia entre los reguladores de un mismo país? En nuestra opinión, no. En primer lugar, la actual competencia transnacional ya conlleva algunos de los beneficios argüidos. En segundo lugar, hay muy pocas pruebas (o ninguna) de que la competencia mejore la eficiencia de los organismos. Por ejemplo, los organismos reguladores de Estados Unidos cuentan con una plantilla muy generosa en comparación con los criterios internacionales. En tercer lugar, la legislación limita significativamente la competencia entre reguladores, debido al riesgo de que esa competencia conduzca a una degradación de los principios normativos.

Resulta difícil no llegar a la conclusión de que el argumento es más una justificación retrospectiva y parcial de la complejidad ya existente, que un principio sobre el que deban construirse los sistemas reguladores.

¿Es importante la estructura de la regulación?

Tal y como señala Llewellyn, no existe la seguridad de que la estructura de la regulación garantice, por sí misma, ni la estabilidad financiera ni la eficiencia económica de los mercados financieros de un país. Hay pocos indicios sólidos al respecto. De hecho, los indicios disponibles acerca de las conexiones entre las disposiciones reguladoras y la credibilidad y la estabilidad financiera tienden a relacionarse más con las características de los organismos, en términos de gobierno corporativo y de independencia, que con la estructura reguladora en sí misma.

Algunos reguladores han encontrado relaciones estadísticamente significativas que confirman la importancia que tiene un buen gobierno regulador para la estabilidad del sistema financiero, al elaborar para una amplia muestra de países índices de estabilidad financiera y de gobierno corporativo sólido en organismos reguladores.[10] Un artículo del FMI señala que la independencia y la responsabilidad de los reguladores han aumentado y que ambas características son positivas para la estabilidad financiera.[11] Una investigación más reciente, llevada a cabo por Steve Donzé, de la London School of Economics (aún pendiente de publicación), sugiere que hay una estrecha relación entre la independencia reguladora y la estabilidad financiera. Donzé ha construido un índice de independencia que abarca tanto la independencia del control político, como la de los participantes en el mercado. Esta investigación sugiere que la independencia y la integridad son más importantes que la estructura (algo que en realidad no resulta sorprendente) en lo que concierne a las cuestiones capitales para evitar las crisis financieras.

Sin embargo, hay que aclarar tres cuestiones más a este respecto:

1. Los objetivos de la regulación van más allá de evitar la crisis o la inestabilidad financieras. Hay pruebas de que los reguladores seguros de sí mismos y competentes ofrecen otros tipos de beneficios económicos, porque refuerzan la confianza en la intermediación financiera y reducen las primas de riesgo.
2. Aunque no existe necesariamente una relación entre la estructura y la independencia, los países que han reformado

10. Das, Quintyn y Chenard, «Does Regulatory Governance Matter for Financial System Stability: An Empirical Analysis», Banco de Canadá, 2004, <http://www.bankofcanada.ca>.

11. Marc Quintyn, Sylvia Ramirez y Michael Taylor, «The Fear of Freedom: Politicians and the Independence and Accountability of Financial Sector Supervisors», documento de trabajo del FMI, Washington, febrero de 2007.

sus estructuras reguladoras han aprovechado ese proceso de reforma para dotar de mayor independencia a los organismos implicados.

3. Desde el punto de vista de la competitividad en los mercados financieros, la opinión de los participantes en el mercado acerca del régimen regulador también es importante. Varios estudios han demostrado que las entidades financieras creen que el régimen de Londres, con su regulador integrado, se adapta mejor a los mercados financieros actuales que otros regímenes reguladores, basados en enfoques sectoriales, y que tiene muchas probabilidades de funcionar mejor en el futuro.

Normas o principios

Durante los últimos tres años, ha ido aumentando la preocupación, especialmente en Estados Unidos, acerca del impacto que las normas cada vez más detalladas puedan tener sobre el dinamismo y la flexibilidad de los mercados financieros. La preocupación se ha centrado, sobre todo, en la SEC y en las implicaciones de la Ley Sarbanes-Oxley, y se ha visto acentuada por las pruebas de que las transacciones financieras se han trasladado de Nueva York a Londres; las empresas han argumentado que uno de los motivos de este cambio es que la Autoridad de Servicios Financieros británica se rige por un régimen más flexible, basado en principios y no en normas. Esta cuestión ha aparecido en varios informes sobre el tema, como el que McKinsey and Company prepararon para la ciudad de Nueva York.[12]

¿Es real esta diferencia en la práctica? ¿Hasta qué punto es cierto que el régimen británico se basa en principios? ¿Los regímenes basados en principios son preferibles en todos los aspectos a los que se fundamentan en normas indiscutibles?

Es cierto que la piedra angular del régimen de la FSA es una serie de principios reguladores, formulados en un lenguaje sencillo (véase el cuadro 5). De hecho, esos principios fueron un legado de

12. McKinsey and Co., para la ciudad de Nueva York, «Sustaining New York's and the US's Global Financial Services Leadership», enero de 2007.

la Comisión sobre Inversiones y Valores, que se adaptaron para que pudieran aplicarse a todos los sectores financieros.

Ciertamente, disponer de una serie de principios consensuados ofrece la posibilidad de contar con un libro de normas más sencillo, ya que en la mayoría de circunstancias no es necesario definir con precisión todos los tipos de conducta que el regulador considera incompatibles con su régimen. No obstante, esto sólo es cierto si los principios pueden usarse como base para poder obligar a su cumplimiento, sin que el regulador tenga que especificar una infracción concreta. Muchos participantes en el mercado han intentado resistirse a esta interpretación del estatus de los principios, pero sin ella, un régimen basado en principios significa muy poco. Así que la FSA siempre ha dejado muy claro que obligará al cumplimiento de los principios, y lo ha hecho ya en varias ocasiones.

CUADRO 5. LOS PRINCIPIOS DE LA FSA

1. Integridad. Las entidades deben llevar a cabo sus operaciones con integridad.
2. Habilidad, atención y diligencia. Las entidades deben llevar a cabo sus transacciones con la habilidad, la atención y la diligencia necesarias.
3. Gestión y control. Las entidades deben prestar una atención razonable a la organización y al control de sus operaciones, que deben llevar a cabo de manera responsable y efectiva, y con sistemas adecuados de gestión del riesgo.
4. Prudencia financiera. Las entidades deben conservar recursos financieros adecuados.
5. Conducta en el mercado. Las entidades deben cumplir con los principios de conducta adecuada en el mercado.
6. Interés de los clientes. Las entidades deben prestar la debida atención a los intereses de sus clientes y tratarlos justamente.
7. Comunicación con los clientes. Las entidades deben prestar la debida atención a la información que necesitan sus clientes y comunicársela de un modo claro, justo y que no dé lugar a equívocos.

8. Conflictos de interés. Las entidades deben gestionar los conflictos de interés imparcialmente, tanto si se dan entre la entidad y sus clientes, o entre clientes de la entidad.
9. Clientes: relación de confianza. Las entidades deben preocuparse por ofrecer los consejos adecuados y tomar las decisiones discrecionales correctas para cualquier cliente que dependa de su opinión.
10. Activos de los clientes. Las entidades deben proteger adecuadamente los activos de sus clientes, cuando éstas sean responsables de los mismos.
11. Relaciones con los reguladores. Las entidades deben relacionarse con sus reguladores con honestidad y cooperar con ellos, y deben informar a la FSA de todo lo relativo a la entidad y sobre todo lo que la FSA puede esperar, razonablemente, ser informada.

Los enfoques basados en principios no son tan diferentes a los regímenes basados en normas como podría parecer. Cualquiera que haya estudiado el Manual de la FSA se habrá dado cuenta de que es un documento muy extenso, en parte por las presiones del propio mercado y, especialmente, de los abogados. Durante el proceso de articulación del nuevo régimen británico, la mayoría de consultas al mercado desembocaron en más normas y directrices, ya que las empresas y sus abogados presionaban para obtener una mayor seguridad respecto de las conductas que el regulador encontraría aceptables e inaceptables. Por lo tanto, hablamos más de un espectro que de una cuestión binaria de reglas o principios. Contar con un conjunto de principios consensuados permite simplificar en cierta medida la normativa y proporciona al regulador la flexibilidad necesaria para responder con rapidez a lo que suceda en el mercado. También puede proporcionar más flexibilidad a las entidades financieras. Pero estos principios no sustituyen a un acuerdo sólido entre reguladores y regulados sobre lo que constituye, o no, una práctica de mercado aceptable y sólo pueden funcionar efectivamente si los supervisores, personalmente, están formados específicamente para poder tomar decisiones y sentirse seguros al hacerlo. Los enfoques basados en principios suelen requerir que los reguladores adquieran más habilidades y que, con el tiempo, cuenten con menos personal, pero mejor pagado.

Autorregulación

También existe un debate permanente sobre si es adecuado, e incluso preferible, confiar en mecanismos de autorregulación para los mercados financieros, como alternativa a la regulación normativa.

Los defensores de la autorregulación afirman que, con toda probabilidad, sería más flexible y más sensible al mercado. La normativa la elaborarían personas más familiarizadas con las prácticas del mercado que los abogados y los funcionarios que trabajan para organismos reguladores estatales. Si la normativa la elaboraran y acordaran los propios participantes en el mercado, muy probablemente esos mismos participantes la aceptarían y, por lo tanto, el nivel de cumplimiento sería mayor. En cuanto a obligar a dicho cumplimiento, es posible que atraer la condena pública de los iguales sea un castigo más temido que una multa impuesta por un organismo estatal de cuya adecuación o validez pueden dudar muchos otros participantes en el mercado. Hay ciertas pruebas de que los participantes en el mercado pueden ser estrictos con sus colegas que infringen las «normas del club» y que, en ocasiones, pueden ser más duros que los reguladores estatales. Además, la disciplina impuesta por organismos autorreguladores puede aplicarse de forma más rápida y dar menos margen para apelaciones que se prolonguen en el tiempo.

Por otro lado, quienes se muestran escépticos ante el concepto de autorregulación aluden a la experiencia accidentada de varios países, especialmente la de Gran Bretaña. Es muy complicado garantizar que el marco de actuación de los sistemas autorregulados sea exhaustivo. Pretender que todas las empresas de un tipo determinado se registren con un organismo autorregulador puede ir en contra de la ley de la competencia. Es más: aunque los autorreguladores pueden ser efectivos a la hora de tratar con la «manzana podrida», tienen más dificultades para promover cambios en la regulación que conduzcan a prácticas de mercado más estrictas. Y su autoridad depende de que los miembros tengan la percepción de que todos comparten un mismo interés en sus reputaciones respectivas. Cuando era posible identificar fácilmente cada subsector de los mercados financieros como el ámbito exclusivo de un tipo específico de entidad, había una base sólida para la disciplina autorregulada. Ahora, que en muchos países ya no existen fronteras entre los distintos sectores de los mercados financieros, la identidad común en dichos sectores es mucho más débil.

Es imposible resolver este debate en un único sentido, en todos los casos y en todos los lugares. También es importante darse cuenta de que la palabra «autorregulación» puede significar cosas distintas en según qué países y mercados. Por eso, el debate internacional ha sido algo confuso. Una taxonomía muy sencilla de la autorregulación sugiere que existen cuatro modelos distintos que, sin embargo, se superponen:

1. Autorregulación pura, en la que los participantes en el mercado elaboran y aplican las normas sin apoyo estatal ni participación alguna del gobierno en el proceso.
2. Organizaciones autorreguladas que son, fundamentalmente, responsables de sus propios regímenes, pero en las que el Estado reconoce las normas que elaboran como principios y códigos para el sector en general y, por lo tanto, ofrece apoyo para obligar a su cumplimiento.
3. Autorregulación que se apoya en un régimen estatal, quizás añadiendo principios de conducta ética y de atención al cliente adicionales a las exigencias de la normativa legal.
4. Implicación de los participantes en el desarrollo de los regímenes legales, tanto si es mediante consultas como mediante algún tipo de postura formal durante el proceso.

El régimen británico se ha movido dentro de este espectro en los últimos veinte años. Antes de la Ley sobre Servicios Financieros de 1986, el mercado estaba básicamente autorregulado bajo la forma del Modelo 1. La Ley de 1986 proporcionó apoyo legal para los autorreguladores y un regulador estatal para supervisarlos; en cambio, la Ley sobre Servicios y Mercados Financieros de 2001 abolió las organizaciones autorreguladas (SRO) anteriores, a favor de un único nivel de regulación estatal. De todos modos, ese nivel único se desarrolló con una gran implicación de los participantes en el mercado (Modelo 4), que están representados en el comité que toma las decisiones en la FSA. Y aún queda espacio para que organismos como el Instituto de Valores o el Comité de Cumplimiento del Código Bancario, que no están nombrados ni dirigidos por el gobierno ni por la FSA, elaboren provisiones superequivalentes. Sin embargo, la FSA se ha resistido a proporcionar apoyo legal a los códigos diseñados por organismos meramente autorreguladores.

Aunque las SRO siguen desempeñando una función significativa en muchos países (especialmente en Estados Unidos, donde la NASD desempeña una función importante) en las áreas de la contabilidad y de la auditoría, lo cierto es que durante los últimos años ha habido una tendencia general, sino universal, hacia la regulación basada en estatutos. Y parece probable que esta tendencia continúe. Además de la preocupación sobre la efectividad de las SRO, que hemos descrito anteriormente, hay otra cuestión que ha ido adquiriendo cada vez mayor importancia. Es obvio que la regulación estatutaria es preferible, e incluso necesaria, cuando los reguladores operan en sistemas de reconocimiento mutuo y permiten a las entidades trabajar en sus jurisdicciones sobre la base de principios reguladores impuestos o mantenidos en otros lugares. Es complicado que el regulador de un país A acceda a confiar legalmente en el régimen autorregulado de un país B. Esto es especialmente cierto en la Unión Europea, donde las SRO no suelen cumplir los minuciosos principios y la amplia cobertura que establecen las directivas europeas; y es posible que también suceda en Estados Unidos y en otros países que empiezan a decantarse por la confianza mutua.

Sin embargo, no se debe interpretar que este veredicto un tanto pesimista sobre la autorregulación devalúa la importancia de un estrecho diálogo entre los reguladores y los regulados. Para poder seguir el ritmo de lo que sucede en el mercado, los reguladores necesitan mantener vínculos estrechos con las entidades y con sus órganos representativos. La FSA se vale de un mecanismo formal (la Comisión de Expertos) para este propósito. Los reguladores que no cuentan con un mecanismo parecido, deberían valorar la posibilidad de introducirlo.

7. Reformas necesarias

¿Es sólido el sistema internacional de regulación que hemos descrito? Parece extraordinariamente complejo, con estructuras complicadas que interseccionan en varios niveles y en muchos lugares. Es obvio que, si empezáramos de nuevo, no crearíamos el sistema que tenemos ahora, con todas sus superposiciones y complejidad. Por otro lado, aceptamos que el sistema ha funcionado tolerablemente bien durante los últimos años. A pesar de que las estructuras son aparentemente bizantinas, los hábitos de colaboración entre las instituciones y las personas que las integran (ayudados por el hecho de que el sistema funcione íntegramente en inglés) son tales que el intercambio de información entre países es rápido cuando se necesita que lo sea. Sin embargo, el entorno económico general ha sido significativamente benigno durante el reciente período de internacionalización del sistema financiero. Y las turbulencias del mercado, que empezaron en el verano de 2007, han vuelto a poner de manifiesto los puntos débiles del sistema, así como la ausencia de mecanismos de gestión de crisis potentes que respondan a la interconexión creciente de los mercados y a la aparición de nuevos participantes importantes, como China.

Una propuesta obvia, que ya se ha puesto sobre la mesa, es reforzar las competencias de las instituciones financieras internacionales o, incluso, crear una nueva autoridad financiera mundial. Sin embargo, nuestra opinión es que, en la actualidad, no es realista defender la unificación de la soberanía en esta área. No hay pruebas, excepto quizás en el caso especial de la Unión Europea, de que los gobiernos estén dispuestos a ceder a entidades reguladoras extranjeras la autoridad sobre sus sistemas financieros nacionales. Es posible que deba pasar bastante tiempo antes de que plantear cambios en esta dirección sea factible. Y, casi con total seguridad, estos cambios tampoco se darán hasta que se produzca un fallo de tal envergadura que genere un imperativo político para la reforma.

Lo que está claro es que el sistema actual tiene varios puntos débiles que deberían corregirse. En este capítulo, proponemos una serie de reformas que aumentarían la resistencia del sistema.

Simplificación

Las gráficas del capítulo 1 ilustran claramente la complejidad de los sistemas actuales. Año tras año, se añaden nuevos comités y grupos de trabajo; y muy pocos desaparecen. La cantidad de organismos donde está representada la FSA se ha duplicado con creces durante la última década.

No disponemos del espacio necesario para elaborar una lista detallada de candidatos al depósito de cadáveres regulador, aunque más adelante hacemos algunas sugerencias. Un Foro de Estabilidad Financiera reforzado podría llevar a cabo la útil tarea de una revisión fundamental, con el objetivo de eliminar organismos redundantes o de amalgamar organismos con funciones superpuestas. Los ministros de Economía del G7 deberían pedirle al Foro que emprendiera esta tarea.

Uno de los motivos que subyacen a esta complejidad es la persistencia de sistemas reguladores muy diferentes en los distintos países. Muchos siguen funcionando por sectores, incluso aunque permitan las operaciones bancarias universales y que entidades bancarias posean entidades aseguradoras y viceversa. Reformar las regulaciones nacionales facilitaría la racionalización internacional. Esto es especialmente cierto en la Unión Europea, donde resulta difícil justificar, desde cualquier base racional, la existencia de tres comités distintos, cada uno con sus propias instalaciones y su propio personal en ciudades diferentes. Los países que no han revisado recientemente la adecuación de sus estructuras a los cambios que se han dado en el mercado deberían hacerlo, quizás usando la taxonomía del capítulo 6. En concreto, deberían preguntarse si sus reguladores pueden interaccionar efectivamente con los principales organismos internacionales.

La (co)ubicación de los reguladores internacionales en el BPI de Basilea, donde ya tienen su sede dos de ellos, sería útil, al igual que la (co)ubicación de los tres comités de la Unión Europea en Bruselas, con una secretaría común.

Legitimidad

Para que el sistema funcione bien y para que los principios y los códigos que aprueban los organismos internacionales se acepten y se apliquen en todo el mundo, debe considerarse que dichos organismos y comités tengan un nivel de legitimidad adecuado, lo que es mucho más probable si se piensa que representan adecuadamente a distintas partes del mundo y a países con distintos niveles de desarrollo financiero. Tal y como hemos visto en las descripciones del capítulo 2, las redes existentes pueden variar mucho en cuanto a su composición y a su nivel de representatividad. En algunos casos, la necesidad de revisar la composición es obvia y refleja la existencia de una perspectiva anticuada del equilibrio de poder en el sistema financiero global.

Esto es especialmente así en el caso del Comité de Basilea. De los trece miembros, diez son europeos, entre los que se incluyen Bélgica, Luxemburgo y Suecia. Japón es el único miembro asiático y no hay ningún miembro del hemisferio sur. Curiosamente, la ampliación más reciente del grupo consistió en la admisión de otro país europeo, España. Y el dominio europeo del Comité aún se ve más acentuado por la asistencia a las reuniones de la Comisión Europea y del Banco Central Europeo, a pesar de que este último no tiene responsabilidades de supervisión bancaria.

Es imposible que esta composición sobreviva mucho más tiempo si el Comité de Basilea pretende seguir ostentando su función central en el sistema bancario. Obviamente, hay que alcanzar un compromiso entre tamaño y efectividad. No cabe duda de que un Comité de trece países tiene muchas más probabilidades de alcanzar un consenso que un grupo mucho más amplio y diverso (aunque es difícil pensar que Basilea II hubiera podido demorarse más de lo que se demoró). Esto llama a cierta reducción de la participación europea, para permitir el ingreso de otros países. Se ha avanzado un poco y se ha implicado a otros supervisores mediante el Grupo Internacional de Enlace (ILG) y los subcomités del Grupo de Implementación del Acuerdo (AIG); sin embargo, la lógica de la composición del Comité de Basilea es que, como éste establece las normas para los bancos transnacionales, los miembros deberían proceder de los países que son el domicilio de los bancos activos cuyo ámbito de actuación es internacional. Esto apunta, en la actualidad, a la inclusión de China, con un sistema bancario que supone cerca del 9% del total mundial y con bancos cada vez más activos internacionalmente; y también a la inclusión de Australia, ya que varios de sus bancos son muy activos en otros países. Muy pronto, también habrá motivos para incluir a India y a Singapur, y es probable que otros países cuenten con grandes bancos internacionales en la próxima década. Algunos de los países europeos más pequeños deberían abandonar el Comité para impedir que éste acabe volviéndose ingobernable. Hace ya mucho tiempo que el Comité de Basilea debería haber pasado por una reforma de este tipo.

También hay dudas acerca de la responsabilidad del Comité. Actualmente, depende de los gobernadores del G10 (que, en la práctica, son trece). Sin embargo, ahora, ocho de esos trece gobernadores o bien no tienen la responsabilidad de la supervisión bancaria en sus jurisdicciones, o bien ostentan únicamente cargos de apoyo, como en el caso del Bundesbank alemán. En respuesta a esta situación peculiar, los gobernadores convocan ahora, de manera informal, a un grupo de gobernadores y de directores de supervisión, pero se trata únicamente de un organismo asesor y no cuenta con un estatus oficial. No escoge al presidente del Comité, por ejemplo. Los gobernadores han protegido cuidadosamente su control general sobre el Comité de Basilea y, hasta el momento, han insistido en que el presidente del Comité ha de ser el gobernador de un banco central, aunque cada vez es más difícil encontrar a gobernadores de bancos centrales que cuenten con la experiencia y con las responsabilidades nacionales adecuadas. De hecho, éste fue el principal motivo de la inclusión de España en el Comité en 2001: conseguir un gobernador con experiencia en materias de supervisión y que pudiera acceder a la presidencia. Por lo tanto, además de modificar su composición, el Comité de Basilea necesita una estructura de responsabilidad distinta, que incorpore íntegramente a los responsables de la supervisión financiera en los países más importantes representados en el Comité.

Los problemas de legitimidad son menos agudos en el caso de la OICV y de la IAIS. Éstas ya cuentan con una composición más amplia que, de hecho, es bastante completa y lleva a cabo procedimientos democráticos. Sin embargo, en el caso de la OICV, la democracia se observa en el Comité Ejecutivo, pero no en el Comité Técnico, que es el principal foro donde se establece la normativa. Y la composición de este comité también es bastante peculiar, ya que, por ejemplo, cuenta con dos miembros canadienses, pero con ningún representante permanente de China o de India, que son mercados de valores cada vez más dinámicos. Por lo tanto, también es necesario reformar estos aspectos.

Estas cuestiones son bastante distintas en lo que respecta a la contabilidad y a la auditoría, porque los organismos que promulgan las normas nunca han sido representantes de reguladores nacionales. Hasta la fecha, se han centrado en la cuestión más fundamental de retirar a los organismos regulados el poder de decisión acerca de la elaboración de principios.

Aunque la creación del IASB bajo los auspicios de la Fundación del IASC ha arrebatado a los contables la responsabilidad de elaborar los principios internacionales de contabilidad, aún no ha pasado lo mismo con los principios de auditoría, que todavía son dictados formalmente por los auditores, aunque con cierta disciplina, generada por la adhesión voluntaria a los requisitos de procedimiento del Consejo de Supervisión del Interés Público. Parece extraño que, a pesar de que existan organismos públicos independientes de supervisión de auditorías, la elaboración de los principios siga correspondiendo a las entidades reguladas, a diferencia de lo que sucede en otras áreas de la regulación financiera. Esto debería cambiar para que los principios de auditoría internacionales fueran elaborados por un comité público independiente, un Comité Internacional de Principios de Auditoría, quizás análogo al IASB, una vez se resuelvan las preocupaciones residuales sobre la financiación y la responsabilidad de este último, que tienen que ver con el grado de renuncia que los estados soberanos están dispuestos a aceptar en lo que se refiere a su representación individual en la elaboración de los principios, en aras de una toma de decisiones colectiva, eficiente y eficaz. Como mínimo, la financiación de los organismos reguladores debería proceder de los presupuestos de las autoridades nacionales responsables de la regulación sobre auditoría y contabilidad, y no del poco satisfactorio grupo actual de entidades y empresas de auditoría. En ese caso, sería posible enmarcar dentro de una única estructura a los organismos reguladores en materia de auditoría y de contabilidad y, a su debido tiempo, también en cuestiones actuariales, quizás ampliando la misión de una Fundación del IASC reformada.

En la cúspide del sistema, el Foro de Estabilidad Financiera ha intentado extender su composición más allá del G7. Dada la participación tripartirta de cada país del G7 (que debería revisarse llegado el momento), es obvio que el riesgo de dispersión y de ineficacia del Foro es mayor en el caso de que ingresen varios países más. De todos modos, con el tiempo el Foro tendrá que ampliar su composición para incluir a los representantes de nuevos centros financieros importantes. Se trata de un organismo cuya prioridad es la estabilidad financiera y la interacción entre los mercados, por lo que es razonable que esté compuesto sobre todo por países cuyos mercados sean internacionales y donde sus cambios en el mercado puedan influir a otros. Por lo tanto, la envergadura de la economía nacional no es necesariamente el criterio más adecuado. De todos modos, parece probable que Shangai, y quizás Mumbai, pasen a ser centros financieros mundiales importantes. En consecuencia, tanto China como India deberían incorporarse pronto, al tiempo que Holanda e Italia deberían retirarse.

Estructura

Es evidente que la arquitectura de la regulación está determinada por el antiguo predominio del sistema de los tres pilares. Tal y como hemos demostrado, este modelo de organización nacional no es en absoluto universal en la actualidad, y cada vez hay más reguladores integrados. A pesar de esto, la mayoría de organismos internacionales reflejan la posición nacional de cada país miembro en el momento en que se crearon, en las décadas de 1980 y de 1990. El único cambio significativo resultante del análisis de las causas de la crisis financiera asiática fue la creación del Foro de Estabilidad Financiera, en 1999.

¿Esta estructura sigue siendo la más adecuada para afrontar los retos a la estabilidad financiera, o es necesario llevar a cabo una reorganización fundamental de la arquitectura financiera internacional?

Los autores de este libro tenemos una opinión muy clara al respecto. Creemos que el antiguo sistema de los tres pilares ya no es adecuado para el sistema financiero actual, cada vez más sofisticado. Si más autoridades nacionales se reorganizaran en el sentido de la unificación, la lógica de reestructurar los organismos internacionales sería muy potente. Los principales problemas a que se enfrentan ahora los reguladores internacionales no pueden resolverse fácilmente en ninguno de los comités existentes por separado. Muchos de los retos actuales para lograr la estabilidad financiera proceden de instituciones que no encajan del todo en las definiciones que solemos usar: los fondos de capital de riesgo y los fondos de inversión libre son una mezcla compleja de intermediación y de capital. Sus actividades están impulsadas por el crédito proporcionado por el sistema bancario, pero operan sobre todo en mercados de valores, tanto en los regulados como en los no regulados. Invierten en fondos de seguros y de inversiones. Es muy poco probable que cualquier crisis futura se limite a un único sector regulado.

No será fácil introducir cambios radicales y, en la actualidad, no hay indicio alguno de que se esté llegando a ningún tipo de nuevo consenso sobre la arquitectura internacional. Por lo tanto, a corto y a medio plazo, la mejor respuesta sería reforzar el Foro de Estabilidad Financiera y convertirlo en un organismo más influyente. Éstos son algunos de los cambios que podrían resultar útiles:

a) Podría cambiarse el nombre del Foro por el de Consejo de Estabilidad Financiera. Esto indicaría que los ministros de Economía del G7 lo consideran una entidad más importante, capaz de tomar sus propias decisiones, en lugar de actuar como un mero foro para presentar iniciativas e ideas procedentes de otros lugares. El BPI u otro organismo, o ambos, deberían otorgarle más recursos. Debería formalizar su potestad de encargar trabajos a otros y recibir la autoridad necesaria para actuar a partir de los resultados de dichos trabajos.

b) El Foro/Consejo debería recuperar la práctica que introdujo en las primeras reuniones, y estudiar áreas donde se detecten problemas transectoriales y analizar las amplias cuestiones sobre estabilidad financiera que hay que resolver, como consecuencia de los cambios en la estructura de la intermediación mundial. En este contexto, resulta alentador constatar que, cuando quisieron reconsiderar la función de los fondos de inversión libre en el sistema financiero internacional, los ministros de Economía del G7 pidieron al Foro de Estabilidad Financiera, a principios del año 2007, que revisara su estudio del año 2000 sobre las instituciones muy apalancadas. Desde la publicación de sus tres primeros estudios sobre instituciones muy apalancadas, el Foro ha buscado, en general, la información en otros lugares, debido a la resistencia estadounidense a generar estudios. Esta resistencia debería vencerse y el Foro debería poder tomar sus propias iniciativas cuando lo considere necesario. Sería muy deseable que renovaran la iniciativa de encontrar cómo resolver las incidencias de insolvencia transnacional, antes de que transacciones más complejas que las que se daban en el pasado vuelvan a poner a prueba el sistema. Otra cuestión en relación con los problemas transectoriales que el Foro de Estabilidad Financiera podría resolver es la del riesgo que supone para la estabilidad financiera la concentración del mercado mundial de auditoría, así como la ausencia de una supervisión consolidada de las redes mundiales de empresas de auditoría.

c) La Secretaría debería ser más fuerte. No hay motivo para alejarla físicamente del BPI, pero también debería estar presente en Washington, porque los vínculos que deben reforzarse especialmente son los que existen entre el Foro de Estabilidad Financiera y el FMI y el Banco.

d) El Foro Conjunto debería reconstituirse y pasar a ser un brazo operativo del Foro de Estabilidad Financiera.

e) El FMI y el Banco Mundial deberían tomarse más en serio la labor del Foro de Estabilidad Financiera, y deberían mostrarse cada vez más dispuestos a organizar sus propios programas de valoración y sus labores de asistencia técnica en función de las prioridades debatidas y acordadas en el Foro. El Fondo debe decidir cuál es el siguiente paso con los FSAP. Lo lógico sería tomar este tipo de decisiones en el Foro de Estabilidad Financiera.

f) Los vínculos entre la labor que el Foro desempeña habitualmente sobre los puntos débiles del sistema y el proceso de valoración de la estabilidad financiera de los países deberían ser más fuertes. De momento, el nexo entre estos dos tipos de iniciativas no está claro en absoluto. Hay pocas pruebas de que los bancos centrales y los reguladores nacionales tengan en cuenta en sus valoraciones la tarea que se lleva a cabo sobre los puntos débiles del sistema. Hay demasiadas cosas que «aún están por inventar» en esta área. La coordinación con el Informe sobre Estabilidad Financiera Mundial que elabora el FMI también es insuficiente. Sería conveniente que hubiera más coherencia y más consolidación en este ámbito.

Habrá quien argumente que no basta con un cambio gradual en este sentido y quien presione para que se establezca una autoridad central más fuerte. Esta autoridad podría ser capaz de dar órdenes a los organismos encargados de elaborar las normativas que aplicaran cambios y, de hecho, quizás podría asumir la tarea de garantizar que los principios y los códigos actuales se aplican y se ejecutan adecuadamente. También sería posible que tuviera la capacidad de otorgar legitimidad incontestable a los organismos que establecen los principios de contabilidad y de auditoría y, a su debido tiempo, los principios actuariales. En estos momentos, aún consideramos poco probable que se pueda alcanzar un acuerdo sobre un organismo central más fuerte, pero modificar gradualmente el Foro de Estabilidad Financiera debería permitir más avances en el futuro, si se presentara la ocasión.

Cómo responder a las entidades financieras nuevas o en proceso de cambio

Otra cuestión relacionada con la anterior es que, tal y como se ha demostrado, el sistema no cuenta con la flexibilidad suficiente para poder responder con rapidez a los cambios en los tipos de actividad financiera llevada a cabo mediante canales de intermediación novedosos. La estructura sectorial, combinada con el predominio de los reguladores de los mercados desarrollados, lo hace muy difícil. Hay varios fenómenos nuevos que requieren una respuesta reguladora adecuada.

Finanzas islámicas

El Comité de Basilea no ha hablado del sistema bancario islámico hasta hace muy poco, a pesar de que ha crecido muy rápidamente y de que el sistema regulador necesita cambios significativos para poder adaptarse a él. El Comité de Servicios Financieros Islámicos (IFSB) ha desempeñado una muy buena labor en la elaboración de guías de orientación para que las instituciones islámicas puedan adaptarse a las normas reguladoras internacionales. Sin embargo, no es correcto que el Comité de Basilea y la IAIS primero elaboren normas, y luego piensen en lo que implican para las finanzas islámicas. El IFSB podría ser un observador en el Comité de Basilea y en los Comités técnicos de la IAIS y de la OICV.

Bancos de inversión

Hace mucho tiempo que los grupos bancarios de inversión muy diversificados suponen un reto para los reguladores. Como no están presididos por un banco comercial, no se han visto sometidos a la supervisión consolidada del modelo tradicional. Pero su rápido crecimiento y su tamaño actual indican que la función que desempeñan en los mercados mundiales es tan significativa como la de cualquier otro banco importante.

A pesar de ello, la SEC se muestra reticente a asumir la responsabilidad de la supervisión consolidada, aunque es la candidata más obvia. La Comisión aduce que no es adecuado dar a entender que, de tener problemas, los bancos de inversión podrán contar con algún tipo de apoyo público y añade que, en todo caso, sus balances generales pueden bajar sin que ello suponga un riesgo de colapso sistémico o de daños colaterales. Este argumento no ha convencido a otros reguladores.

Casi la mitad de las transacciones de los bancos de inversión se llevan a cabo en Europa, así que los supervisores europeos estaban especialmente preocupados por la ausencia de supervisión consolidada, dada la envergadura y la naturaleza extraordinariamente compleja de estas estructuras; por lo tanto, recibieron con agrado la Directiva sobre Grupos Financieros, que requería que se creara y se ejerciera algún tipo de supervisión consolidada. En este momento, es importante que la SEC acepte esta responsabilidad, y que lo haga con espíritu de colaboración. Hay indicios de que ahora está dispuesta a ello. Los bancos de inversión se han clasificado como entidades consolidadas supervisadas (CSE).

Fondos de inversión libre

Los fondos de inversión libre suponen todo un abanico nuevo de problemas para los reguladores financieros. El repentino y drástico colapso de Long Term Capital Management en 1998 los incluyó en los programas de los reguladores de todos los centros financieros importantes. Es obvio que el sistema actual no se diseñó pensando en ellos y ha sido muy difícil alcanzar un acuerdo sobre cómo deberían regularse, o sobre si deberían regularse en absoluto.

¿Por qué ha sido tan difícil resolver el problema? ¿Qué se ha hecho hasta ahora, si es que se ha hecho algo?

Todos los debates sobre los fondos de inversión libre empiezan con la observación de que no existe una definición adecuada de qué son. Su característica fundamental es que se trata de vehículos no regulados (véanse más adelante algunas excepciones a este respecto), que suelen invertir en nombre de personas que pueden ser sus propietarios, inversores de alto nivel, fundaciones o, más recientemente, instituciones inversoras, como fondos de pensiones o compañías de seguros. Los fondos no suelen estar abiertos a los inversores minoristas (véanse más adelante algunas puntualizaciones), suelen ser opacos (la mayoría son de propiedad privada y no cotizan en bolsa) y las comisiones dependen de su rendimiento. La estructura de comisiones característica de los fondos de inversión libre consiste en una comisión del 2% de los activos gestionados, junto a un 20% de los beneficios que obtenga el fondo, quizás un poco por encima de la tasa de corte relativa a la tasa de interés de las letras del tesoro. Los fondos de inversión libre suelen buscar el rendimiento alfa (en otras palabras, superar el rendimiento del mercado no diversificable) y, normalmente, ofrecen la oportunidad de seguir estrategias de inversión que no están correlacionadas con otros índices.

Estos fondos disponen de un gran abanico de estrategias de operación, como los macrofondos mundiales, los fondos de capital privado (cortos y largos) con un equilibrio de posiciones cortas y largas, los fondos *event-driven* (que intentan aprovechar los movimientos corporativos), los fondos de materias primas y una gran variedad de fondos de arbitraje. Su objetivo consiste en aprovecharse de los precios erróneos o de las anomalías de precios entre los distintos tipos de activos.

En vista del gran problema de definición, no es posible ofrecer una estimación precisa del tamaño mundial del sector de los fondos de inversión libre, pero, en 2007, la mayoría de las estimaciones coincidían en una cifra aproximada de 1,4 billones de dólares.[1] Lo que sí es seguro es que el volumen de activos gestionados ha crecido muy rápidamente durante los últimos años y que, al parecer, va a seguir haciéndolo. Las mayores concentraciones de gestores de fondos de inversión libre se encuentran en Nueva York, en Connecticut y en Londres. Sin embargo, los fondos suelen estar domiciliados en paraísos fiscales, como las Islas Caimán, las Islas Vírgenes y las Bermudas, principalmente por motivos fiscales.

Cuando el sector empezó a crecer rápidamente durante la década de 1990, los reguladores se contentaron con sentarse a mirar. Mientras los fondos no se vendieran a inversores minoristas, se siguieran invirtiendo en nombre de personas o de instituciones que podían permitirse perder dinero y no emplearan prácticas abusivas, no parecía haber motivos para que ni los reguladores bancarios ni los reguladores de los mercados de valores se interesaran por ellos. El colapso de Long Term Capital Management lo cambió todo. Los motivos del colapso se han explicado muy bien en otros trabajos.[2]

Cuando el colapso se produjo, las posiciones de LTCM se deshicieron rápidamente con una mínima alteración del mercado, aunque las demandas judiciales para determinar quién debía asumir las

1. <http://www.hedgefundresearch.com>.

2. Nicholas Dunbar, *Investing Money: The Story of Long Term Capital Management and the Legends Behind It*, John Wiley, 1999.

pérdidas inevitables se prolongaron durante años. A largo plazo, lo más importante fue que los reguladores llevaron a cabo una valoración para determinar las causas de la crisis y las medidas que debían tomarse para impedir que volviera a suceder lo que se consideró una experiencia «cercana a la muerte» para los mercados de capital. Es importante destacar que las posiciones de LTCM eran enormes en el mercado de las letras del Tesoro de Londres, en el mercado hipotecario danés y en otros lugares, además de contar con grandes posiciones también en Nueva York. Por lo tanto, la quiebra fue una cuestión internacional.

Sin embargo, e inevitablemente, los reguladores estadounidenses asumieron el liderazgo de las valoraciones iniciales de la crisis y de sus implicaciones. El Grupo de Trabajo del Presidente, que incluía a la Reserva Federal, a la SEC y a la CFTC, además de al Tesoro estadounidense, revisó las implicaciones durante el invierno de 1998-1999. A esta revisión le siguió la formación de un grupo de trabajo en el Foro de Estabilidad Financiera a principios de 1999. Se invitó al grupo a que estudiara las implicaciones del crecimiento de los fondos de inversión libre, centrándose sobre todo en las consecuencias que podía tener para el sistema financiero mundial el apalancamiento que esos fondos podían llegar a alcanzar, y que propusiera posibles respuestas reguladoras. El informe se presentó en la primavera del año 2000.[3] En términos generales, el análisis seguía las mismas líneas que el informe del Grupo de Trabajo del Presidente, elaborado dieciocho meses antes. Las conclusiones principales fueron que ningún fondo de inversión libre constituía, en sí mismo, una amenaza para el sistema financiero, y que la amenaza procedía de su capacidad para obtener un apalancamiento excesivo, cuya escala no entendían bien las entidades que lo proporcionaban. El informe aconsejaba que los gestores de los fondos de inversión libre adoptaran nuevas prácticas y que hubiera más intercambio de información entre los fondos y las otras partes, aunque no se pidió que la información se hiciera pública. Asimismo hacía una serie de recomendaciones diseñadas para «sanear» el sistema financiero, que había demostrado ser vulnerable durante el colapso de LTCM. También hubo recomendaciones a propósito de los propios fondos

3. Informe del grupo de trabajo sobre instituciones muy apalancadas, abril de 2000, <http://www.fsforum.org>.

de inversión libre, para reforzar sus procedimientos de gestión de riesgos.

En aquel momento, la comunidad financiera internacional aceptó esas recomendaciones, aunque con distintos grados de entusiasmo. La mayoría se reafirmó en la revisión del año 2007, ordenada por el G7, y las medidas se han aplicado ya. Sin embargo, algunos políticos, sobre todo en la Europa continental, pero también algunos estadounidenses, han exigido que la regulación de los fondos sea más intrusiva. Para entender mejor sus argumentos y para identificar qué pasos reguladores podrían justificarse, resulta útil adoptar una taxonomía con cinco dimensiones (aunque estén relacionadas entre ellas):

1. Riesgo sistémico.
2. Apalancamiento y regulación prudencial.
3. Transparencia y abuso del mercado.
4. Inversores minoristas.
5. Activismo de los accionistas.

Algunos políticos añadirían una sexta dimensión, la fiscalidad, pero ésta escapa al objetivo del libro.

Riesgo sistémico

En sus revisiones sobre estabilidad financiera, muchos reguladores y bancos centrales han llamado la atención sobre el riesgo que supone para el sistema financiero el aumento de los fondos de inversión libre no regulados, y citan el caso de LTCM como ejemplo aleccionador. Por otra parte, resulta significativo que muchos otros fondos de inversión libre (algunos de ellos muy grandes, como Amaranth) se hayan cerrado y liquidado sin que otros participantes en el mercado hayan sufrido daños colaterales. En general, parece que durante la última década los mercados financieros no han sufrido más turbulencias sistémicas que antes.

De hecho, hay quien afirma que, en general, los fondos de inversión libre han reforzado la estabilidad económica, y no al contrario. En una discusión sobre si los fondos de inversión libre deben regularse o no, Taylor y Zigrand afirman que «la conducta de los fondos de inversión libre puede mejorar tanto la eficiencia del mercado como los precios y las opciones de los clientes. Incluso los fondos de inversión libre pueden contribuir a paliar crisis financieras. Por ejemplo, la regulación obliga a los bancos a retirarse de inversiones arriesgadas en tiempos de crisis para cumplir con las regulaciones de capital mínimo, pero los fondos de inversión libre no cuentan con estas restricciones, por lo que están en posición de proporcionar liquidez cuando más se necesita».[4]

Sin embargo, es evidente que las autoridades no deben desatender a los fondos de inversión libre y tanto la Reserva Federal de Nueva York como la Autoridad de Servicios Financieros británica dialogan regularmente con los principales fondos desde hace ya un tiempo, en un intento de detectar problemas sistémicos en las primeras fases. La cuestión es si la escala de los fondos de inversión libre y el carácter de sus actividades justifica o no una regulación directa para mantener la estabilidad financiera. Danielsson y otros creen que sí, pero que dicha regulación debería limitarse a disposiciones permanentes para la resolución de crisis, las cuales podrían aplicarse obligando a los principales corredores de bolsa a colaborar con los reguladores en caso de quiebra. Es probable que, en la práctica, el mecanismo que proponen se activara igualmente, sin necesidad de legislación adicional. En nuestra opinión, los argumentos relativos al riesgo sistémico que suponen los fondos de inversión libre justifican que las autoridades reguladoras y los bancos centrales refuercen su supervisión, pero no tanto que los fondos deban regularse directamente. Es posible que la mera existencia de nuevos patrones de distribución del riesgo provoque una reacción de los mercados ante las crisis distinta a la que han tenido en el pasado, pero es imposible predecir con exactitud cómo será o por qué será así.

Apalancamiento y regulación prudencial

La lección más importante del caso LCTM fue que las contrapartes, especialmente los bancos de inversión, habían proporcionado un elevado nivel de apalancamiento sin contar con una perspec-

4. Danielsson, Taylor y Zigrand, «Highwaymen or Heroes: Should Hedge Funds be Regulated?», *Journal of Financial Stability*, 2005.

tiva completa del alcance del endeudamiento total. Como resultado, el Comité de Basilea y la OICV promulgaron «prácticas sólidas» para la provisión de liquidez y de apalancamiento a los fondos de inversión libre, y recomendaron que los supervisores bancarios de todo el mundo controlaran la aplicación de esas prácticas.

Pero, ¿es suficientemente efectiva esta regulación indirecta, mediante las entidades de crédito? ¿No sería preferible imponer controles prudenciales directamente a los fondos?

En cuanto a la primera pregunta, parece que este mecanismo indirecto ha conseguido contener el apalancamiento, a pesar de que, de vez en cuando, ha habido indicios de que la calidad de la comunicación desciende y el apalancamiento aumenta. Esta conducta coincide con la que se ha observado en otros mercados financieros: el impacto positivo de los ejemplos aleccionadores disminuye con el tiempo, a medida que el instinto animal y, quizás, la codicia, vuelven a ganar fuerza. También hay un problema de acción colectiva en los casos en que todo el mundo está de acuerdo acerca de los riesgos, pero el primero en liderar el cambio, endureciendo los requisitos para el crédito o, al menos, cumpliendo los ya vigentes, es un banco valiente. Por lo tanto, es fundamental que los supervisores tengan esto en cuenta cuando supervisen las entidades reguladas. No necesitan más competencias para que la supervisión sea efectiva.

Por otro lado, la idea de la regulación prudencial directa de los fondos de inversión libre entraña dificultades inherentes. De hecho, quizás sea imposible llevarla a cabo. ¿Cómo podría calcularse la carga de capital adecuada? No está claro que seguir un régimen parecido al del sector bancario tuviera un impacto significativo. Un estudio ha calculado que casi todos los fondos de inversión libre ya cumplen con los capitales mínimos de Basilea.[5] Es más: no es evidente que un enfoque parecido al de los bancos resultara útil desde el punto de vista de la estabilidad financiera. Cuando los fondos de inversión libre se encuentran muy apalancados, suele ser consecuencia de una reducción del capital debida a pérdidas en el mercado. Obtener fondos para restaurar la base de capital les obligaría a vender aún más activos, cosa que acentuaría las turbulencias en el mercado. En estas circunstancias, es probable que los fondos de in-

5. Gupta y Liang, «Do Hedge Funds have enough Capital?», *Journal of Financial Economics*, n.° 77, 2005.

versión libre no pudieran desempeñar las funciones positivas de los últimos años, en los que han actuado como inversores contracíclicos y proveedores de liquidez en tiempos difíciles. Por estos motivos, la mayoría de los reguladores prudenciales han llegado a la conclusión de que no deberían recomendar la imposición directa de este tipo de controles. Estamos de acuerdo con ellos.

Transparencia y abuso del mercado

Los fondos de inversión libre son, ciertamente, menos transparentes que los intermediarios regulados, pero no son menos transparentes que otros inversores directos. Es importante recordar que la mayor parte de la regulación se refiere a intermediarios de un tipo o de otro, cuando tanto el intermediario como los inversores originales entienden que la transparencia supone una ventaja desde el punto de vista de la protección al inversor. En el caso de los fondos de inversión libre, las personas que están dispuestas a invertir lo hacen mediante un vehículo menos transparente y no solicitan la protección que la obligación de informar les proporcionaría. Los reguladores necesitarían un caso evidente de interés público para imponer esa transparencia que, sin duda alguna, limitaría la libertad de los fondos y reduciría su efectividad. Éste es el motivo por el que los fondos se han resistido a la obligación de divulgar sus posiciones. (No es necesario obligar a la divulgación del apalancamiento si la regulación indirecta sobre el mismo, descrita con anterioridad, es efectiva.)

De todos modos, es importante recordar que los fondos de inversión libre están sujetos a varias exigencias de difusión de información, al igual que otros inversores. Si superan alguno de los umbrales de control en relación con una entidad concreta, están obligados a informar de esas posiciones. Además, la prohibición sobre el uso de información privilegiada se aplica tanto a entidades reguladas como a las no reguladas, y se han presentado demandas de alto nivel contra algunos fondos de inversión libre, por el mal uso de la información obtenida en relación con transacciones corporativas. Por lo tanto, es incorrecto pensar que los fondos de inversión libre no están regulados en ese sentido y, en general, parece difícil plantear la defensa de exigencias de información específicas para ellos.

Inversores minoristas

Hasta ahora, la mayoría de los fondos de inversión libre no han querido comercializarse en el sector minorista. El coste de la adquisición de fondos es elevado y el de comunicarse con muchos inversores regularmente es aún mayor; además, los fondos no han querido activar la intervención reguladora que se daría, indudablemente, si empezaran a comercializarse entre inversores menos expertos. Los reguladores de los mercados de valores y de inversiones pueden permitirse no preocuparse por la posición de inversores sofisticados y de alto nivel, pero la gente de la calle necesita una mayor protección ante intermediarios potencialmente poco escrupulosos.

Estos argumentos sugieren que los fondos de inversión libre deberían seguir siendo un asunto entre «adultos que dan su consentimiento en privado». Por otro lado, y con algunas excepciones, los fondos de inversión libre habrán proporcionado un mayor rendimiento a largo plazo que los vehículos de inversión convencionales. Así pues, en aras de la equidad, ¿no se debería encontrar la manera de que los pequeños inversores pudieran acceder a estas estrategias de inversión y que dejaran de estar en desventaja al estar excluidos del mercado?

Durante los últimos años, los reguladores de varios países han llegado a la conclusión de que hay que encontrar el modo de abrir el mercado al sector minorista. En su mayoría, han adaptado el régimen regulador de los fondos de inversión colectiva para permitir que personas individuales puedan acceder a productos de «fondos de fondos», que reducen el riesgo de exposición excesiva. La normativa europea sobre inversión colectiva es lo suficientemente flexible para permitir que esto se haga. Aún queda por ver hasta qué punto aprovecharán estas oportunidades los inversores minoristas y hasta qué punto lo desearán los fondos de inversión libre. De todos modos, no hace falta legislación nueva para permitir que este mercado se desarrolle.

Activismo de los accionistas

Hace poco comenzó en Alemania una nueva dimensión del debate sobre los fondos de inversión libre, que ahora se ha extendido a otros países. Franz Müntefering, el vicecanciller alemán, describió los fondos de inversión libre (y los fondos de capital privado) como «una plaga de langostas» que había caído sobre los cultivos de la Alemania corporativa, arrasando los frutos más sabrosos.

Este lenguaje tan hostil refleja un serio debate subyacente sobre los beneficios del activismo de los accionistas y, especialmente, sobre la interacción entre el capital privado y las empresas que cotizan en bolsa. Este debate va mucho más allá de los fondos de inversión libre o del capital privado (véase más adelante) y sobre todo se basa en la naturaleza del capitalismo contemporáneo. Los sindicatos y otros organismos afirman que los fondos de inversión libre y las entidades de capital privado se centran en los beneficios a corto plazo, en la liquidación de activos y en la reducción de costes, lo que conlleva la pérdida de puestos de trabajo y perjuicios a la vitalidad del sector corporativo a largo plazo.[6] Por otro lado, los propios fondos afirman que el principal impacto que ejercen es el de estimular a directivos corporativos que estaban adormecidos, para que gestionen mejor los activos bajo su control, y añaden que el rendimiento de las empresas que han sido adquiridas por intereses privados ha sido superior, en general, al de sus iguales que cotizan en bolsa. Este debate está fuera del objetivo de este libro (aunque observamos que, de momento, parece que ganan los que defienden este tipo de activismo de los accionistas).

Se han presentado otros argumentos en contra de las actividades de los fondos de inversión libre, entre los que destacan dos:

- En ocasiones, parece que distintos fondos de inversión libre se han puesto de acuerdo, lo que va en contra de los códigos de adquisiciones.
- Se han usado técnicas, como cartas abiertas a la dirección en las que se recomendaba una ruptura, que si se hubieran conocido anteriormente en el mercado, serían equiparables al uso de información privilegiada; y algunas de estas intervenciones (que han supuesto una variación significativa de los precios) se han compartido previamente con otros inversores.

Son acusaciones graves, que los reguladores de adquisiciones deberían investigar activamente. Aunque pueda ser difícil encontrar

6. John Monks, secretario general de la Confederación Europea de Sindicatos, conferencia en memoria de Aneurin Bevan, 14 de noviembre de 2006.

pruebas que sustenten acciones concretas, los reguladores cuentan con el poder necesario para atajar este tipo de prácticas abusivas cuando las detectan.

Nuestra conclusión final es que, ciertamente, y desde una perspectiva de estabilidad, el crecimiento explosivo de los fondos de inversión libre ha proporcionado argumentos sólidos para que los reguladores refuercen la supervisión del sector. Para ser efectiva, esta supervisión debería contar con el mismo carácter internacional que los fondos. El Foro de Estabilidad Financiera podría coordinarla, estableciendo un grupo permanente para la supervisión de los fondos de inversión libre y de otras instituciones apalancadas, que deberían incluir los fondos de capital privado. Al invitar al Foro de Estabilidad Financiera a revisar sus primeras funciones (ya lo ha hecho dos veces), los ministros de Economía del G7 ya han reconocido que la función del Foro sigue vigente y que es el organismo mejor situado para unificar los distintos puntos de vista y los tipos de experiencia necesaria. Sería muy sencillo formalizar esta función supervisora estableciendo un grupo permanente, que debería contar con reguladores de algunos de los paraísos fiscales donde están domiciliados los fondos; esto ofrecería el beneficio añadido de fomentar que dichos reguladores aceptaran cierta responsabilidad sobre los fondos que están tan dispuestos a aceptar en sus jurisdicciones.

Capital privado

Muchas de las cuestiones reguladoras relativas a los fondos de inversión libre también son aplicables a la industria del capital privado. El mercado ha crecido a gran velocidad durante los últimos años. En Gran Bretaña, el rendimiento obtenido en el año 2006 por los fondos de capital privado nuevos fue aproximadamente el mismo que el obtenido mediante OPI. A ambos lados del Atlántico, empresas muy conocidas han pasado a ser propiedad de capital privado, lo que ha preocupado tanto a los empleados como a los políticos.

La cuestión básica de si el impacto económico del crecimiento del capital privado es beneficioso o no, escapa al alcance de este libro. Los portavoces de la industria enfatizan su efecto positivo sobre la rentabilidad corporativa, la productividad, el crecimiento y el empleo. Otras voces, sobre todo las de los sindicatos, se centran en la naturaleza reservada de los fondos y en lo que consideran una estrategia de liquidación de activos, y argumentan que muchas de las transacciones conducen a pérdidas de puestos de trabajo o a la reducción de los salarios. Esta preocupación se ha visto acentuada por las elevadísimas recompensas que se ofrecen a los gestores de los fondos de capital privado. Los sindicatos y los políticos, especialmente en el Parlamento Europeo, han pedido «que se regule más la industria», aunque no siempre definen con precisión qué quieren decir con ello. En algunos casos, se centran en la necesidad de modificar el régimen fiscal, para reducir los beneficios que obtiene, aparentemente, el capital privado, y «equilibrar el campo de juego» con el capital público. También podría decirse que, si la verdadera preocupación tiene que ver con el rendimiento tan elevado que obtienen este tipo de fondos, el mecanismo más adecuado para solventarlo es el régimen fiscal sobre la renta y los beneficios del capital.

La regulación sobre el capital privado varía considerablemente de un país a otro. En concreto, Estados Unidos y la Unión Europea, especialmente Gran Bretaña, tienen un enfoque distinto. Estados Unidos no dispone de un régimen regulador específico para los fondos de capital privado. Obviamente, están sujetos al régimen de regulación del mercado de la SEC, al igual que todos los inversores. También están cubiertos por la normativa estadounidense contra el blanqueo de dinero. Sin embargo, la SEC no dispone de una categoría concreta para abarcar este tipo de actividades.

La situación es distinta en Gran Bretaña. Cuando se fundó la FSA, se especificó una categoría de «empresa de capital de riesgo», con una serie de obligaciones asociadas relativamente laxas. Además, al igual que en Estados Unidos, se le aplica la normativa sobre la conducta de mercado y contra el blanqueo de dinero. Sin embargo, el hecho de haber identificado una categoría específica ha alterado la naturaleza de la relación entre el regulador y los regulados. En consonancia con su enfoque basado en el riesgo, la FSA ha clasificado un pequeño grupo de fondos de capital privado como entidades de «gran impacto» y mantiene con ellas una relación estrecha y permanente, sobre todo desde la perspectiva de vigilancia del mercado y de mantenimiento de la estabilidad financiera. En general, la industria ha acogido favorablemente este enfoque.

La FSA estudió la industria y su impacto en 2006. La conclusión principal fue positiva: «Creemos que el mercado del capital privado es un componente que cada vez tiene más importancia en un mercado dinámico y eficiente. El capital privado ofrece un modelo de negocio convincente, con un potencial importante para mejorar la eficiencia de las empresas, tanto en términos de operaciones, como de estructura financiera».[7]

De todos modos, el estudio detectó varios riesgos potenciales: apalancamiento excesivo; impacto sobre los mercados públicos (en otras palabras, la posibilidad de que la formación de los precios en los mercados públicos perdiera solidez a medida que más empresas pasaran a ser privadas); abuso del mercado; conflictos de interés entre las empresas, lo que perjudicaría a los inversores; acceso al mercado (la cuestión de si sería posible encontrar la manera de que los inversores minoristas pudieran acceder a los elevados beneficios que ofrece la industria del capital privado); y opacidad. La propia industria ha decidido mejorar este último aspecto y en el año 2007 formó un grupo de trabajo para encontrar la manera de mejorar la divulgación de la información y la transparencia de los fondos de capital privado.

La nueva Directiva sobre Mercados de Instrumentos Financieros (MiFID) modificará en cierta medida estas disposiciones reguladoras europeas, aunque no alterará su carácter fundamental.

¿Es apropiado este régimen? En nuestra opinión, sí, y Estados Unidos podría beneficiarse de un enfoque similar. Actualmente, la industria del capital privado es tan grande que ya no es realista que los reguladores sigan haciendo caso omiso del impacto que puede tener sobre el mercado. Por otro lado, no está claro que la problemática resultante de las actividades de los fondos de capital privado sea tan distinta como para justificar un enfoque radicalmente diferente. Al igual que sucede con los fondos de inversión libre, las entidades de capital privado solicitan créditos a inversores sofisticados y, además, son accionistas, dos grupos que no reciben suficiente protección bajo los regímenes reguladores actuales. Por lo tanto, la principal cuestión reguladora tiene que ver con la estabilidad financiera y la integridad del mercado, lo que exige supervisión y buenos intercambios de información, más que requisitos de capital o nuevas normas de conducta.

7. Financial Services Authority, «Private Equity: A Discussion of Risk and Regulatory Engagement», DP 06/06, <http://www.fsa.gov.uk>.

En cualquier caso, el impacto que podría tener sobre los mercados públicos una transformación significativa de las acciones públicas en propiedad privada es una cuestión muy importante. Si el capital privado pasara a ser la forma de propiedad predominante en las principales empresas, deberían reconsiderarse muchos aspectos de la protección de los inversores y de la regulación del mercado. Aún no se ha llegado a este punto, pero sería útil que nos preparásemos para ello.

MERCADOS DE VALORES TRANSNACIONALES

En la UE, los mercados de valores transnacionales, como Euronext u OMX, están sujetos, en general, a las mismas normas en los diferentes países en que operan, por lo que los reguladores de cada mercado nacional pueden, en principio, colaborar sin grandes dificultades y funcionar como un colegio de reguladores. Pero ¿cómo se regularía un mercado de valores propiedad de un tercer país? ¿Qué normas deberían aplicarse? El gobierno británico aprobó una legislación de urgencia con rapidez para intentar impedir que la regulación estadounidense se introdujera en Londres en caso de una adquisición de la Bolsa de Londres. Esto demostró que el sistema existente aún no se había adaptado a esta posibilidad, y esto es algo que deberá corregirse, porque ya se han establecido vínculos de propiedad trasatlántica, como los de NYSE-Euronext.

A corto plazo, cada país puede seguir con su propio régimen, pero si las fusiones llegan a ser algo más que compartir la tecnología de las operaciones y pasan a generar mercados verdaderamente unificados, será necesario llevar a cabo cambios fundamentales para poder gestionar regímenes con diferencias estructurales. Frente a esta nueva realidad del mercado, los reguladores de ambos lados del Atlántico han expresado la intención de modificar su enfoque de un modo igualmente significativo. (En realidad, ya hace mucho tiempo que Gran Bretaña sigue este nuevo enfoque, a pesar de que la SEC lo rechazó en el pasado.) En lugar de exigir a los participantes extranjeros que cumplan con la normativa nacional, aplicándola extraterritorialmente cuando es necesario, se pretende pasar a un reconocimiento mutuo de los distintos regímenes de los emisores y de los inversores extranjeros. Normalmente, el reconocimiento mutuo suele basarse en principios que, en general, son parecidos, aunque se apliquen de manera distinta, tal y como sucede en la regulación bancaria. Aún es demasiado pronto para poder decir cómo se irá desarrollando el proceso en el ámbito de los mercados de valores, que tradicionalmente ha sido más reacio a consensuar principios, en parte por las importantes diferencias de opinión en cuanto a cómo debe protegerse a los inversores minoristas. El proceso recrudecerá el debate sobre cómo y dónde se establecen los principios y con qué legitimidad, y eliminará la idea de que la regulación es una cuestión meramente nacional (o de la UE).

Paraísos fiscales

La «lista negra» de paraísos fiscales del Foro de Estabilidad Financiera, introducida en el año 2000 y retirada en 2006, ejerció un gran impacto. Las reacciones airadas demostraron que las críticas habían dado en el blanco, especialmente en el caso de los países que se habían clasificado como «feos» y «malos». La labor que el FMI y el Banco Mundial llevaron a cabo bajo el FSAP también permitió detectar puntos débiles en algunos paraísos fiscales y facilitar que se mejoraran los principios reguladores. Por lo tanto, aunque demostrarlo sea complicado, parece que la regulación de los paraísos fiscales puede ser algo más efectiva ahora de lo que lo era antes y que puede ajustarse más a los principios que imperan en los mercados convencionales. Sin embargo, nosotros pensamos que sigue habiendo puntos débiles. El intercambio de información con los países que no son paraísos fiscales es mucho más complicado que con ningún otro mercado. Además de la pérdida fiscal, resulta difícil seguir la transferencia de riesgos entre sectores cuando pasan por las jurisdicciones de paraísos fiscales y el Grupo de Acción Financiera Internacional ha llamado la atención sobre lo débiles que son nuestras defensas ante el blanqueo de dinero. Por otro lado, se sigue sospechando que en los paraísos fiscales se opera con información privilegiada. Por el mercado londinense corren muchos rumores acerca de un «grupo de Mónaco», que operaría en Montecarlo, aunque siempre es difícil determinar su credibilidad.

Por lo tanto, en nuestra opinión, la cuestión sigue siendo preocupante, a pesar de las mejoras que se han llevado a cabo durante los últimos años. Pensamos que sigue habiendo una gran justificación para seguir centrados en los principios y en las prácticas reguladoras de los paraísos fiscales. Para ello, recomendamos tres líneas de trabajo:

1. Presión constante por parte del FMI y del Banco Mundial para que mejoren los principios reguladores. Algunos informes del FSAP detectaron fallos en el cumplimiento de los principios y códigos internacionales. El Banco y el Fondo deberían marcarse el objetivo de hacer un seguimiento de esas recomendaciones específicas para determinar si las carencias se han resuelto o no. De darse una respuesta negativa, deberían hacerla pública.
2. Los paraísos fiscales más importantes deberían estar más próximos a la labor de los reguladores internacionales clave. Por ejemplo, podrían tener un representante en el Comité de Basilea para fomentar su relación con la propia Basilea y para animar a los que no cumplan las normas a cambiar de actitud. Podría hacerse lo mismo en los comités técnicos de la IAIS y de la OICV.
3. Al igual que sucede con los fondos de inversión libre y con el capital privado, hay motivos que justificarían que el Foro de Estabilidad Financiera asumiera una función de supervisión constante. Podría continuar la útil labor que desempeñó el organismo al principio, aunque quizás ahora podría actuar de manera un tanto menos convencional. El grupo podría elaborar informes ocasionales sobre la aplicación de los principios y de los códigos en los distintos paraísos fiscales, que podrían presentarse a los ministros de Economía del G7.

La función de las instituciones financieras internacionales

El FSAP ha sido un ejercicio importante que ha consumido mucho tiempo y que ha proporcionado algunos beneficios, aunque quizá no compensen los costes. Los informes de evaluación descritos en el capítulo 3 destacan las ventajas y los inconvenientes del programa.

Ahora que ya se han completado las primeras valoraciones para casi todos los países (aunque no en el caso de Estados Unidos o de

China, algo que resulta significativo) y que se han identificado carencias y puntos débiles, sería razonable que el programa se centrara más específicamente en las jurisdicciones que presentan los problemas más importantes. Por un lado, sería complicado justificar un programa de grandes revisiones generales en todos los países; y por otro, abandonar el ejercicio por completo sería un error, porque los FSAP contribuyen a que se sigan aplicando las mejores prácticas y garantizan, como contrapeso de la presión política, que los supervisores conserven la independencia tras las reformas iniciales. No se puede esperar que sean los propios grupos reguladores, que dependen de la participación voluntaria de los estados, quienes asuman la función de garantizar el cumplimiento. Saber que se espera la visita de un equipo del FMI puede ayudar a impulsar reformas, especialmente en países cuyos reguladores financieros tienen dificultades para obtener los recursos que necesitan para ser efectivos.

El FMI también debería coordinar la labor del FSAP más estrechamente con el Foro de Estabilidad Financiera. El Fondo podría presentar un programa de trabajo y debatirlo en el Foro para garantizar que los reguladores que tratan directamente con los países problemáticos puedan expresar su opinión. Hasta ahora, el Fondo ha marcado sus propias prioridades, sin consultar a ningún otro organismo. Las prioridades deberían establecerse en función de: a) el alcance de los problemas importantes, b) su importancia sistémica en la economía global, c) los cambios recientes en el régimen regulador, y d) las peticiones por parte de los propios reguladores.

Más reformas en Europa

La creación de un mercado financiero único que abarque toda la Unión Europea es un programa extraordinariamente ambicioso. Tal y como hemos explicado anteriormente, se ha avanzado mucho en el proceso de armonización de las normas y de las regulaciones en el continente europeo, así como en el proceso de eliminación de barreras proteccionistas erigidas por los estados miembro individuales. Sin embargo, como también ya hemos explicado, el proceso se ha visto dificultado por la falta de claridad sobre el objetivo final y sobre los motivos subyacentes del programa. Por ejemplo, es posible que no se entienda ni se acepte de forma general la lógica de que, quizás, los beneficios del programa sobre el mercado financiero único lleguen únicamente si se lleva a cabo una reducción de los costes y del empleo en los servicios financieros. Alcanzar una mayor eficiencia requiere perdedores individuales, lo que incluye a la comunidad reguladora.

Algunos países han entendido que el proyecto consiste, básicamente, en eliminar las barreras para las operaciones transnacionales, especialmente en el sector mayorista, y dar así la oportunidad de crear una mayor competencia entre las empresas y los centros financieros. Gran Bretaña se ha unido a esta línea de pensamiento, lo que quizá resulta natural, si tenemos en cuenta que ya cuenta con un mercado financiero muy competitivo y que es el primer centro financiero de Europa. Por otro lado, debido a su larga ausencia de la Eurozona, los políticos británicos no se han preocupado tanto por la competencia minorista, donde el riesgo asociado a la divisa crea una barrera natural permanente, independientemente de la regulación. La motivación de otros países ha sido muy distinta, debido a la gran preocupación que sienten por el impacto que pueda tener la moneda única en los mercados minoristas. Y si en potencia son grandes importadores de servicios financieros, tienden a preferir que la regulación se estandarice para garantizar que las instituciones nacionales no tengan más incentivos, ya que igualmente tendrán que desplazarse. Al mismo tiempo, las grandes empresas pueden ver que la estandarización de la normativa podría conllevar beneficios transnacionales, pero las pequeñas consideran que los cambios necesarios para conseguirlo suponen muchos costes y ningún beneficio.

Estos argumentos son de una gran importancia política. Los distintos puntos de vista no se diferencian cualitativamente de las discrepancias que existen en otros ámbitos del mercado único europeo, pero lo que sí es cierto es que el sector financiero presenta algunas características especiales: las transacciones y las empresas financieras pueden trasladarse de un país a otro con mucha mayor rapidez y facilidad que las fábricas; el concepto de capacidad es extraordinariamente elástico, sobre todo en los mercados mayoristas; se puede desarrollar rápidamente un fenómeno de «el ganador se lo queda todo», tal y como ya se ha demostrado en algunos sectores del mercado mayorista londinense; y es posible que también haya una mayor sensibilidad política en cuanto a la ubicación de los centros financieros, que se consideran, al igual que las compañías aéreas nacionales, símbolos de la virilidad nacional. El grado de contorsión al que han tenido que llegar algunos grupos financieros para intentar ubicarse en jurisdicciones que presentan esa resistencia política a la «deslocalización», como Francia, ha sido sorprendente. Los políticos aún no han aceptado plenamente la idea de que los centros de servicios financieros nacionales pueden desaparecer, al igual que ya lo han hecho la mayoría de mercados de valores municipales o regionales. También existe el temor asociado de que la reubicación de los servicios financieros pueda ejercer un impacto más amplio sobre el resto de la economía, ya que es posible que otras empresas tengan más dificultades para atraer capital. Es difícil demostrar que vaya a ser así, aunque es sorprendente que se haya invertido un porcentaje mucho más elevado de capital de riesgo y de capital privado en Gran Bretaña que en otros países europeos. Pero, en general, este fenómeno se atribuye a otros factores, sobre todo a que los mercados laborales y de productos están menos regulados en Gran Bretaña que en otros países, lo que ha resultado atractivo para los inversores extranjeros, y también a que el tratamiento fiscal es favorable. De todos modos, los políticos europeos tienen la firme opinión de que las finanzas son «especiales» y que su ubicación puede influir en otros sectores económicos.

Estos factores explican cómo ha llegado Europa a su situación actual. Apenas puede decirse que se haya completado el mercado único y hay algunas áreas fundamentales en las que todavía no se ha establecido ninguna estructura reguladora europea. Uno de los casos más claros es el de los pagos y las liquidaciones. Los mercados minoristas presentan otras carencias, pero no hay demasiado interés en desarrollar más legislación, tras la oleada de directivas de la última década. (A pesar de ello, la necesidad de una directiva sobre pagos y liquidaciones, de gran importancia para la solidez económica general y para la eficiencia de los mercados, seguirá vigente si el mercado no consigue alcanzar un resultado aceptable. El comisario McCreevy ha expuesto claramente su opinión sobre el tema, respondiendo con sensibilidad a las firmes opiniones expresadas por los mercados y por las capitales nacionales, pero mostrándose dispuesto a legislar si el mercado no consigue llegar a un acuerdo.)

En lo que respecta a la estructura de la regulación, la establecida a partir del informe Lamfalussy es muy compleja (véase la gráfica 5). Los comités, los subcomités y los grupos de trabajo proliferan sin cesar. Es difícil no llegar a la conclusión de que los costes que supone cumplir con el sistema Lamfalussy son extraordinariamente elevados. Incluso en los ámbitos donde ya se aplica la legislación, el modo de ejecución en las distintas jurisdicciones puede variar mucho. Hay una larga lista de motivos que lo explican, como las inexactitudes políticas deliberadas en la legislación de Nivel 1; la falta de claridad acerca de lo que se espera del Nivel 2; el deseo de conservar disposiciones nacionales idiosincrásicas cuando no se prohíben explícitamente; las variaciones en las estructuras jerárquicas; las diferencias en la cultura y en las técnicas de supervisión; las decisiones que se toman únicamente si hay consenso en el Nivel 3, etc. Tras todo esto hay otra cuestión subyacente: ¿deberían establecerse distintos requisitos para los grandes grupos transnacionales y para las entidades nacionales minoristas, en función de si el coste del cambio puede exceder el coste de una mayor estandarización? Este debate pone de manifiesto lo poco claros que están los objetivos del proyecto. Y no se discute mucho sobre si los imperativos del mercado único son coherentes con la reducción del riesgo, que tiende a ser lo que más preocupa a los reguladores. Por lo tanto, debemos preguntarnos si hemos alcanzado un punto de descanso estable, o si se necesitarán más cambios, ya sean legislativos o en la estructura reguladora, para que el mercado financiero único pueda desplegar todo su potencial y ser tan eficiente como un mercado nacional.

No existe consenso acerca de la respuesta a esta cuestión, aunque es evidente que no hay mucha gente satisfecha con la situación actual. Wymeersch[8] explica que se han presentado varias propuestas de reforma, como la creación de una jurisdicción adicional opcional para las empresas paneuropeas; y él mismo defiende un cambio gradual hacia una situación en la que haya un pequeño número de centros financieros que actúen como supervisores nacionales de las entidades con importancia sistémica, así como un cierto acuerdo entre los países para compartir la carga en caso de tener que rescatar a alguna entidad.

En Gran Bretaña, y quizás en algunos otros países, la corriente de opinión predominante se mostraría hostil, en principio, a proseguir con la estandarización y, ciertamente, a cualquier intento de cen-

8. Eddy Wymeersch, «The Future of Financial Regulation and Supervision in Europe», *Common Market Law Review*, enero de 2005.

tralización. La mayoría de los políticos y, de hecho, muchos participantes en el mercado londinense, se opondrían a cualquier cambio institucional y concretamente rechazan la creación de un regulador europeo único, que algunos consideran un modo de eliminar de un plumazo la capa superficial de problemas. Aunque la FSA recibe un aluvión de críticas cada vez que adopta medidas concretas y se le acusa de «dorar la píldora» de las directivas de la Comisión, todas esas críticas se desvanecen rápidamente en cuanto se toca el tema de un regulador único, con sede en Frankfurt, Bruselas o París. Entonces, la FSA pasa a convertirse en un tesoro nacional que debe preservarse a toda costa. Y la resistencia a la creación de nuevas autoridades europeas no procede únicamente de Gran Bretaña. Los referéndums francés y holandés sobre la Constitución europea demostraron que, de momento, no se puede dar por sentado el apoyo a nuevas iniciativas europeas, ni siquiera en los países donde hay una larga tradición de apoyo a la UE. Aumentar la eficiencia de la UE en su conjunto requiere que se pierdan puestos de trabajo nacionales. ¿Quién debe asumir esas pérdidas?

Por otro lado, tal y como reconoce Wymeersch, voces muy influyentes piden un cambio. Las empresas intentan construir modelos de negocio paneuropeos que, según dicen, reducirán los costes y, por lo tanto, darán lugar a un mercado más eficiente, tanto para los propietarios como para los usuarios del capital. Los mercados de valores y los grupos que aportan la infraestructura siguen intentando fusionarse más allá de las fronteras nacionales. Señalan que no lo consiguen debido a las importantes diferencias entre los estados miembro y a que la estructura de directivas actual permite que esas diferencias persistan. Afirman cada vez con más insistencia que, a no ser que la legislación europea se estandarice verdaderamente según un modelo de armonización máxima, no obtendrán todos los beneficios que puede ofrecer un mercado financiero único. Otros, especialmente el Deutsche Bank, una de las entidades que más ha defendido la creación de una entidad paneuropea, afirman también que la lógica del mercado único apunta, en definitiva, a la creación de un regulador financiero único. Voces del Parlamento Europeo afirman lo mismo. Los argumentos que plantean son especialmente convincentes para los países de la Eurozona. También hay quienes sugieren que, en la Eurozona, hay posibles lagunas en los mecanismos de defensa contra la inestabilidad financiera, y afirman que esto es otro argumento a favor de la centralización. Si una institución paneuropea de gran envergadura estableciera su sede en un estado miembro pequeño, ¿las instituciones financieras de ese país serían capaces de proporcionar apoyo como entidad crediticia de último recurso en caso de crisis? De hecho, con la especialización de funciones de los distintos centros, no está claro que las filiales pudieran ser viables de forma independiente, aunque contaran con independencia legal. ¿Cuál sería la función del Banco Central Europeo en estas circunstancias? ¿Es necesaria una institución única en la Eurozona, ya se trate del BCE o de un organismo regulador nuevo, que tenga la misión de velar por la estabilidad financiera general?

En el ámbito de la gestión de la crisis, es obvio que todavía hay problemas por resolver en lo que concierne a las distintas normativas nacionales, con disposiciones contradictorias acerca de cómo repartir los activos de una entidad transnacional tras una quiebra, y también es necesario tomar medidas para impedir que los supervisores nacionales congelen los activos bajo su jurisdicción con el objetivo de obtener el máximo posible de los activos de un grupo en dificultades. Como mínimo, sería sensato reflexionar con antelación sobre las distintas opciones disponibles a la hora de distribuir la responsabilidad fiscal para proporcionar apoyo de solvencia a grupos transnacionales. La responsabilidad sobre los fondos públicos que se emplean para prestar apoyo de solvencia corresponde a los gobiernos, no a los bancos centrales, y aunque no pueden acordar por adelantado una fórmula fija, necesitan disponer de una serie de opciones entre las que escoger para poder facilitar decisiones que tendrán que tomarse en cuestión de horas.

Tal y como hemos explicado, en la actualidad, el deseo político de cambio, ya se trate de un cambio legislativo o de un cambio estructural, es estrictamente limitado. A corto plazo, se debería prestar atención a la cooperación reguladora, que presenta un amplio margen de mejora, así como a la formación paneuropea de los reguladores, a la supervisión por parte de los pares para controlar el cumplimiento de las normativas nacionales y a la unificación de los tres comités Lamfalussy. Pero también deberíamos preguntarnos a qué debemos aspirar a largo plazo. En concreto, ¿hay argumentos sólidos que justifiquen la creación de un regulador financiero único para toda Europa? ¿Podemos llegar a un punto en que ya no baste con que los reguladores nacionales confíen entre sí? En cualquier caso, no hay vuelta atrás para los cambios radicales que ya se han dado.

Durante los últimos años, este debate ha producido más acaloramiento que iluminación. Hay una gran incertidumbre acerca de lo que se quiere decir concretamente cuando se habla de un regulador único. ¿Hablamos de la elaboración de normas, de la supervisión o de ambas cosas? Si hablamos de un organismo con competencias para elaborar legislación paneuropea en los mercados financieros, ya contamos con un regulador único, en forma de la Dirección General del Mercado Interior y Servicios (DG Markt) de la Comisión. Quizá se podría, y se debería, reforzar la DG Markt y otorgarle más competencias para elaborar normas paneuropeas coherentes. Llegados a un límite, también se podría pensar en crear una entidad de estructura federal para supervisar los mercados financieros europeos y para elaborar nuevas leyes uniformes, pero eso atentaría contra el monopolio de la Comisión en lo que respecta a la propuesta de nueva legislación, y contra la función de cada uno de los estados miembro a la hora de adaptarla, por lo que esto supondría un cambio fundamental en la arquitectura legislativa europea.

Otra de las definiciones que se han propuesto para el concepto de regulador financiero único es la de una autoridad omnipotente que supervisaría la aplicación y la ejecución de las directivas europeas en todos los estados miembro. También parece poco plausible. A corto plazo, las estructuras legales de los estados miembro son tan distintas que es imposible que la transposición y la aplicación de la normativa sean análogas; e incluso si las regulaciones nacionales fueran idénticas, la manera en que los sistemas judiciales de cada país obligan a su cumplimiento puede ser muy distinta. Al igual que no existe un equivalente para las leyes federales estadounidenses, tampoco lo hay para los tribunales federales. De nuevo, desde un punto de vista político, es muy poco probable una nueva institución de este tipo.

Sin embargo, ¿hay argumentos que justifiquen un tipo distinto de organismo regulador del sistema financiero, que operara entre la legislación europea, por un lado, y la supervisión y la ejecución cotidiana de la normativa por el otro?

Éste es el ámbito que ocupan actualmente los tres comités supervisores (CERV, CEBS y CESSPJ) y sus constelaciones de subcomités y de grupos de trabajo. Aunque las directivas europeas son algo más detalladas que, por ejemplo, la legislación nacional equivalente en Gran Bretaña, aún requieren de una articulación considerable por parte de los reguladores, en lo que se ha dado en llamar Nivel 3. De momento, esta articulación se ha llevado a cabo sobre una base de colaboración entre reguladores nacionales soberanos. ¿Sería preferible reemplazar esta solución en red por una autoridad única que se encargara, cuando fuera necesario, de elaborar normativas paneuropeas y prácticas de supervisión uniformes, que luego aplicarían y ejecutarían las autoridades específicas de los países miembro? En nuestra opinión, la respuesta a esta pregunta es que sí; creemos que Europa tendrá que avanzar hacia la creación de un regulador financiero único, si pretende que el mercado único logre sus objetivos tal y como los entendemos ahora.

Es obvio que no hace falta que todas las normas sean idénticas, cosa que tampoco sería posible, pero la nueva autoridad podría encargarse de aplicar una serie de principios. En concreto, tendría que decidir cuándo es necesario que las normas y las prácticas de supervisión sean idénticas en forma y en aplicación, cuándo basta con que sean idénticas en cuanto al resultado para mantener un terreno de juego equilibrado, o si no necesitan ser idénticas en ningún aspecto. Al decidir cuándo ha de ser idéntica en todas las jurisdicciones una norma concreta, debería determinar si así se fomenta o se inhibe la competencia. Para un debate sobre estas cuestiones, véase el artículo de Ferran y Green: «Are the Lamfalussy Regulatory Networks working successfully?».[9]

Es posible que estas cuestiones no puedan resolverse sin llevar a cabo otra revisión completa de lo que se pretende conseguir con el mercado único de servicios financieros, quizás en la misma línea de la revisión de Lamfalussy, y tampoco se pueda saber si la estructura legislativa actual, una vez aplicada, es adecuada para lograr esos objetivos. Si, tal y como esperamos, se concluye que el nivel de estandarización necesario debe ser mayor que el actual (aunque en unas circunstancias claramente definidas), las resoluciones de la nueva autoridad pueden hacerlo evidente.

La estructura legislativa actual, mejorada por los desarrollos legales recientes e inminentes en relación con el liderazgo supervisor, proporciona un amplio margen para la cooperación efectiva entre

9. Eilis Ferran y David Green, «Are the Lamfalussy Regulatory Networks working successfully?», European Financial Forum, agosto de 2007.

reguladores, por lo que la nueva autoridad debería tener el objetivo de lograr disposiciones reguladoras y decisiones unitarias. Cuando las disposiciones para las entidades o los mercados fueran, o pudieran ser, idénticas en las distintas jurisdicciones, debería haber una presunción de igualdad en el tratamiento regulador y cualquier divergencia debería poder justificarse. Esta autoridad también establecería la base para la supervisión cotidiana de los grupos transnacionales y, siempre que fuera posible, los reguladores de un grupo determinado deberían ejercer voluntariamente sus competencias soberanas de manera idéntica con el fin de generar el efecto de un regulador único para ese grupo.

Se han propuesto varias ideas para implantar estructuras que se enfrenten al reto de la supervisión prudencial de grupos transnacionales. Un ejemplo es la que propuso Stefan Ingves, gobernador del Banco Central de Suecia, que sugirió que una institución centralizada, mediante un proceso gradual, podría empezar por coordinar la valoración del riesgo de grupos transnacionales, por asesorar a los supervisores nacionales y por mediar en caso de conflicto. Si esto funcionara, el organismo podría asumir competencias adicionales, mitigando así el coste de un nivel adicional de supervisión.[10]

Tanto si hablamos únicamente de regulación como si hablamos también de supervisión prudencial, ¿el organismo regulador tendría competencias únicamente en la Eurozona o en toda la Unión Europea? Eso está menos claro. Se hace más presión y hay más incentivos para la creación de un regulador único en la Eurozona que fuera de ella. Es posible que el grupo de la Eurozona decida avanzar antes en esa dirección, lo que planteará un dilema complicado al gobierno británico y a los países que aún no están integrados en la moneda única. La lógica legislativa es que cualquier organismo nuevo debería abarcar toda la Unión Europea y, por supuesto, los grupos financieros no se limitan a las fronteras de la Eurozona (ni, de hecho, a las de la UE), pero el resultado en la práctica es mucho menos seguro.

También está la cuestión de si dicho organismo podría establecerse sin necesidad de elaborar leyes nuevas, tan sólo mediante el acuerdo de los distintos reguladores. En la práctica, esto significaría reforzar las secretarías de los comités Lamfalussy, para que pudie-

10. Stefan Ingves (gobernador del Banco Central de Suecia), «Regulatory Challenges of Cross-Border Banking: Possible Ways Forward», *BIS Review*, n.° 73, 2007.

ran desempeñar más labores centralizadas, en nombre de los países, y necesitaran menos intermediación de los comités. Con toda probabilidad, sería un proceso más eficiente y es posible que la base de la confianza entre las distintas autoridades, que se ha ido construyendo desde hace ya un tiempo en el seno de la estructura Lamfalussy, permita que muy pronto se den las condiciones necesarias para que pueda funcionar un enfoque centralizado más eficaz.

Finalmente, está la cuestión de si Europa necesita uno, dos o tres organismos reguladores centralizados. Nuestra opinión al respecto debería ser evidente, después de lo que hemos comentado acerca de la estructura reguladora. El mercado cada vez está más integrado y los límites entre los sectores cada vez son más borrosos, por lo que no parece demasiado lógico crear una Autoridad Bancaria Europea, una Autoridad de los Mercados de Valores Europea y una Autoridad de Seguros y Pensiones Europea. La creación de una nueva autoridad de servicios financieros europea debería ir acompañada de más reformas en cada uno de los estados miembro. Será imposible crear una estructura reguladora europea más racional y más afín a los mercados si la racionalización no se lleva a cabo tanto en un nivel central como en el ámbito nacional. Por otro lado, una solución basada en términos meramente paneuropeos tendrá que operar igualmente en el entorno regulador global en el que funcionan los mercados financieros. Cualquier nueva autoridad europea tendrá que coordinarse estrechamente con el Banco Central Europeo y con los bancos centrales de los estados miembro que acojan a bancos de importancia sistémica.

Conclusión: necesidad de un nuevo liderazgo

Los mercados financieros cambian a gran velocidad. Los últimos años han sufrido cambios especialmente drásticos tanto en el carácter como en la ubicación de las transacciones. Los derivados de crédito, que apenas se entendían hace tan sólo una década, ahora constituyen una gran parte del sistema y han proliferado nuevos intermediarios.

Es inevitable que los reguladores tengan dificultades para seguir el ritmo de los cambios. Y, aunque no es sorprendente, tampoco deben quedarse muy atrás. Actualmente, les cuesta afrontar los problemas que van apareciendo, debido a las estructuras en las que deben trabajar: se diseñaron en una época más simple, en la que un banco era un banco, y un corredor de bolsa era un corredor de bolsa.

Por otro lado, los reguladores son (quizás inevitablemente) personas conservadoras. Y así debe ser. Tienen tendencia a aferrarse a instituciones y a métodos de trabajo desfasados y, por lo tanto, es necesario un liderazgo claro para poder conseguir un cambio. Los ministros de Economía del G7 se encuentran en la mejor posición para ejercer ese liderazgo. Desafortunadamente, suelen tener otros asuntos más importantes de que ocuparse: desequilibrios comerciales, problemas fiscales, etc. Por lo tanto, un último cambio constructivo sería que el G7 estableciera un grupo ministerial sobre regulación financiera para supervisar el Foro de Estabilidad Financiera, a las instituciones financieras internacionales y a los grupos reguladores, y mantener así todo el sistema bajo control. Si se hubiera reunido un grupo así y le hubiera encargado al FSF un trabajo urgente en verano del año 2007, se habría proporcionado una confianza muy necesaria en tiempos de incertidumbre.

Sería conveniente que esto se hiciera antes de que las estructuras que hemos descrito lleguen al límite por la aparición de una crisis que ponga de manifiesto en qué medida ha cambiado la realidad de los mercados globales desde que se diseñara la arquitectura reguladora actual.

Epílogo

La mayor parte de este libro se escribió durante la primera mitad del año 2007. Aunque lo que ha sucedido durante la segunda mitad no ha sido una sorpresa, ya que ha sido consecuencia de la evolución de la estructura de la intermediación financiera global que describimos en el capítulo 1, lo cierto es que tanto la rapidez de los sucesos como sus ramificaciones cada vez más extensas suponen un reto para nosotros a la hora de revisar el libro en enero del año 2008, cuando nos preguntamos si las conclusiones a las que llegamos durante el verano de 2007 siguen siendo válidas.

Creemos que sí, en su mayoría. Nada de lo que ha sucedido menoscaba los argumentos a favor de una mayor integración reguladora transnacional y transectorial, tanto para las entidades como para los mercados. De hecho, los gobiernos ya han emprendido los primeros pasos del camino que proponemos. El G7 ha encargado directamente al Foro de Estabilidad Financiera que analice las causas de la desestabilización actual del mercado y que proponga medidas para corregirla. Las propondrá durante el año 2008. Esperamos que la función del FSF se refuerce todavía más y que los gobiernos se muestren más dispuestos que antes a aplicar sus recomendaciones.

La función que han desempeñado los fondos soberanos de inversión a la hora de proporcionar capital a las principales entidades financieras del mundo, también ha supuesto un recordatorio brusco de la necesidad de modificar de manera más general las estructuras institucionales mundiales de regulación para poder ofrecer una representación adecuada a aquellos cuyos intereses están en juego. Asimismo, debería aprovecharse la oportunidad para corregir carencias en otros aspectos de gobierno. En concreto, cada vez es más urgente la necesidad de incluir a China como miembro de pleno derecho en los organismos fundamentales.

También queremos destacar la falta de atención que se ha prestado durante los últimos años a los vínculos entre la economía real y lo que sucede en el sector financiero. La crisis crediticia ha subrayado este hecho y esperamos que, en el futuro, tanto el FMI como otros organismos dediquen mucha más atención a estas relaciones en su supervisión económica. Se ha recordado a los bancos centrales que, si quieren alcanzar su doble objetivo de estabilidad financiera y monetaria, deben prestar tanta atención al crédito como al dinero.

Ahora, también podemos ver que los reguladores no prestaron suficiente atención a la supervisión de la liquidez, mientras se dedicaban al proyecto de regulación de la solvencia en Basilea. Los bancos siempre han quebrado cuando no han podido pagar sus pasivos al vencimiento, por poderoso que fuera su patrimonio neto. Esta distorsión del foco supervisor se ha cobrado su precio, y nos alegramos de que modelos que antes se descartaban, como las escalas de desajustes de liquidez, vuelvan a estudiarse como posibles herramientas de supervisión.

Lo que ha sucedido recientemente en el mercado, así como las presiones competitivas, ha provocado la necesidad de elaborar principios mundiales en el ámbito de los informes financieros. Los avances realmente rápidos que se están produciendo hacia principios de contabilidad verdaderamente globales y la actitud más comunicativa de la SEC han sido una sorpresa muy agradable. Permiten reformar los acuerdos de gobierno globales, tanto para los principios de contabilidad como para los de auditoría.

Es demasiado pronto para poder decir si se necesitan cambios radicales en la regulación de los fondos de inversión libre, en la del capital de riesgo o en la de las agencias de calificación de crédito, aunque la reputación de estas últimas se ha visto muy perjudicada y necesitan esforzarse para recuperar la confianza en su independencia y en su integridad. Es posible que la mayor conciencia que ahora tiene el público acerca de la realidad económica de los riesgos que entraña este tipo de intermediación haga que la conducta del mercado se adapte de manera adecuada. Ciertamente, muchos participantes en el mercado se han dado cuenta de que confiar fondos a instituciones con estructuras opacas, sobre la base de valoraciones de crédito que no se acaban de entender, es algo mucho más arriesgado de lo que pensaban en un principio.

Es obvio que el debate sobre la estructura de la supervisión en un ámbito nacional proseguirá en todas las economías importantes, donde los cambios se discuten con animación. Nada de lo que ha sucedido ha reducido la validez de la premisa sobre la necesidad imperiosa de plantear un enfoque integrado y transectorial. Tampoco creemos que las disposiciones trilaterales británicas para gestionar la crisis sean fundamentalmente erróneas. Existen tres funciones distintas, con tres objetivos políticos diferentes: supervisión financiera, supervisión monetaria y gestión de los mercados financieros, y acceso al erario público, así que cualquier sistema de toma de decisiones ha de conceder el peso adecuado a cada uno de estos tres elementos. En cualquier caso, el gobierno británico haría bien en clarificar el liderazgo del Tesoro en caso de crisis.

Se ha sugerido que deben cambiarse las disposiciones en caso de insolvencia bancaria, lo que supone un recordatorio saludable de que las actuales y poco satisfactorias disposiciones aplicables a entidades que operan más allá de sus fronteras, especialmente si hablamos de las que son muy complejas, siguen siendo un punto débil fundamental en la arquitectura financiera general, aunque, por suerte, aún no se ha tenido que comprobar en la práctica. La cuestión de la gestión de las crisis se está tratando con renovada seriedad en la UE, pero aún habrá que ver si los conflictos de interés políticos existentes permitirán establecer acuerdos sólidos para resolver crisis transnacionales. Y, en cualquier caso, el FSF todavía tendrá que resolverlo a nivel mundial, ya que cualquier crisis grave que afectara a la UE tendría consecuencias para el mundo en general.

Otro asunto que se sigue atentamente en la UE, pero que es de importancia mundial, es la «convergencia supervisora». En nuestra opinión, el término «convergencia» no es demasiado útil. Lo que se necesita es lo siguiente: determinar en qué circunstancias es necesario que la regulación sea *idéntica en forma* y en aplicación para garantizar el ahorro y la eficiencia a entidades, usuarios y reguladores por igual; determinar cuándo basta con que sea *idéntica en resultado* para garantizar la igualdad competitiva; y, finalmente, determinar cuándo basta con algún tipo de regulación lo suficientemente efectiva para que los demás confíen en ella, pero lo suficientemente flexible para permitir la innovación y para conservar la capacidad de responder ante las necesidades cambiantes de los usuarios, que es para lo que se ha diseñado la regulación.

Desde lo sucedido a partir del verano de 2007, se es más consciente de la importancia de la regulación financiera mundial. Esperamos que este libro contribuya a mejorar la comprensión de la estructura y de las limitaciones de la regulación, tal y como se ha desarrollado hasta ahora.

Índice analítico y de nombres